专家课堂

——卓越公路工程师系列丛书

公路工程施工测量现场实操案例

韩山农　编著

内 容 提 要

本书以一个工程为例，系统介绍作为施工测量员随着工程进展如何进行测量放线，如何根据工程项目选用计算程序放样。全书共九章，内容包括：测量准备工作，导线复测，水准点复测，测量设计数据核算，路基施工测量放样，公路交叉口施工测量放样，公路匝道施工测量放样，公路涵洞施工平面位置放样，高架桥施工测量放样。

本书是公路一线现场测量员尤其是初上岗公路测量员的必备工具书，也可作为从事公路建设的施工员、监理员的参考书，亦可作为相关专业中职、高职院校学生的实训教材。

图书在版编目(CIP)数据

公路工程施工测量现场实操案例/韩山农编著. —北京：人民交通出版社，2012.9

ISBN 978-7-114-10014-7

Ⅰ.①公… Ⅱ.①韩… Ⅲ.①道路工程—施工测量 Ⅳ.①U415.1

中国版本图书馆 CIP 数据核字(2012)第 193523 号

书　　名：公路工程施工测量现场实操案例
著 作 者：韩山农
责任编辑：王　霞
出版发行：人民交通出版社股份有限公司
地　　址：(100011)北京市朝阳区安定门外外馆斜街 3 号
网　　址：http://www.ccpcl.com.cn
销售电话：(010)59757969，59757973
总 经 销：人民交通出版社股份有限公司发行部
经　　销：各地新华书店
印　　刷：北京盛通印刷股份有限公司
开　　本：720×960　1/16
印　　张：17.5
插　　页：3
字　　数：270 千
版　　次：2012 年 9 月　第 1 版
印　　次：2020 年 9 月　第 4 次印刷
书　　号：ISBN 978-7-114-10014-7
定　　价：38.00 元

前言 QIANYAN

自作者的《公路工程施工测量》(北京:人民交通出版社,2004)、《公路工程施工测量常用公式程序编写及应用》(北京:人民交通出版社,2006)、《测量员便携手册》(北京:人民交通出版社,2009)、《公路工程施工测量现场实用程序计算技术》(北京:人民交通出版社,2010)等著作出版发行以来,许多读者来函来电,希望(建议、要求)作者写一部关于现场测量员进驻施工工地后,如何随着工程进展进行测量放线,如何根据工程项目选用计算器程序进行计算放样数据方面的书。

本书即是根据多年来读者反馈及作者亲临现场放样实践,结合公路施工分部工程进度,现场施工对测量的需求,以广东省中山市东部快线工程榄横路高架桥施工全过程测量放样为案例撰写。谨以此书献给辛苦工作在公路施工一线的现场测量员及有关技术人员。

全书共九章。书中内容来自公路施工生产一线,案例取自施工现场。文字叙述通俗易懂,图例真实现场再现。既介绍了测量放样操作技术,又介绍了放样数据程序计算技术。本书是公路施工一线现场测量员,尤其是初上岗的测量员必备的工具书,又是从事公路建设的施工员、监理员的参考书,还是有关院校路桥专业师生的参考书。

本书在撰写过程中,适逢严冬和盛夏,幸得老伴彭满秀,儿媳余晶晶、赖洁华,女儿韩梅热心关爱和倾力支持。值此出书之际,对她们表示由衷的感谢!另外,本书的编写还得到广东省中山市东部快线工程二标项目部赵克雄副总经理的热心关怀与大力协助,也借本书对赵总的帮助表示衷心的感谢!

由于作者年事已高,又能力、水平有限,书中难免有不当之处,敬请读者不吝斧正,以使公路施工放样技术不断发展完善。衷心希望更多有经验的同行把自己的测量放样技术贡献社会,以促进我国现代公路工程施工测量技术的发展进步!

韩山农

2012年1月

目录 MULU

第一章　公路工程施工测量准备工作实操案例

第一节　资料收集实操案例

公路工程施工测量员进驻工地后要做的第一件事，就是收集本施工标段与施工测量有关的文字叙述和图表。这些资料来源于业主设计单位提供的设计文件和图纸。

作者于2010年3月初进驻“中山市东部快线工程”工地，根据业主和设计单位提供的设计文件和图表，收集的与本标段工程有关的测量资料如下。

一、说　明　书

“说明书”是设计图纸的总纲。可概阅一遍，然后将与测量有关的文字叙述复印或抄录。

作者从中山市东部快线工程图纸“说明书”中摘录的与测量有关的信息如下，供读者参考：

(一)工程概况

1. 工程名称

中山市东部快线工程。

2. 工程起、终点

路线总体呈西东向。路线起点位于广东博文学校附近，终点位于临海工业园(马鞍岛)。

3. 路线平面设计、起、终点桩号及长度

路线平面布设：分左、右线分离布置。

左线：起点桩号：ZK50＋022.500；终点桩号：ZK55＋323.379，全长5.301km。

右线：起点桩号：YK50＋038.600；终点桩号：YK55＋323.000，全长5.284km。

4. 路线纵断面设计

路线纵断面按照左线和右线分别设计。左、右线各设10处变坡点。

5. 工程主要规模内容

①特大桥 2 座：即榄横路高架桥左幅和右幅。

左幅：Z1 号～Z202 号；右幅：Y1 号～Y203 号。

②匝道 6 处：即茂南路 A、B、C、D 匝道和榄横路 B、C 匝道。

③箱涵两处。

④平交口三处。

⑤路基、路面、交通安全设施、绿化、机电照明等。

(二)平面、高程控制系统

(1)坐标系统采用中山市独立坐标系，中央子午线 113°22′。

(2)高程系统采用 1985 年国家高程基准。

(3)平面控制测量采用 GPS 定位系统进行施测，在国家一等三角点基础上，各路线方案全部采用三级、四级网贯通。

(4)高程控制测量采用四等水准施测。

(5)主路线设计高程指左(右)设计线外侧 1m 处。

(6)路面横坡正常路段主路行车道及路缘带横坡采用 2%，土路肩采用 4%。

(三)路宽

(1)双向六车道，整体式路基宽度 32m，分离式路基标准宽度 16m。

(2)主线高架桥：双向六车道，半幅桥宽 13.50m：

0.50(防撞护栏)＋0.75(路缘带)＋3×3.75(行车道)＋0.50(路缘带)＋0.50(防撞护栏)＝13.50(m)

(四)技术标准

采用一级公路标准(兼具城市快速路功能)设计速度为 80km/h。技术标准按《公路工程技术标准》(JTG B01—2003)及其他规范执行。主要技术指标见表 1-1：

主要技术指标　　表 1-1

项　　目	单　　位	技术标准	采用指标
公路等级		一级公路	一级公路
设计速度	km/h	80	80
路基宽度	m	整体式 32.0，分离式 16.0	整体式 32.0，分离式 16.0
中间带	m	3.0	3.0
硬路肩	m	2.5	2.5(高架桥路段无)
土路肩	m	0.75	0.75
路拱横坡	%	2	2

续上表

<table>
<tr><th colspan="2">项　目</th><th>单　位</th><th>技术标准</th><th>采用指标</th></tr>
<tr><td colspan="2">设计洪水频率</td><td>%</td><td>特大桥 1/300 大、中小桥、涵洞及路基 1/100</td><td>特大桥 1/300 大、中小桥、涵洞及路基 1/100</td></tr>
<tr><td colspan="2">一般最小圆曲线半径</td><td>m</td><td>400</td><td>1618.8</td></tr>
<tr><td colspan="2">不设超高最小半径</td><td>m</td><td>2500</td><td>4150</td></tr>
<tr><td colspan="2">最小停车视距</td><td>m</td><td>110</td><td>110</td></tr>
<tr><td colspan="2">最大纵坡</td><td>%</td><td>5</td><td>2.727</td></tr>
<tr><td colspan="2">最短坡长</td><td>m</td><td>200</td><td>390</td></tr>
<tr><td colspan="2">凸形竖曲线一般最小半径</td><td>m</td><td>4500</td><td>11000</td></tr>
<tr><td colspan="2">凸形竖曲线极限值</td><td>m</td><td>3000</td><td>—</td></tr>
<tr><td colspan="2">凹形竖曲线一般最小半径</td><td>m</td><td>3000</td><td>30000</td></tr>
<tr><td colspan="2">凹形竖曲线极限值</td><td>m</td><td>2000</td><td>—</td></tr>
<tr><td colspan="2">最小竖曲线长度</td><td>m</td><td>70</td><td>186.8</td></tr>
<tr><td colspan="2">桥涵设计荷载</td><td>公路-级</td><td>公路-I 级</td><td>公路-I 级</td></tr>
<tr><td colspan="2">桥面净宽</td><td>m</td><td colspan="2">特大、大桥 2×12.5</td></tr>
<tr><td rowspan="2">净空</td><td>一、二级公路下穿或上跨</td><td>m</td><td>≥5.0</td><td>≥5.0</td></tr>
<tr><td>县乡道路下穿主线</td><td>m</td><td>≥4.5</td><td>≥4.5</td></tr>
<tr><td colspan="2">地震动峰值加速度</td><td>g</td><td>0.1</td><td>0.1</td></tr>
</table>

(五)标段划分

根据建设单位要求，本项目 ZK50＋022.500～ZK55＋323.379 路段所有工程划分为一个合同段，内容包括路线、路基、路面、桥涵、路线交叉、交通安全设施、绿化、机电照明等。

本合同段起点顺接本项目起点段高架桥，施工界面为本合同段的左幅 Z1 号墩和右幅 Y1 号墩，Z1 号墩和 Y1 号墩桩基、桥墩、盖梁均为本合同段范围；本项目终点东接先行标（深港特大桥），两合同段在左幅 Z202 号台和右幅 Y203 号台分界，Z202 号台和 Y203 号台的桩基、桥台为本合同段范围，桥台台后及台前锥坡的填土、地基处理、边坡防护、排水等均属先行标范围。

(六)施工准备和施工测量

(1)施工放样前，应对设计文件提供的桩号、坐标、尺寸、高程进行复核，并注意墩中心与墩中心控制点的横向、纵向调整和调整方向，避免放样错误。若发现所提供的墩中心控制坐标与实际情况有差异，应及时与设计单位联系，以便了解设计意图和查明原因。

(2)现场测量工作应按适当的比例尺将桥轴线及有关桩基的方位、坐标、桩间距离、三角控制网、方向点、水准基点及其他控制点的标高绘在示意图上，并注明施测方法、精度及注意事项等，以供施工控制和竣工资料整理时使用。

(3)盖梁施工支座垫石顶面必须水平，图中给出了支座垫石厚度及控制点标高，施工支座垫石时应以垫石顶面标高控制。

墩台帽顶的支座垫石顶面高程，施工前应认真核对无误后，方可施工。在施工墩柱及垫石前，施工方应提交复核以上设计高程的书面资料。并严格按照设计高程设置垫石，以保证桥面高程的准确。

(七)注意事项

(1)施工队伍进场后，首先必须对全线导线点、水准点进行全面复测，确认精度满足后方可进行其他工程的施工。

(2)放样完成后必须认真核实中桩和横断面地面高程，如与设计文件不符须及时通知设计单位。

(3)施工单位需探明燃气管道和污水管道后方可施工，对于距离燃气管道5m(净距，下同)范围内桥梁桩基，施工单位需人工挖孔至燃气管高程以下，确认桩基位置无管线方可埋入护筒及施工桩基。

(4)施工中应定期对平面和高程控制点进行复测，以防控制点沉降、松动影响施工精度。

(5)大桥的平面和高程应注意与路线控制网的联测，以保证大型结构物与路基的衔接。

(6)特别应注意标段分界处与相邻标段导线点、水准点的联测，保证平面与高程控制的连贯性。

(7)对标段分界桩，应由前后标段共同对界桩放样，确认无误后再行施工。

(8)各项工程施工必须严格按照施工标准、规范和要求进行。

(9)严格按施工图设计文件进行施工，若需变更，必须征得监理工程师和设计单位同意方可执行。

(10)施工时应注意保持原有地方道路和排灌系统的畅通，必要时修建一定数量的临时便道、临时涵洞。

(11)注意与前后路段的衔接，以及各项工序之间的检查、验收与衔接，使整个工程建设顺利进行。

二、路线平、纵面缩图

所谓路线平、纵面缩图，即是将一个标段内的路线平面图、路线纵剖面图按照一定比例尺缩小展绘在一张图纸上的图。它是施工标段路线平、纵面缩小后的全貌图。从这张图上可以了解到以下信息(见图1-1)。

1. 由路线平面图了解

(1)路线总体走向：由西向东。

(2)路线公里数 K50＋100……K55＋……。

(3)路线名称、起点和终点桩号：

①左线榄横路高架桥：起点 ZK50＋022.5；终点 ZK55＋323.379；

②右线榄横路高架桥：起点 YK50＋038.6；终点 YK55＋323.000。

(4)路线互通立交(匝道)：

①茂南路互通立交 A、B、C、D；

②榄横路互通立交 A、B、C、D。

(5)路线沿线地物、地貌等。

2. 由路线纵面图了解

(1)路线纵向走向；

(2)路线纵向变坡情况；变坡点桩号及高程，变坡点个数；

(3)路线纵向坡度、纵坡长度；

(4)路线纵向每百米的路面设计高程；

(5)路线纵向里程桩号；

(6)直线、平曲线、超高段情况；

(7)左幅桥桥跨组合概况。

注：要详细了解上述情况，可参阅大比例尺展绘的“路线总体平面设计图”(图 1-2)和“路线纵断面图”(图 1-3)。

三、路线总体平面设计图

图 1-2 是榄横路高架桥工程“路线总体平面设计图”，由图知：

(1)榄横路高架桥左、右线主桥桥墩平面布置及其与左、右设计线的关系。

(2)左主桥与 A 匝道桥的关系。

(3)右主桥与 B 匝道桥的关系。

(4)A、B 匝道桥墩平面布置。

(5)A、B 匝道路基平面布置。

(6)A、B 匝道桥台与路基关系。

(7)AK0＋035.7 箱涵平面布置。

(8)BK0＋512.000 箱涵平面布置。

(9)茂南路立交、主线上跨，匝道与茂南路平交位置。

四、榄横路高架桥桥型布置图

榄横路高架桥桥型布置图分左幅和右幅，本例为左幅局部示意(见图 1-4)。

1. 第一部分:凹形竖曲线示意图

它与图第四部分第三行相对应,从图中可知:

竖曲线半径:3000;竖曲线切线长:90;

竖曲线外距:0.135;

变坡点桩号:K50+230;变坡点高程:13.20;

前纵坡:-0.30%,坡长630;

后纵坡:0.30%,坡长470。

上述这些要素是计算路面设计高程的依据,必须彻底弄清楚,而且数据要准确。为此,应与设计单位提供的“纵坡、竖曲线表”(见表1-2和表1-3)中的相关数据核对后,才能放心使用。这一点应特别注意。在计算设计高程时应注意:“图”上的竖曲线要素数据没有“表”中的数据正确。例如图1-4变坡点高程是:13.20,而表1-2变坡点的高程是:13.202。应取用表中的数据13.202。

2. 第二部分:桥型立面图(左幅局部示意)

从图中可知:

(1)桥柱各联起、终墩号;

(2)桥柱、桥桩直径;

(3)桥桩顶高程,即系梁顶高程;

(4)桥桩基底部深度;

(5)部分桥桩基地质概况;

(6)桥墩号名称及排列顺序。

3. 第三部分:桥桩(墩)平面图

此平面图上为左幅桥桩平面图,下为右幅桥桩平面图。因第四部分“里程桩号”是左幅,所以只看上平面图。

从图知左幅桥桩(墩)平面位置情况。看此图时,应与第二部分、第四部分结合起来分析。例如Z3墩,有两个桥墩,面向前进方向,离左设计线近的是1号墩,远的是2号墩。其里程桩号是ZK50+101.5,桥面设计高程是13.588;原地面高程是3.448。

另外,看此图时;还应结合“桩位坐标表”分析。例如Z3,从“桩位坐标表”知,1号墩离左设计线是3.950m,2号墩离左设计线是10.05m。因为1号、2号墩是在设计线左侧,所以1号离设计线应是-3.950,2号离设计线应是-10.050。

4. 第四部分:相关数据

(1)设计高程;

(2)地面高程;

(3)坡度/坡长;

(4)里程桩号。

纵坡、竖曲线表(左线)

表 1-2

中山市东部快线工程第二合同段

序号	桩号	标高 (m)	凸曲线半径 R(m)	凹曲线半径 R(m)	切线长 T(m)	外距 E(m)	起点桩号	终点桩号
0	ZK49+250	5.292						
1	ZK49+600	15.092	11000.000		170.500	1.321	ZK49+429.500	ZK49+770.500
2	ZK50+230	13.202		30000.000	90.000	0.135	ZK50+140	ZK50+320
3	ZK50+700	14.612	30000.000		112.492	0.211	ZK50+587.508	ZK50+812.492
4	ZK51+318.961	11.827		30000.000	115.482	0.222	ZK51+203.479	ZK51+434.443
5	ZK51+800	13.366	30000.000		93.410	0.145	ZK51+706.590	ZK51+893.410
6	ZK52+300	11.852		35000.000	110.740	0.175	ZK52+189.260	ZK52+410.740
7	ZK52+850	13.667	30000.000		102.000	0.173	ZK52+748	ZK52+952
8	ZK53+300	12.092		35000.000	115.500	0.191	ZK53+184.500	ZK53+415.500
9	ZK53+850	13.797	45000.000		137.250	0.209	ZK53+712.750	ZK53+987.250
10	ZK54+449.615	11.998		35000.000	113.750	0.185	ZK54+335.865	ZK54+563.365
11	ZK55+105	14.292	12113.965		186.400	1.434	ZK54+918.600	ZK55+291.400
12	ZK55+495	3.655		8100.000	203.600	2.559	ZK55+291.400	ZK55+698.599
13	ZK55+75.071	8.716						

纵坡(%) +	纵坡(%) −	变坡点间距 (m)	直坡段长 (m)	备注
2.800		350.00	179.500	
	−0.300	630.000	369.500	
0.300		470.000	267.508	
	−0.450	618.961	390.987	
0.320		481.039	272.147	
	−0.303	500.000	295.850	
0.330		550.000	337.260	
	−0.350	450.000	232.500	
0.310		550.000	297.250	
	−0.300	599.615	348.615	
0.350		665.385	355.235	
	−2.727	390.000	0.000	
2.300		220.071	16.472	

注：本表高程系统为 1985 国家高程系统

编制：　　　　复核：　　　　审核：　　　　图号：S-2-6

纵坡、竖曲线表(右线)

表 1-3

中山市东部快线工程第二合同段

序号	桩号	竖曲线							纵坡(%)		变坡点间距	直坡段长	备注
		标高(m)	凸曲线半径 R(m)	凹曲线半径 R(m)	切线长 T(m)	外距 E(m)	起点桩号	终点桩号	+	−	(m)	(m)	
0	K49+250	5.292											
									2.800		350.00	179.500	
1	K49+600	15.092	11000.000		170.500	1.321	K49+429.500	K49+770.500					
										−0.300	630.000	369.500	
2	K50+230	13.202		30000.000	90.000	0.135	K50+140	K50+320					
									0.300		470.000	267.508	
3	K50+700	14.612	30000.000		112.492	0.211	K50+587.508	K50+812.492					
										−0.450	618.961	390.987	
4	K51+318.961	11.827		30000.000	115.482	0.222	K51+203.479	K51+434.443					
									0.320		481.039	272.147	
5	K51+800	13.366	30000.000		93.410	0.145	K51+706.590	K51+893.410					
										−0.303	500.000	295.850	
6	K52+300	11.852		35000.000	110.740	0.175	K52+189.260	K52+410.740					
									0.330		550.000	337.260	
7	K52+850	13.667	30000.000		102.000	0.173	K52+748	K52+952					
										−0.350	450.000	232.500	
8	K53+300	12.092		35000.000	115.500	0.191	K53+184.500	K53+415.500					
									0.310		550.000	297.250	
9	K53+850	13.797	45000.000		137.250	0.209	K53+712.750	K53+987.250					
										−0.300	599.615	348.615	
10	K54+449.615	11.998		35000.000	113.750	0.185	K54+335.865	K54+563.365					
									0.350		665.385	355.080	
11	K55+105	14.292	12140.278		186.555	1.433	K54+918.445	K55+291.555					
										−2.723	390.000	0.000	
12	K55+495	3.671		8100.000	203.445	2.555	K55+291.555	K55+698.445					
									2.300		1240.000	1036.555	
13	K56+735	32.191											

注:本表高程系统为 1985 国家高程系统

编制:　　复核:　　审核:　　图号:S-2-7

五、桥型横向剖面图(图 1-5)

桥型横向剖面图是上述桥型布置图(图 1-4)中桥型变化处的剖面图。例如图 1-4 中,A、B、C 剖面线的剖面图是图 1-5 中的 A-A、B-B、C-C 剖面图,从剖面图可清楚地了解到:

(1)A-A 处是两个柱的箱梁桥,E-E 处是三个柱的小箱梁桥,F-F 处是四个柱的小箱梁桥等。

(2)桥宽,箱梁高,小箱梁高。

(3)桥面铺装材料及厚度。

(4)桥边到设计线距离,桥柱到设计线距离,桥柱间距离,盖梁前端到设计线距离。

(5)桥柱直径,桥桩直径。

(6)系梁和桥桩的关系,系梁高度。

(7)盖梁与小箱梁关系,盖梁高度等。

(8)橡胶支座、调平块、垫石支座与箱梁、小箱梁、盖梁配置关系。

六、榄横路高架桥桥墩一般构造图

榄横路高架桥桥墩一般构造图有:小箱梁双柱式墩一般构造图、三柱式桥墩一般构造图、四柱式桥墩一般构造图及箱梁桥双柱式、三柱式、四柱式桥墩一般构造图。本节以 25m 小箱梁三柱式过渡墩一般构造图和箱梁双柱式墩一般构造图为例,说明桥墩构造的参数。

1. 榄横路高架桥 25m 小箱梁三柱式过渡墩一般构图

所谓过渡墩,即这个墩一半承载小箱梁,另一半承载箱梁。小箱梁是预制场预制的,而箱梁则是现浇的。由图 1-6 知:

(1)此桥墩构造图只适用于左幅 Z176 号和右幅 Y178 号三柱式过渡墩(伸缩缝墩)。

(2)桥墩构造参数见图下表。表中:

H_1:盖梁前端设计高程;

H_2:盖梁后端设计高程;

H_3:a 桩柱顶高程;

H_4:b 桩柱顶高程;

H_5:c 桩柱顶高程;

H_c:柱底高程,也叫桩顶高程或系梁顶面高程;

H_d:桩底高程;

h_a:h_b、h_c:柱长,也叫柱高;

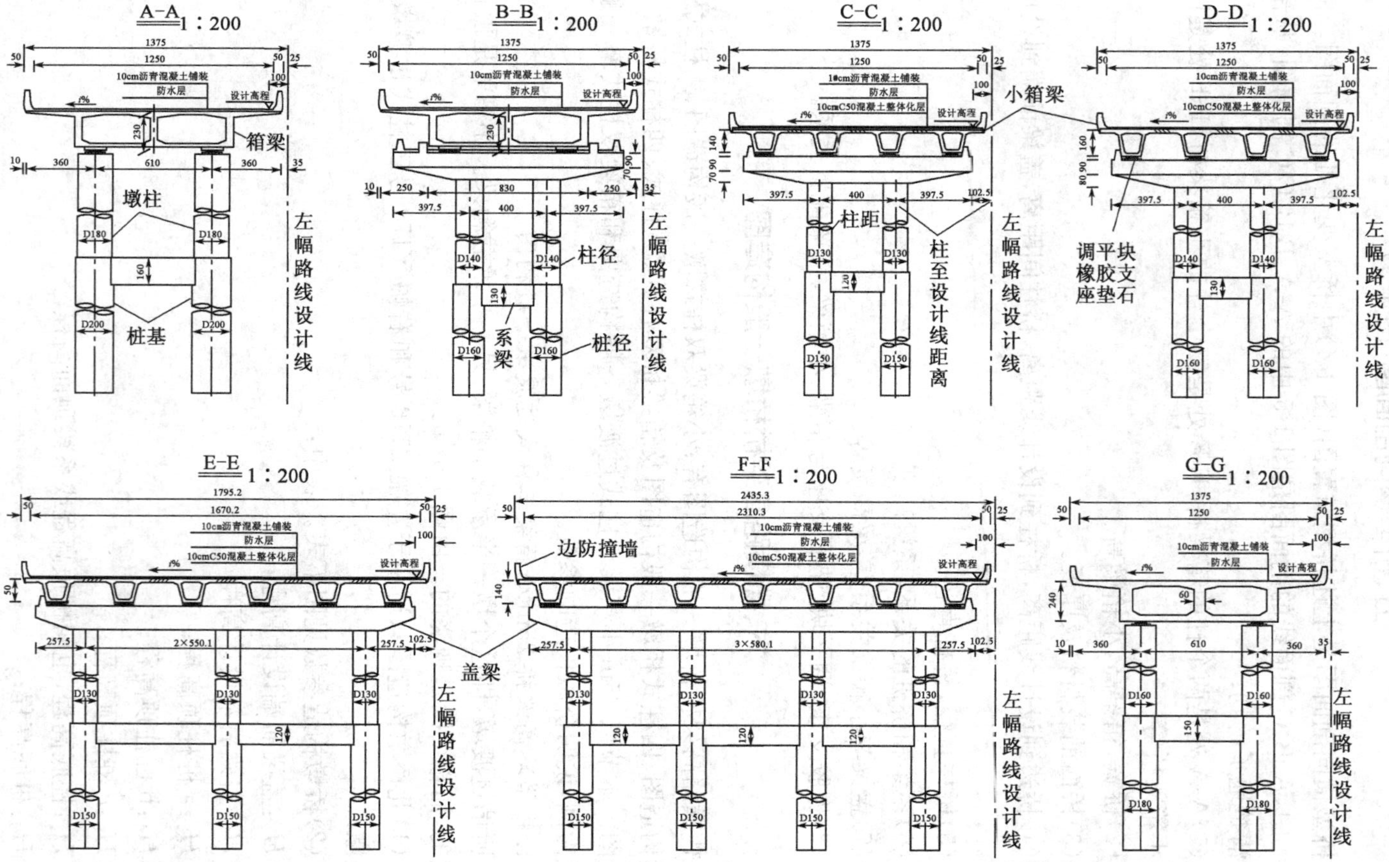
A–A 1：200
B–B 1：200
C–C 1：200
D–D 1：200
E–E 1：200
F–F 1：200
G–G 1：200
10cm沥青混凝土铺装
防水层
10cmC50混凝土整体化层
设计高程
箱梁
墩柱
桩基
柱径
系梁
柱距
柱至设计线距离
小箱梁
调平块
橡胶支座垫石
边防撞墙
盖梁
左幅路线设计线

图1-5　桥型横向剖面图

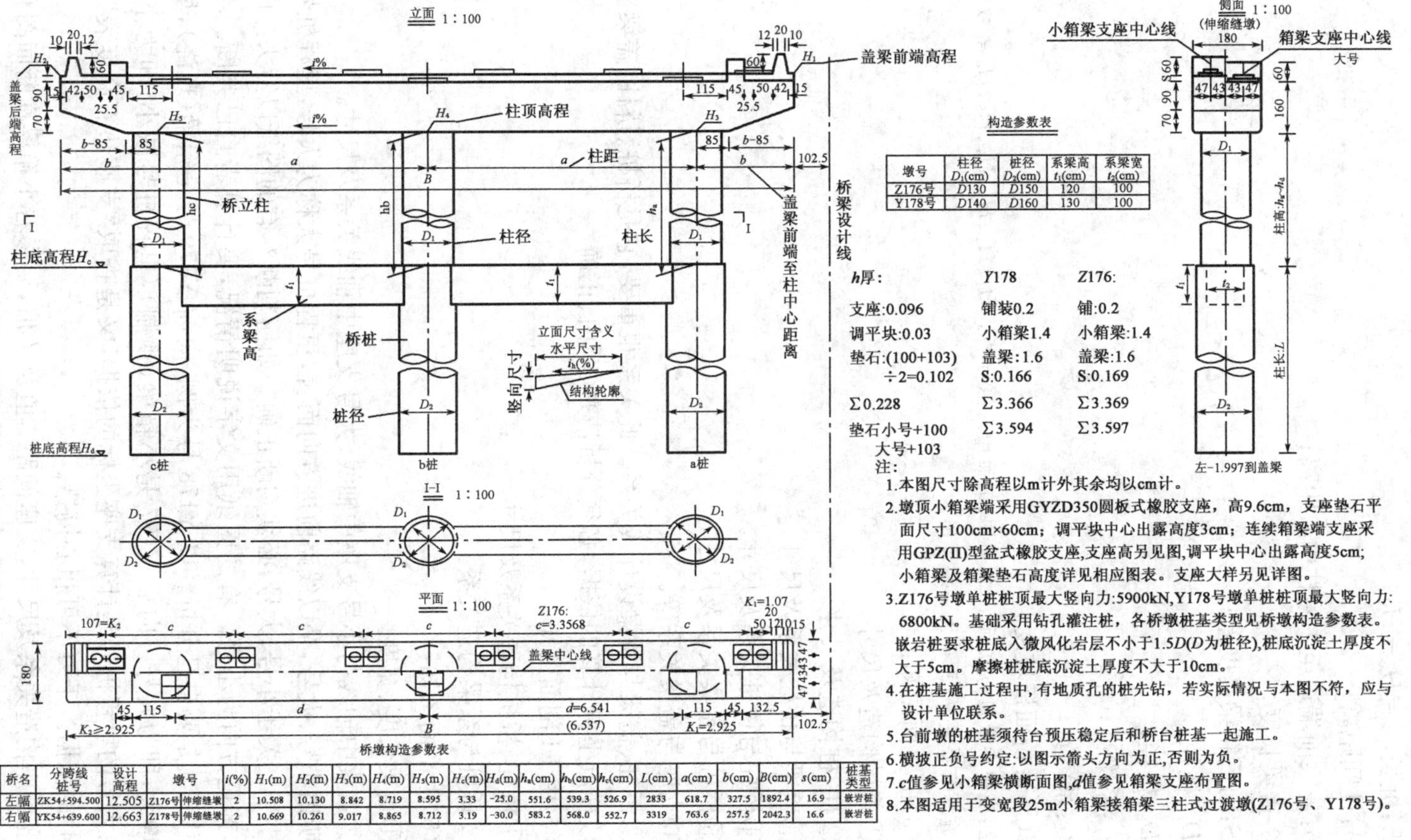

构造参数表

墩号	柱径 D_1(cm)	桩径 D_2(cm)	系梁高 t_1(cm)	系梁宽 t_2(cm)
Z176号	D130	D150	120	100
Y178号	D140	D160	130	100

h厚:	Y178	Z176:
支座:0.096	铺装0.2	铺:0.2
调平块:0.03	小箱梁1.4	小箱梁:1.4
垫石:(100+103)÷2=0.102	盖梁:1.6	盖梁:1.6
	S:0.166	S:0.169
Σ0.228	Σ3.366	Σ3.369
垫石小号+100 大号+103	Σ3.594	Σ3.597

注:

1.本图尺寸除高程以m计外其余均以cm计。

2.墩顶小箱梁端采用GYZD350圆板式橡胶支座，高9.6cm，支座垫石平面尺寸100cm×60cm；调平块中心出露高度3cm；连续箱梁端支座采用GPZ(II)型盆式橡胶支座,支座高另见图,调平块中心出露高度5cm;小箱梁及箱梁垫石高度详见相应图表。支座大样另见详图。

3.Z176号墩单桩桩顶最大竖向力:5900kN,Y178号墩单桩桩顶最大竖向力:6800kN。基础采用钻孔灌注桩，各桥墩桩基类型见桥墩构造参数表。嵌岩桩要求桩底入微风化岩层不小于1.5D(D为桩径),桩底沉淀土厚度不大于5cm。摩擦桩桩底沉淀土厚度不大于10cm。

4.在桩基施工过程中,有地质孔的桩先钻，若实际情况与本图不符，应与设计单位联系。

5.台前墩的桩基须待台预压稳定后和桥台桩基一起施工。

6.横坡正负号约定:以图示箭头方向为正,否则为负。

7.c值参见小箱梁横断面图,d值参见箱梁支座布置图。

8.本图适用于变宽段25m小箱梁接箱梁三柱式过渡墩(Z176号、Y178号)。

桥墩构造参数表

桥名	分跨线桩号	设计高程	墩号		i(%)	H_1(m)	H_2(m)	H_3(m)	H_4(m)	H_5(m)	H_c(m)	H_d(m)	h_a(cm)	h_b(cm)	h_c(cm)	L(cm)	a(cm)	b(cm)	B(cm)	s(cm)	桩基类型
左幅	ZK54+594.500	12.505	Z176号	伸缩缝墩	2	10.508	10.130	8.842	8.719	8.595	3.33	-25.0	551.6	539.3	526.9	2833	618.7	327.5	1892.4	16.9	嵌岩桩
右幅	YK54+639.600	12.663	Z178号	伸缩缝墩	2	10.669	10.261	9.017	8.865	8.712	3.19	-30.0	583.2	568.0	552.7	3319	763.6	257.5	2042.3	16.6	嵌岩桩

图1-6　榄横路高架桥25m小箱梁三柱式过渡墩一般构造图

L:桩长,$L=H_c-H_d$;

a:柱间距离;

b:盖梁前端边至 1 号柱中心距离;

β:盖梁长度;

S:前后箱梁高度差;

D_1:柱径;

D_2:桩径;

t_1:系梁高;

t_2:系梁宽;

$i(\%)$:桥面横坡度。

注:表中参数应与立面图、侧面图、剖面图对照分析。H_1、H_2、H_3、H_4、H_5、H_c 等数据很重要,施工前要复算,正确无误才可用。

(3)由立面图知:

①盖梁构造及尺寸。

②柱、桩构造及尺寸。

③盖梁与桥柱关系及尺寸。

④桥柱与桥桩关系及尺寸。

⑤桥桩与系梁关系及尺寸。

⑥支座与盖梁关系等。

⑦桥柱、盖梁与桥梁设计线关系。此关系很重要,它是桥桩、桥柱、盖梁平面位置放样点坐标计算的依据,必须分析清楚、明白、正确。

(4)由 I-I 剖面图知:

①桥柱、桥桩构造关系及尺寸。

②桥桩与系梁构造关系。

(5)由平面图知:

①盖梁长度、宽度。

②盖梁中轴线与小号支座中轴线、大号支座中轴线关系及尺寸。

所谓小号、大号,是以线路前进方向而言,里程桩号大称为大号,里程桩号小称为小号。关于小号、大号,必须判断正确。如何判断?有的图纸以箭头方向为大号,箭尾方向为小号。有的图纸用文字说明情况,要计算者自己判断。本例“侧面图”就是要自己分析。以 Y178 号为例,向前 Y179 号是箱梁(现浇),里程桩号增大,即为大号。向后 Y177 是小箱梁(预制),里程桩号减小,即为小号。小号、大号的里程桩号是计算支座坐标的依据,又是查取“支座垫石高度表”(见表 1-4)的依据。千万不可粗心搞错。

③支座构造关系及尺寸,支座间距 c 值及 d 值,要参看小箱梁横断面图和箱梁支座布置图(小箱梁横断面图见图 1-7;箱梁支座布置图见图 1-8)。

伸缩缝端垫石高度一览表 表 1-4

桥名	墩号	小桩号侧（cm）	大桩号侧（cm）	桥名	墩号	小桩号侧（cm）	大桩号侧（cm）
榄横路高架桥左幅	Z8 号	10.0	10.0	榄横路高架桥右幅	Y8 号	10.0	10.1
	Z12 号	10.0	10.3		Y12 号	10.0	10.3
	Z16 号	10.0	10.3		Y15 号	10.0	10.3
	Z19 号	10.0	10.3		Y18 号	10.0	10.3
	Z21-1 号	10.0	10.3		Y21 号	10.0	10.3
	Z23 号	10.0	10.1		Y22 号	10.0	10.1
	Z24 号	10.0	10.0		Y23 号	10.0	10.0
	Z25 号	10.0	10.0		Y24 号	10.0	10.0
	Z26 号	10.1	10.0		Y25 号	10.1	10.0
	Z29 号	10.3	10.0		Y26 号	10.2	10.0
	Z33 号	10.4	10.0		Y27 号	10.3	10.0
	Z34 号	10.4	10.0		Y28 号	10.3	10.0
	Z37 号	10.4	10.0		Y32 号	10.4	10.0
	Z40 号	10.4	10.0		Y33 号	10.4	10.0
	Z43 号	10.4	10.0		Y36 号	10.4	10.0
	Z46 号	12.2	10.0		Y39 号	10.4	10.0
	Z49 号	10.0	10.0		Y42 号	10.4	10.0
	Z52 号	10.0	10.3		Y46 号	12.1	10.0
	Z56 号	10.0	10.3		Y49 号	10.0	10.0
	Z59 号	10.0	10.3		Y52 号	10.0	10.3
	Z61 号	10.0	10.3		Y55 号	10.0	10.3
	Z62 号	10.0	10.3		Y58 号	10.0	10.3
	Z65 号	10.0	10.1		Y61 号	10.0	10.3
	Z66 号	10.0	10.1		Y62 号	10.0	10.3
	Z67 号	10.0	10.0		Y65 号	10.0	10.1
	Z68 号	10.1	10.0		Y68 号	10.1	10.0
	Z69 号	10.1	10.0		Y71 号	10.3	10.0
	Z70 号	10.2	10.0		Y72 号	10.3	10.0
	Z71 号	10.3	10.0		Y73 号	10.3	10.0
	Z72 号	10.3	10.0		Y74 号	10.3	10.0
	Z74 号	10.3	10.0		Y77 号	10.3	10.0
	Z77 号	10.3	10.0		Y80 号	10.3	10.0
	Z81 号	10.3	10.0		Y83 号	10.2	10.0
	Z84 号	10.1	10.0		Y87 号	10.0	10.1
	Z84 号	10.1	10.0		Y91 号	10.0	10.3

续上表

桥名	墩号	小桩号侧（cm）	大桩号侧（cm）	桥名	墩号	小桩号侧（cm）	大桩号侧（cm）
榄横路高架桥左幅	Z87 号	10.0	10.1	榄横路高架桥右幅	Y95 号	10.0	10.3
	Z91 号	10.0	10.3		Y99 号	10.0	10.3
	Z95 号	10.0	10.3		Y103 号	10.0	10.3
	Z99 号	10.0	10.3		Y106 号	10.0	10.1
	Z103 号	10.0	10.3		Y109 号	10.2	10.0
	Z106 号	10.0	10.1		Y112 号	10.3	10.0
	Z110 号	10.2	10.0		Y116 号	10.3	10.0
	Z114 号	10.3	10.0		Y120 号	10.3	10.0
	Z118 号	10.3	10.0		Y124 号	10.0	10.0
	Z122 号	10.2	10.0		Y128 号	10.0	10.2
	Z126 号	10.0	10.1		Y132 号	10.0	10.3
	Z130 号	10.0	10.3		Y136 号	10.0	10.3
	Z134 号	10.0	10.3		Y140 号	10.0	10.3
	Z138 号	10.0	10.3		Y144 号	10.0	10.1
	Z141 号	10.0	10.3		Y148 号	10.1	10.0
	Z144 号	10.0	10.1		Y152 号	10.3	10.0
	Z147 号	10.0	10.0		Y156 号	10.3	10.0
	Z150 号	10.2	10.0		Y160 号	10.3	10.0
	Z154 号	10.3	10.0		Y164 号	10.3	10.0
	Z158 号	10.3	10.0		Y168 号	10.1	10.0
	Z162 号	10.3	10.0		Y172 号	10.0	10.1
	Z166 号	10.2	10.0		Y173 号	10.0	10.2
	Z170 号	10.0	10.0		Y174 号	10.0	10.3
	Z171 号	10.0	10.1		Y175 号	10.0	10.3
	Z172 号	10.0	10.1		Y176 号	10.0	10.3
	Z173 号	10.0	10.2		Y177 号	10.0	10.3
	Z176 号	10.0	10.3		Y178 号	10.0	10.3
	Z180 号	10.0	10.3		Y181 号	10.0	10.3
	Z181 号	10.0	10.3		Y182 号	10.0	10.3
	Z183 号	10.0	10.3		Y184 号	10.0	10.3
	Z187 号	10.0	10.3		Y187 号	10.0	10.3
	Z190 号	10.1	10.0		Y190 号	10.0	10.0
	Z193 号	10.7	10.0		Y193 号	10.6	10.0
	Z196 号	10.0	11.3		Y196 号	10.0	13.2
	Z199 号	12.0	10.0		Y200 号	12.0	10.0

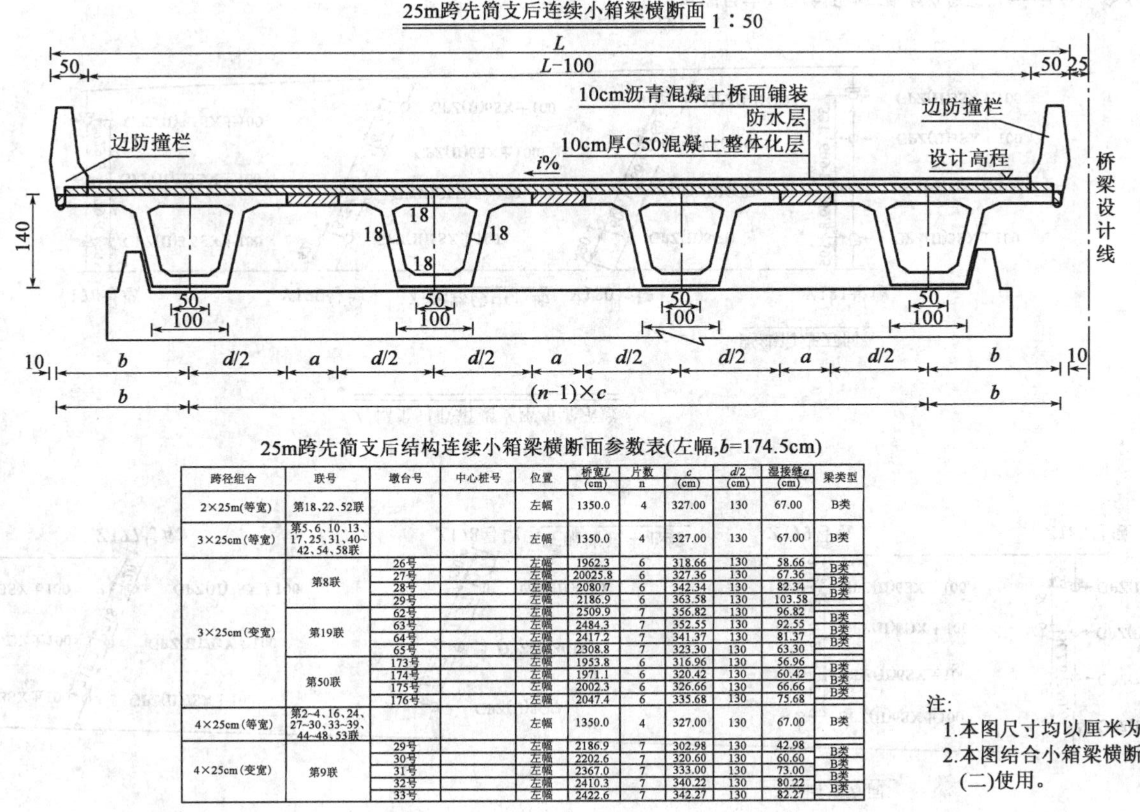

25m跨先简支后结构连续小箱梁横断面参数表(左幅,b=174.5cm)

跨径组合	联号	墩台号	中心桩号	位置	桥宽L (cm)	片数 n	c (cm)	$d/2$ (cm)	湿接缝a (cm)	梁类型
2×25m(等宽)	第18、22、52联			左幅	1350.0	4	327.00	130	67.00	B类
3×25cm(等宽)	第5、6、10、13、17、25、31、40~42、54、58联			左幅	1350.0	4	327.00	130	67.00	B类
3×25cm(变宽)	第8联	26号		左幅	1962.3	6	318.66	130	58.66	B类
		27号		左幅	20025.8	6	327.36	130	67.36	B类
		28号		左幅	2080.7	6	342.34	130	82.34	B类
		29号		左幅	2186.9	6	363.58	130	103.58	
	第19联	62号		左幅	2509.9	7	356.82	130	96.82	B类
		63号		左幅	2484.3	7	352.55	130	92.55	B类
		64号		左幅	2417.2	7	341.37	130	81.37	B类
		65号		左幅	2308.8	7	323.30	130	63.30	
	第50联	173号		左幅	1953.8	6	316.96	130	56.96	B类
		174号		左幅	1971.1	6	320.42	130	60.42	B类
		175号		左幅	2002.3	6	326.66	130	66.66	B类
		176号		左幅	2047.4	6	335.68	130	75.68	
4×25cm(等宽)	第2~4、16、24、27~30、33~39、44~48、53联			左幅	1350.0	4	327.00	130	67.00	B类
4×25cm(变宽)	第9联	29号		左幅	2186.9	7	302.98	130	42.98	B类
		30号		左幅	2202.6	7	320.60	130	60.60	B类
		31号		左幅	2367.0	7	333.00	130	73.00	B类
		32号		左幅	2410.3	7	340.22	130	80.22	B类
		33号		左幅	2422.6	7	342.27	130	82.27	

注:

1.本图尺寸均以厘米为单位。

2.本图结合小箱梁横断面布置图(二)使用。

图1-7　25m跨先简支后连续小箱梁横断面布置图

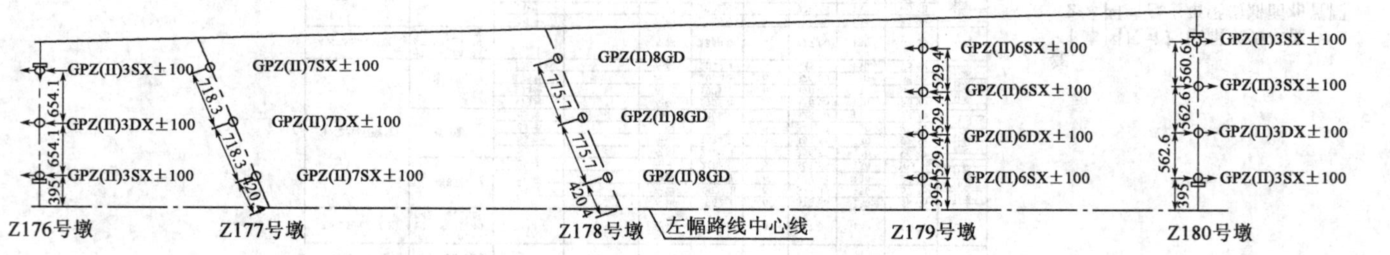

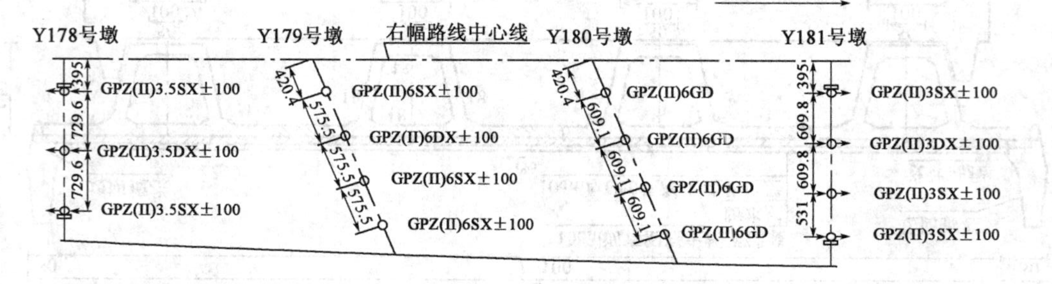

注:

本图尺寸单位除活动支座允许位移以mm计外，余均以cm计。

图1-8　榄横路高架桥等高箱梁支座布置图(二)

(6)由侧面图知:
①柱高 h_a、h_b、h_c;
②桩长 L;
③系梁高、系梁宽;
④柱径 D_1;
⑤桩径 D_2;
⑥盖梁高、盖梁宽;
⑦柱中线与支座中线关系及数据;
⑧小号支座与大号支座前后、高低关系及数据。

2. 左幅箱梁 Z2 号、Z3 号墩一般构造图

由图 1-9 知:
(1)此桥墩构造图只适用于左幅第一联 Z2 号、Z3 号墩。
(2)Z2 号、Z3 号桥墩构造参数见图下表。表中:
H_1:a 桩柱顶高程;
H_2:b 桩柱顶高程;
H_c:柱底高程,也叫桩顶高程或系梁顶面高程;
H_d:桩底高程;
h_a、h_b:柱长,也叫柱高;
L:桩长,$L=H_c-H_d$。

注:表中参数应与立面图、侧面图对照分析。

(3)由立面图知。
①箱梁、调平块、支座、垫石与桥柱关系;
②桥柱、桥桩、系梁关系及尺寸;
③柱径、桩径、系梁高;
④桥面横坡方向;
⑤柱间距;
⑥柱中心离桥梁设计线距离等。
(4)由 I-I 剖面图知:
①柱径、桩径;
②桥桩与系梁构造关系。
(5)由侧面图知:
①柱高;
②柱径、桩径;
③系梁宽、系梁高;
④桩长;
⑤支座垫石与柱关系。

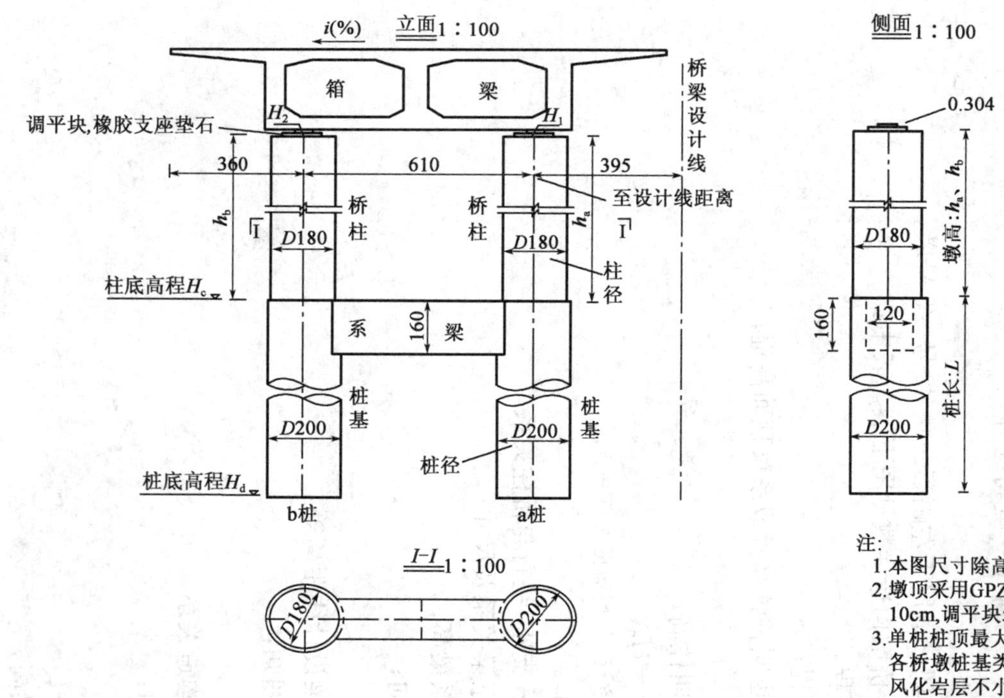

注:

1.本图尺寸除高程以米计外其余均以厘米计。
2.墩顶采用GPZ(II)8盆式橡胶支座,高15.4cm,支座垫石高10cm,调平块5cm;支座大样另详图。$\sum/Z$=0.304。
3.单桩桩顶最大竖向力:8900kN。基础采用钻孔灌注桩,各桥墩桩基类型见桥墩构造参数表。嵌岩桩桩底入微风化岩层不小于1.5D(D为桩径),桩底沉淀土厚度不大于5cm;摩擦桩桩底沉淀土厚度不大于10cm。
4.在桩基施工过程中,有地质孔的桩先钻,若实际地质情况与本图不符,应与设计单位联系。
5.横坡正负号约定:以图示箭头方向为正,否则为负。
6.本图适用于左幅第一联箱梁Z2号、Z3号墩。

桥墩构造参数表

桥名	里程桩号	设计高程	墩号		i(%)	H_1(m)	H_2(m)	H_c(m)	H_d(m)	h_a(cm)	h_b(cm)	L(cm)	桩基类型
左幅	ZK50+056.500	13.722	Z2号	连续墩	2	10.959	10.837	2.8	−46.5	815.9	803.7	4930	嵌岩桩
	ZK50+101.500	13.587	Z3号	连续墩	2	10.824	10.702	3.1	−31.7	772.4	760.2	3480	嵌岩桩

图1-9　榄横路高架桥第一联箱梁22号、23号墩一般构造图

七、路线纵断面图(图 1-3)

图 1-3 是榄横路高架桥右幅局部纵断面图。从图知：

第一部分：一凸形竖曲线，该凸形竖曲线要素 R、T、E、前后纵坡度、变坡点名称、变坡点高程要结合图第三部分来分析，竖曲线起点，终点要自己计算。

竖曲线起点＝竖曲线变坡点桩号－竖曲线切线长

竖曲线终点＝竖曲线变坡点桩号＋竖曲线切线长

第二部分：高架桥纵向走向及桥面坡度，桥柱纵向走向及排列结构；匝道纵向走向及与主线纵向关系，桥设计高程，原地面高程。

第三部分是上述两部分有关数据参数：地质概况、填、挖高度、设计高程、地面高程、坡度(%)坡长(m)、里程桩号、直线及平曲线、超高等。

榄横路高架桥左幅路线纵断面图仿上分析。

八、直线、曲线及转角表

前已述及，榄横路高架桥分左幅(也叫左线)和右幅(也叫右线)，因此，"直线、曲线及转角表"也分左线(见表 1-5)和右线(见表 1-6)。

(1)由左幅"直线、曲线及转角表"(表 1-5)知：

①左线路交点 JD11、JD12、JD13 的要素：交点桩号及交点的坐标 X、Y；半径 R、切线长 T、转角 N、缓和曲线长 I、切线方位角 F 等数据。

②只要知道了上述交点要素就可控制榄横路高架桥左幅全线平面线形。就可随意计算左线任一点的平面坐标。

③榄横路高架桥左线线形由两段直线，两个圆曲线、两个等长缓和曲线组成，即：

第一个直线段：ZK50＋022.5～ZK53＋907.127，长 3884.627m；

第二个直线段：ZK54＋323.228～ZK54＋750.964，长 427.736m；

第一个圆曲线：ZK53＋907.127～ZK54＋323.228，长 416.10m；

第二个圆曲线：ZK54＋997.964～ZK55＋452.408，长 454.44m；

第一个缓和曲线：ZK54＋750.964～ZK54＋997.964，长 247m；

第二个缓和曲线：ZK55＋452.408～ZK55＋699.408，长 247m。

左线终点在第二个圆曲线 ZK55＋323.379m 处。

(2)由右幅"直线、曲线及转角表"(表 1-6)知：

①右线路交点 JD10、JD11、JD12、JD13 的要素：交点桩号及交点的坐标 X、Y；半径 R、切线长 T、转角 N、前缓和曲线长 V、后缓和曲线长 U、切线方位角等。

②JD13 是一个带有不等长缓和曲线的圆曲线，前缓和曲线长 V 不等于后缓和曲线长 U，前切线长不等于后切线长，这一情况必须分析正确。

直线、曲线及转角表(左线)

表 1-5

中山市东部快线工程第二合同段

交点号	交点坐标		交点桩号	转角值	曲线要素值(m)							曲线主点桩号					直线长度及方向			备注
	N(X)	E(Y)			半径	缓和曲线长度	缓和曲线参数	切线长度	曲线长度	外距	校正值	第一缓和曲线起点	第二缓和曲线终点或圆曲线起点	曲线中点	第二缓和曲线起点或圆曲线终点	第二缓和曲线终点	直线段长(m)	交点间距(m)	计算方位角	
1	2	3	4	5	6	7	8	9	10	11	12	13	14	15	16	17	18	19	20	21
JD10	2489919.403	514852.3328	ZK48+883.868														81.94413	464.0316	76°27′26.7″	
JD11	2490028.065	515303.4684	ZK49+347.906	10°31′15.1″(Z)	4150			382.093	762.0386	17.553	2.148		ZK45+965.812	ZK49+346.831	ZK49+727.851		4179.276	4769.453	65°56′11.6″	
JD12	2491972.8	519658.4297	ZK54+115.210	2°29′00.3″(Z)	9600			208.083	416.101	2.2549	0.065		ZK53+907.127	ZK54+115.177	ZK54+323.228		427.7357	1113.215	63°27′11.3″	
JD13	2492470.329	520654.2779	ZK55+228.360	18°16′05.1″(Y)	2200	247	737.157	477.397	948.4444	29.425	6.349	ZK54+750.964	ZK54+997.964	ZK55+225.186	ZK55+452.408	ZK55+699.408	15.66303	493.0597	81°40′16.4″	
JD14	2492541.324	521142.1996	ZK55+715.071																	

注:本表坐标系统采用中山市独立坐标系。

编制:　　　复核:　　　审核:　　　图号:S-2-4

直线、曲线及转角表(右线)

表 1-6

中山市东部快线工程第二合同段

交点号	交点坐标		交点桩号	转角值	曲线要素值(m)							曲线主点桩号					直线长度及方向			备注
	N(X)	E(Y)			半径	缓和曲线长度	缓和曲线参数	切线长度	曲线长度	外距	校正值	第一缓和曲线起点	第二缓和曲线终点或圆曲线起点	曲线中点	第二缓和曲线起点或圆曲线终点	第二缓和曲线终点	直线段长(m)	交点间距(m)	计算方位角	
1	2	3	4	5	6	7	8	9	10	11	12	13	14	15	16	17	18	19	20	21
JD9	2490193.238	515673.3487	K49+751.588																	
																	25.14013	168.04	65°56′11.6″	
JD10	2490261.756	515826.7851	K49+919.628	3°38′15.7″(Y)	4500			142.9	285.7038	2.2684	0.096		K49+776.728	K49+919.580	K50+062.432					
																	0	284.5864	69°34′27.3″	
JD11	24900361.074	516093.4782	K50+204.118	3°36′24.6″(Z)	4500			141.687	283.2794	2.23	0.094		K50+062.432	K50+204.072	K50+345.711					
																	3767.857	4143.409	65°58′02.7″	
JD12	2492048.502	519877.7119	K54+347.434	2°47′27″(Z)	9600			233.866	467.6393	2.8482	0.092		K54+113.568	K54+581.388						
																	349.2028	960.9085	63°10′35.1″	
JD13	2492482.107	520735.2268	K55+308.250	18°32′41.4″(Y)	1618.8	220.000 300.000	596.771 696.879	377.840 411.258	783.9541	23.24	5.144	K54+930.410	K55+150.410	K55+282.387	K55+414.364	K55+714.364				
																	2505.636	2916.895	81°43′16.4″	
JD14	2492902.11	523621.7251	K58+220																	

注:本表坐标系统采用中山市独立坐标系。

编制:　　　　复核:　　　　审核:　　　　图号:S-2-5

③只要知道了上述交点要素就可控制榄横路高架桥右幅全线平面线形。就可随意计算右线任一点的平面坐标。

④榄横路高架桥右线线形由两段直线、四个圆曲线、两个不等长缓和曲线组成,即:

第一个直线段:YK50+345.711～YK54+113.568,长 3767.857m;

第二个直线段:YK54+581.207～YK54+930.410,长 349.203m;

第一个圆曲线:YK50+038.6～YK50+062.432,长 23.832m;

第二个圆曲线:YK50+062.432～YK50+345.711,长 283.279m;

第三个圆曲线:YK54+113.568～YK54+581.207,长 467.639m;

第四个圆曲线:YK55+150.410～YK55+414.364,长 263.954m;

第一缓和曲线:YK54+930.410～YK55+150.410,长 220m;

第二缓和曲线:YK55+414.364～YK55+714.364,长 300m。

注意:第一缓和曲线长不等于第二缓和曲线长,即 200≠300。

右线终点在第四个圆曲线 YK55+323.000m 处。

通过上述分析,施工测量员便掌握了自己施工段内计算放样点平面坐标的重要依据。

值得再三提醒的是:施工测量员进驻工地后第一位要搜集的资料,便是"**直线、曲线及转角表**"。

九、纵坡、竖曲线表

榄横路高架桥左线纵坡、竖曲线表见表 1-2;右线纵坡、竖曲线表见表 1-3。

分析表 1-2 和表 1-3 知:

(1)榄横路高架桥左、右线各有 12 个竖曲线,各有变坡点 12 个。

(2)榄横路高架桥左、右线前 10 个竖曲线凹、凸形式、竖曲线要素:变坡点桩号及高程、竖曲线半径、切线长,起终点桩号,前后纵坡度等基本相同。

(3)榄横路高架桥左线、右线第 11 个第 12 个竖曲线变坡点高程、半径、纵坡不相同。

知道了上述情况,在用竖曲线计算左、右设计高程时:

(1)前 10 个竖曲线的要素左、右线可共用。

(2)后两个竖曲线要素,则要左、右线分别使用。

通过上述分析,施工测量员便掌握了自己施工段内计算放样点设计高程的重要依据。

值得再三提醒的是:施工测量员进驻工地后第二位要搜集的资料,便是"**纵坡、竖曲线表**"。

施工测量员只要熟练地掌握了"直线、曲线及转角表"和"纵坡、竖曲线表"中的要素，便可胸有成竹地开展本标段路线各阶段的施工测量工作。在施工全过程中便可随意计算路线中任意点的设计坐标和高程。

十、榄横路高架桥桩位坐标表

榄横路高架桥左幅桩位坐标表，见表1-7；右幅桩位坐标表，见表1-8（局部示意）。

榄横路高架桥（左幅）桩位坐标表（四）（局部） 表1-7

墩台编号	墩中心桩号	桩编号	桩中心桩号	离设计线距离（m）	坐标（X）	坐标（Y）
Z157号	ZK54+119.500	Z157号-1	ZK54+119.500	−5.000	2491981.206	519659.234
		Z157号-2	ZK54+119.500	−9.000	2491984.822	519657.523
Z158号	ZK54+144.500	Z158号-1	ZK54+144.500	−5.000	2491991.926	519681.805
		Z158号-2	ZK54+144.500	−9.000	2491995.537	519680.084
Z159号	ZK54+169.500	Z159号-1	ZK54+169.500	−5.000	2492002.705	519704.347
		Z159号-2	ZK54+169.500	−9.000	2492006.311	519702.617
Z160号	ZK54+194.500	Z160号-1	ZK54+194.500	−5.000	2492013.542	519726.862
		Z160号-2	ZK54+194.500	−9.000	2492017.144	519725.122
Z161号	ZK54+219.500	Z161号-1	ZK54+219.500	−5.000	2492024.438	519749.348
		Z161号-2	ZK54+219.500	−9.000	2492028.036	519747.599
Z162号	ZK54+244.500	Z162号-1	ZK54+244.500	−5.000	2492035.393	519771.805
		Z162号-2	ZK54+244.500	−9.000	2492038.986	519770.047
Z163号	ZK54+269.500	Z163号-1	ZK54+269.500	−5.000	2492046.406	519794.235
		Z163号-2	ZK54+269.500	−9.000	2492049.994	519792.467
Z164号	ZK54+294.500	Z164号-1	ZK54+294.500	−5.000	2492057.477	519816.635
		Z164号-2	ZK54+294.500	−9.000	2492061.061	519814.858
Z165号	ZK54+319.500	Z165号-1	ZK54+319.500	−5.000	2492068.607	519839.006
		Z165号-2	ZK54+319.500	−9.000	2492072.186	519837.220
Z166号	ZK54+344.500	Z166号-1	ZK54+344.500	−5.000	2492079.778	519861.369
		Z166号-2	ZK54+344.500	−9.000	2492083.357	519859.581

续上表

墩台编号	墩中心桩号	桩编号	桩中心桩号	离设计线距离(m)	坐标(X)	坐标(Y)
Z167号	ZK54+369.500	Z167号-1	ZK54+369.500	−5.000	2492090.952	519883.733
		Z167号-2	ZK54+369.500	−9.000	2492094.530	519881.946
Z168号	ZK54+394.500	Z168号-1	ZK54+394.500	−5.000	2492102.125	519906.098
		Z168号-2	ZK54+394.500	−9.000	2492105.703	519904.310
Z169号	ZK54+419.500	Z169号-1	ZK54+419.500	−5.000	2492113.298	519928.462
		Z169号-2	ZK54+419.500	−9.000	2492116.876	519926.674
Z170号	ZK54+444.500	Z170号-1	ZK54+444.500	−5.000	2492124.471	519950.826
		Z170号-2	ZK54+444.500	−9.000	2492128.050	519949.038
Z171号	ZK54+469.500	Z171号-1	ZK54+469.500	−3.600	2492134.392	519973.816
		Z171号-2	ZK54+469.500	−12.414	2492142.277	519969.877
Z172号	ZK54+494.500	Z172号-1	ZK54+494.500	−4.300	2492146.192	519995.867
		Z172号-2	ZK54+494.500	−9.014	2492150.408	519993.761
		Z172号-3	ZK54+494.500	−13.727	2492154.625	519991.654
Z173号	ZK54+519.500	Z173号-1	ZK54+519.500	−4.300	2492157.365	520018.232
		Z173号-2	ZK54+519.500	−10.019	2492162.481	520015.675
		Z173号-3	ZK54+519.500	−15.738	2492167.597	520013.119
Z174号	ZK54+544.500	Z174号-1	ZK54+544.500	−4.300	2492168.538	520040.596
		Z174号-2	ZK54+544.500	−10.106	2492173.731	520038.001
		Z174号-3	ZK54+544.500	−15.911	2492179.925	520035.406
Z175号	ZK54+569.500	Z175号-1	ZK54+569.500	−4.300	2492179.711	520062.960
		Z175号-2	ZK54+569.500	−10.262	2492185.044	520060.296
		Z175号-3	ZK54+569.500	−16.233	2492190.377	520057.631
Z176号	ZK54+594.500	Z176号-1	ZK54+594.500	−4.300	2492190.885	520085.324
		Z176号-2	ZK54+594.500	−10.487	2492196.419	520082.559
		Z176号-3	ZK54+594.500	−16.674	2492201.954	520079.794

续上表

墩台编号	墩中心桩号	桩编号	桩中心桩号	离设计线距离(m)	坐标(X)	坐标(Y)
Z177号	ZK54+619.500	Z177号-1	ZK54+618.060	−3.950	2492201.101	520106.557
		Z177号-2	ZK54+615.605	−10.700	2492206.043	520101.344
		Z177号-3	ZK54+613.149	−17.450	2492210.982	520096.130
Z178号	ZK54+657.000	Z178号-1	ZK54+655.562	−3.950	2492217.862	520140.105
		Z178号-2	ZK54+652.909	−11.239	2492223.197	520154.474
		Z178号-3	ZK54+650.256	−18.529	2492228.532	520128.842
Z179号	ZK54+689.500	Z179号-1	ZK54+689.500	−3.950	2492233.030	520170.465
		Z179号-2	ZK54+689.500	−9.244	2492237.766	520168.098
		Z179号-3	ZK54+689.500	−14.539	2492242.502	520165.732
		Z179号-4	ZK54+689.500	−19.833	2492247.238	520163.366
Z180号	ZK54+719.500	Z180号-1	ZK54+719.500	−3.600	2492246.124	520197.458
		Z180号-2	ZK54+719.500	−9.745	2492251.621	520194.712
		Z180号-3	ZK54+719.500	−15.889	2492257.118	520191.966
		Z180号-4	ZK54+719.311	−21.565	2492262.111	520189.261
Z181号	ZK54+744.500	Z181号-1	ZK54+744.500	−5.000	2492258.550	520519.197
		Z181号-2	ZK54+744.500	−9.000	2492262.128	520217.409
Z182号	ZK54+769.500	Z182号-1	ZK54+769.500	−5.000	2492269.722	520241.563
		Z182号-2	ZK54+769.500	−9.000	2492273.301	520239.777
Z183号	ZK54+794.500	Z183号-1	ZK54+794.500	−5.000	2492280.878	520263.944
		Z183号-2	ZK54+794.500	−9.000	2492284.459	520262.163
Z184号	ZK54+819.500	Z184号-1	ZK54+819.500	−5.000	2492291.991	520286.353
		Z184号-2	ZK54+819.500	−9.000	2492295.577	520284.581
Z185号	ZK54+844.500	Z185号-1	ZK54+844.500	−5.000	2492303.036	520308.801
		Z185号-2	ZK54+844.500	−9.000	2492306.629	520307.042

续上表

<table>
<tr><th>墩台编号</th><th>墩中心桩号</th><th>桩编号</th><th>桩中心桩号</th><th>离设计线距离(m)</th><th>坐标(X)</th><th>坐标(Y)</th></tr>
<tr><td rowspan="2">Z186 号</td><td rowspan="2">ZK54+869.500</td><td>Z186 号-1</td><td>ZK54+869.500</td><td>−5.000</td><td>2492313.987</td><td>520331.302</td></tr>
<tr><td>Z186 号-2</td><td>ZK54+869.500</td><td>−9.000</td><td>2492317.588</td><td>520329.561</td></tr>
<tr><td rowspan="2">Z187 号</td><td rowspan="2">ZK54+894.500</td><td>Z187 号-1</td><td>ZK54+894.500</td><td>−5.000</td><td>2492324.817</td><td>520353.868</td></tr>
<tr><td>Z187 号-2</td><td>ZK54+894.500</td><td>−9.000</td><td>2492328.429</td><td>520352.148</td></tr>
<tr><td rowspan="2">Z188 号</td><td rowspan="2">ZK54+919.500</td><td>Z188 号-1</td><td>ZK54+919.500</td><td>−5.000</td><td>2492335.501</td><td>520376.510</td></tr>
<tr><td>Z188 号-2</td><td>ZK54+919.500</td><td>−9.000</td><td>2492339.125</td><td>520374.816</td></tr>
<tr><td rowspan="2">Z189 号</td><td rowspan="2">ZK54+944.500</td><td>Z189 号-1</td><td>ZK54+944.500</td><td>−5.000</td><td>2492346.011</td><td>520399.239</td></tr>
<tr><td>Z189 号-2</td><td>ZK54+944.500</td><td>−9.000</td><td>2492349.649</td><td>520397.575</td></tr>
<tr><td rowspan="2">Z190 号</td><td rowspan="2">ZK54+969.500</td><td>Z190 号-1</td><td>ZK54+969.500</td><td>−5.000</td><td>2492356.321</td><td>520422.065</td></tr>
<tr><td>Z190 号-2</td><td>ZK54+969.500</td><td>−9.000</td><td>2492359.974</td><td>520420.437</td></tr>
<tr><td rowspan="2">Z191 号</td><td rowspan="2">ZK54+999.500</td><td>Z191 号-1</td><td>ZK54+999.500</td><td>−5.000</td><td>2492368.390</td><td>520449.602</td></tr>
<tr><td>Z191 号-2</td><td>ZK54+999.500</td><td>−9.000</td><td>2492372.064</td><td>520448.020</td></tr>
<tr><td rowspan="2">Z192 号</td><td rowspan="2">ZK55+029.500</td><td>Z192 号-1</td><td>ZK55+029.500</td><td>0.000</td><td>2492375.471</td><td>520479.214</td></tr>
<tr><td>Z192 号-2</td><td>ZK55+029.500</td><td>−9.500</td><td>2492384.247</td><td>520475.577</td></tr>
<tr><td rowspan="2">Z193 号</td><td rowspan="2">ZK55+056.500</td><td>Z193 号-1</td><td>ZK55+056.500</td><td>−5.000</td><td>2492390.296</td><td>520502.363</td></tr>
<tr><td>Z193 号-2</td><td>ZK55+056.500</td><td>−9.000</td><td>2492394.010</td><td>520500.877</td></tr>
<tr><td rowspan="2">Z194 号</td><td rowspan="2">ZK55+082.500</td><td>Z194 号-1</td><td>ZK55+082.500</td><td>−3.950</td><td>2492398.673</td><td>520526.525</td></tr>
<tr><td>Z194 号-2</td><td>ZK55+082.500</td><td>−10.050</td><td>2492404.362</td><td>520524.325</td></tr>
<tr><td rowspan="2">Z195 号</td><td rowspan="2">ZK55+122.500</td><td>Z195 号-1</td><td>ZK55+122.500</td><td>−3.950</td><td>2492412.785</td><td>520564.029</td></tr>
<tr><td>Z195 号-2</td><td>ZK55+122.000</td><td>−10.050</td><td>2492418.514</td><td>520561.932</td></tr>
<tr><td rowspan="2">Z196 号</td><td rowspan="2">ZK55+147.500</td><td>Z196 号-1</td><td>ZK55+147.500</td><td>−5.000</td><td>2492422.416</td><td>520587.720</td></tr>
<tr><td>Z196 号-2</td><td>ZK55+147.500</td><td>−9.000</td><td>2492426.188</td><td>520586.389</td></tr>
<tr><td rowspan="2">Z197 号</td><td rowspan="2">ZK55+177.500</td><td>Z197 号-1</td><td>ZK55+177.500</td><td>−5.000</td><td>2492432.227</td><td>520616.142</td></tr>
<tr><td>Z197 号-2</td><td>ZK55+177.500</td><td>−9.000</td><td>2492436.017</td><td>520614.862</td></tr>
</table>

续上表

墩台编号	墩中心桩号	桩编号	桩中心桩号	离设计线距离(m)	坐标(X)	坐标(Y)
Z198号	ZK55+207.500	Z198号-1	ZK55+207.500	−5.000	2492441.650	520644.695
		Z198号-2	ZK55+207.500	−9.000	2492445.457	520643.467
Z199号	ZK55+237.500	Z199号-1	ZK55+237.500	−5.000	2492450.683	520673.374
		Z199号-2	ZK55+237.500	−9.000	2492454.507	520672.198
Z200号	ZK55+262.500	Z200号-1	ZK55+262.500	−5.000	2492457.912	520697.365
		Z200号-2	ZK55+262.500	−9.000	2492461.748	520696.233
Z201号	ZK55+287.500	Z201号-1	ZK55+287.500	−5.000	249264.867	520721.437
		Z201号-2	ZK55+287.500	−9.000	2492468.716	520720.349
Z202号	ZK55+312.500	Z202号-1-1	ZK55+310.125	−2.500	2492468.512	520743.945
		Z202号-1-2	ZK55+310.125	−7.000	2492472.855	520742.765
		Z202号-1-3	ZK55+310.125	−11.500	2492477.197	520741.585
		Z202号-2-1	ZK55+313.625	−2.500	2492469.428	520747.327
		Z202号-2-2	ZK55+313.625	−7.000	2492473.773	520746.154
		Z202号-2-3	ZK55+313.625	−11.500	2492478.117	520744.981

榄横路高架桥(右幅)桩位坐标表(局部) 表1-8

墩台编号	墩中心桩号	桩编号	桩中心桩号	离设计线距离(m)	坐标(X)	坐标(Y)
Y156号	YK54+095.600	Y156号-1	YK54+095.600	5.000	2491941.375	519649.745
		Y156号-2	YK54+095.600	9.000	2491937.722	519651.374
Y157号	YK54+120.600	Y157号-1	YK54+120.600	5.000	2491951.560	519672.580
		Y157号-2	YK54+120.600	9.000	2491947.908	519674.212
Y158号	YK54+145.600	Y158号-1	YK54+145.600	5.000	2491961.793	519695.404
		Y158号-2	YK54+145.600	9.000	2491958.145	519697.045
Y159号	YK54+170.600	Y159号-1	YK54+170.600	5.000	2491972.086	519718.201
		Y159号-2	YK54+170.600	9.000	2491968.442	519719.852

续上表

墩台编号	墩中心桩号	桩编号	桩中心桩号	离设计线距离(m)	坐标(X)	坐标(Y)
Y160 号	YK54＋195.600	Y160 号-1	YK54＋195.600	5.000	2491982.438	519740.972
		Y160 号-2	YK54＋195.600	19.000	2491969.701	519746.782
Y161 号	YK54＋220.600	Y161 号-1	YK54＋220.600	5.000	2491992.849	519763.715
		Y161 号-2	YK54＋220.600	9.000	2491989.214	519765.385
Y162 号	YK54＋245.600	Y162 号-1	YK54＋245.600	5.000	2492003.319	519786.431
		Y162 号-2	YK54＋245.600	9.000	2491999.689	519788.110
Y163 号	YK54＋270.600	Y163 号-1	YK54＋270.600	5.000	2492013.849	519809.120
		Y163 号-2	YK54＋270.600	9.000	2492010.223	519810.808
Y164 号	YK54＋295.600	Y164 号-1	YK54＋295.600	5.000	2492024.437	519831.781
		Y164 号-2	YK54＋295.600	9.000	2492020.815	519833.479
Y165 号	YK54＋320.600	Y165 号-1	YK54＋320.600	5.000	2492035.085	519854.415
		Y165 号-2	YK54＋320.600	9.000	2492031.467	519856.122
Y166 号	YK54＋345.600	Y166 号-1	YK54＋345.600	5.000	2492045.791	519877.021
		Y166 号-2	YK54＋345.600	9.000	2492042.178	519878.737
Y167 号	YK54＋370.600	Y167 号-1	YK54＋370.600	5.000	2492056.556	519899.598
		Y167 号-2	YK54＋370.600	9.000	2492052.948	519901.325
Y168 号	YK54＋395.600	Y168 号-1	YK54＋395.600	5.000	2492067.380	519922.148
		Y168 号-2	YK54＋395.600	9.000	2492063.776	519923.884
Y169 号	YK54＋420.600	Y169 号-1	YK54＋420.600	5.000	2492078.263	519944.670
		Y169 号-2	YK54＋420.600	9.000	2492074.664	519946.415
Y170 号	YK54＋445.600	Y170 号-1	YK54＋445.600	5.000	2492089.204	519967.163
		Y170 号-2	YK54＋445.600	9.000	2492085.610	519968.917
Y171 号	YK54＋470.600	Y171 号-1	YK54＋470.600	5.000	2492100.204	519989.627
		Y171 号-2	YK54＋470.600	9.000	2492096.614	519991.391

续上表

墩台编号	墩中心桩号	桩编号	桩中心桩号	离设计线距离(m)	坐标(X)	坐标(Y)
Y172号	YK54+495.600	Y172号-1	YK54+495.600	5.000	2492111.262	520012.063
		Y172号-2	YK54+495.600	9.000	2492107.677	520013.836
Y173号	YK54+520.600	Y173号-1	YK54+520.600	3.600	2492123.632	520033.846
		Y173号-2	YK54+520.600	11.997	2492116.115	520037.588
Y174号	YK54+545.600	Y174号-1	YK54+545.600	3.600	2492134.806	520056.221
		Y174号-2	YK54+545.600	8.630	2492130.309	520058.474
		Y174号-3	YK54+545.600	13.659	2492125.812	520060.727
Y175号	YK54+570.600	Y175号-1	YK54+570.600	3.600	2492146.037	520078.566
		Y175号-2	YK54+570.600	9.494	2492140.775	520081.220
		Y175号-3	YK54+570.600	15.388	2492135.512	520083.874
Y176号	YK54+593.600	Y176号-1	YK54+593.600	3.600	2492156.413	520099.098
		Y176号-2	YK54+593.600	10.146	2492150.571	520102.052
		Y176号-3	YK54+593.600	16.692	2492144.729	520105.006
Y177号	YK54+616.600	Y177号-1	YK54+616.600	3.600	2492166.791	520119.623
		Y177号-2	YK54+616.600	10.625	2492160.522	520122.793
		Y177号-3	YK54+616.600	17.650	2492154.253	520125.963
Y178号	YK54+639.600	Y178号-1	YK54+639.600	3.600	2492177.170	520140.148
		Y178号-2	YK54+639.600	11.236	2492170.355	520143.594
		Y178号-3	YK54+639.600	18.873	2492163.541	520147.040
Y179号	YK54+666.600	Y179号-1	YK54+668.038	3.950	2492189.690	520165.684
		Y179号-2	YK54+670.006	9.358	2492185.752	520169.881
		Y179号-3	YK54+671.974	14.766	2492181.814	520174.077
		Y179号-4	YK54+673.943	20.173	2492177.877	520178.274

续上表

墩台编号	墩中心桩号	桩编号	桩中心桩号	离设计线距离(m)	坐标(X)	坐标(Y)
Y180 号	YK54+696.600	Y180 号-1	YK54+698.038	3.950	2492203.227	520192.456
		Y180 号-2	YK54+700.121	9.673	2492199.060	520196.898
		Y180 号-3	YK54+702.204	15.397	2492194.892	520201.339
		Y180 号-4	YK54+704.287	21.120	2492190.724	520205.781
Y181 号	YK54+722.600	Y181 号-1	YK54+722.600	3.600	2492214.623	520214.217
		Y181 号-2	YK54+722.600	9.873	2492209.025	520217.048
		Y181 号-3	YK54+722.600	16.146	2492203.427	520219.879
		Y181 号-4	YK54+722.518	22.201	2492197.986	520222.538
Y182 号	YK54+747.600	Y182 号-1	YK54+747.600	5.000	2492224.655	520237.159
		Y182 号-2	YK54+747.600	9.000	2492221.085	520238.964
Y183 号	YK54+772.600	Y183 号-1	YK54+772.600	5.000	2492235.936	520259.469
		Y183 号-2	YK54+772.600	9.000	2492232.366	520261.274
Y184 号	YK54+797.600	Y184 号-1	YK54+797.600	5.000	2492247.217	520281.779
		Y184 号-2	YK54+797.600	9.000	2492243.648	520283.584
Y185 号	YK54+822.600	Y185 号-1	YK54+822.600	5.000	2492258.498	520304.089
		Y185 号-2	YK54+822.600	9.000	2492254.929	520305.894
Y186 号	YK54+847.600	Y186 号-1	YK54+847.600	5.000	2492269.779	520326.399
		Y186 号-2	YK54+847.600	9.000	2492266.210	520328.204
Y187 号	YK54+872.600	Y187 号-1	YK54+872.600	6.300	2492279.900	520349.296
		Y187 号-2	YK54+872.600	10.300	2492276.331	520351.101
Y188 号	YK54+902.600	Y188 号-1	YK54+902.600	6.300	2492293.438	520376.068
		Y188 号-2	YK54+902.600	10.300	2492289.868	520377.873
Y189 号	YK54+932.600	Y189 号-1	YK54+932.600	6.300	2492306.975	520402.840
		Y189 号-2	YK54+932.600	10.300	2492303.406	520404.645

续上表

墩台编号	墩中心桩号	桩编号	桩中心桩号	离设计线距离(m)	坐标(X)	坐标(Y)
Y190 号	YK54＋962.600	Y190 号-1	YK54＋962.600	6.300	2492320.494	520429.611
		Y190 号-2	YK54＋962.600	10.300	2492316.922	520431.410
Y191 号	YK54＋992.600	Y191 号-1	YK54＋992.600	1.500	2492338.229	520454.261
		Y191 号-2	YK54＋992.600	9.500	2492331.071	520457.832
Y192 号	YK55＋022.600	Y192 号-1	YK55＋022.600	1.500	2492351.535	520481.138
		Y192 号-2	YK55＋022.600	9.500	2492344.353	520484.662
Y193 号	YK55＋049.600	Y193 号-1	YK55＋049.600	1.500	2492363.332	520505.411
		Y193 号-2	YK55＋049.600	9.500	2492356.122	520508.878
Y194 号	YK55＋075.100	Y194 号-1	YK55＋075.100	3.950	2492372.053	520529.471
		Y194 号-2	YK55＋075.100	10.050	2492366.531	520532.062
Y195 号	YK55＋115.100	Y195 号-1	YK55＋115.100	3.950	2492388.694	520565.764
		Y195 号-2	YK55＋115.100	10.050	2492383.124	520568.253
Y196 号	YK55＋140.600	Y196 号-1	YK55＋140.600	5.000	2492397.949	520589.479
		Y196 号-2	YK55＋140.600	9.000	2492394.275	520591.059
Y197 号	YK55＋165.600	Y197 号-1	YK55＋165.600	5.000	2492407.621	520612.450
		Y197 号-2	YK55＋165.600	9.000	2492403.923	520613.973
Y198 号	YK55＋190.600	Y198 号-1	YK55＋190.600	5.000	2492416.937	520635.566
		Y198 号-2	YK55＋190.600	9.000	2492413.216	520637.032
Y199 号	YK55＋215.600	Y199 号-1	YK55＋215.600	5.000	2492425.895	520658.823
		Y199 号-2	YK55＋215.600	9.000	2492422.151	520660.231
Y200 号	YK55＋240.600	Y200 号-1	YK55＋240.594	5.000	2492434.491	520682.209
		Y200 号-2	YK55＋240.594	9.000	2492430.726	520683.560
Y201 号	YK55＋265.600	Y201 号-1	YK55＋265.600	5.000	2492442.728	520705.738
		Y201 号-2	YK55＋265.600	9.000	2492438.943	520707.030

续上表

墩台编号	墩中心桩号	桩编号	桩中心桩号	离设计线距离(m)	坐标(X)	坐标(Y)
Y202 号	YK55＋290.600	Y202 号-1	YK55＋290.600	5.000	2492450.600	520729.385
		Y202 号-2	YK55＋290.600	9.000	2492446.795	520730.619
Y203 号	YK55＋315.600	Y203 号-1-1	YK55＋313.225	2.500	2492459.796	520750.150
		Y203 号-1-2	YK55＋313.225	7.000	2492455.497	520751.478
		Y203 号-1-3	YK55＋313.225	11.500	2492451.197	520752.806
		Y203 号-2-1	YK55＋316.725	2.500	2492460.824	520753.490
		Y203 号-2-2	YK55＋316.725	7.000	2492456.522	520754.809
		Y203 号-2-3	YK55＋316.725	11.500	2492452.219	520756.128

榄横路高架桥桩位坐标表是桥墩台桩基放样的依据,必须分析正确、清楚、明白。

从表 1-7 和表 1-8 知:

第一栏:墩台编号,左幅:Z1 号～Z202 号;右幅:Y1 号～Y203 号。

第二栏:墩中心桩号,即桥墩中心的里程桩号。例如左幅 Z168 号墩的里程桩号是 ZK54＋394.5;右幅 Y179 号墩的里程桩号是 YK54＋666.6。

第三栏:桩编号,即桥墩桩基的号码。例如:Z168 号-1,即表示是左幅 168 号墩的 1 号桩;Y179 号-4,即表示是右幅 179 号墩的 4 号桩。

第四栏:桩中心桩号,即桩柱中心的里程桩号。例如:Z168 号-1 的里程桩号是 ZK54＋394.5;Y179 号-4 的号程桩号是 YK54＋673.943。

需要说明的是:

(1)桩中心线与设计线径向正交,则墩中心桩号等于桩中心桩号,见图 1-10。

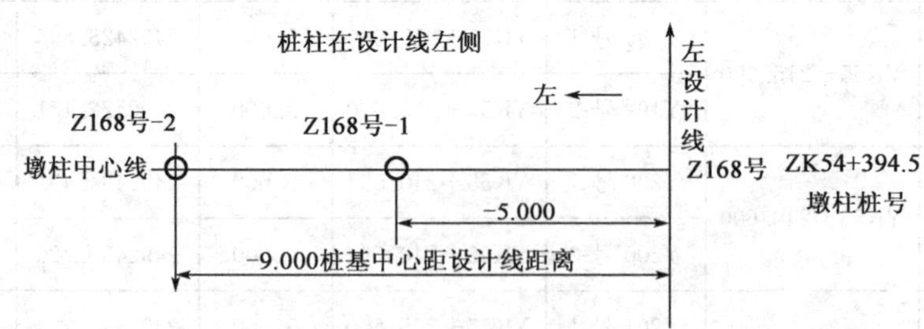

图 1-10　桩基位于设计线左侧桩柱中心连线与设计线径向正交、墩柱同桩号

(2)桩中心线与设计线斜交,则墩中心桩号不等于桩中心桩号,见图 1-11。

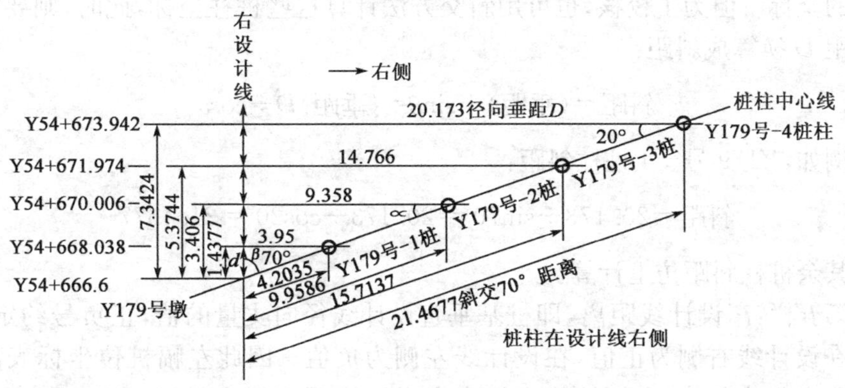

图 1-11 桩柱位于设计线右侧,桩柱中心连线与设计线斜交 70°,墩柱不同桩号

图 1-10 中,Z168 号墩的 1 号与 2 号桩中心连线垂直于设计线,则墩、桩的里程桩号都是 ZK54+394.5。

图 1-11 中,Y179 号墩的 1、2、3、4 号桩的连线与右设计线斜交 70°,则墩的桩号为:YK54+666.6,而 Y179 号-1 的里程桩号是 YK54+668.038,Y179 号-2 桩的里程桩号是 YK54+670.006,Y179 号-3 桩的里程桩号是 YK54+671.974,Y179 号-4 桩的里程桩号是 YK54+673.942。

分析图 1-11 知,Y179 号-1,Y179 号-2,Y179 号-3,Y179 号-4 桩柱垂直于右设计线的里程桩号用下式计算:

Y179-1 桩号 Y54+668.038=Y54+666.6+1.4377

Y179-2 桩号 Y54+670.006=Y54+666.6+3.406

Y179-3 桩号 Y54+671.974=Y54+666.6+5.374

Y179-4 桩号 Y54+673.942=Y54+666.6+7.3424

写成通用公式:

$$\text{桩柱径向桩号}=\text{墩中心桩号}+d \tag{1-1}$$

式中 d 是斜交桩柱在设计线上增减距离。向大号为增加,向小号为减少。即前进方向,增,后退方向,减。

d 按下式计算:

$$d=(\text{垂距})D\div\tan\beta\text{或}d=\frac{(\text{垂距})D}{\sin\beta}\cdot\sin\alpha \tag{1-2}$$

例如,$D=20.173$,$\beta=70°$ 则 $\alpha=20°$

$$d=20.173\div\tan70=7.3424\quad\text{或}\ d=\frac{20.173}{\sin70}\cdot\sin20=7.3424$$

计算上述桩柱垂直于设计线的里程桩号的目的是为了用立交方法计算这些桩柱的坐标。但为了校核，也可用斜交方法计算这些桩柱坐标，此时，则要将径向垂距 D 换算成斜距：

$$斜距=(垂距)\div\sin\beta=(垂距)D\div\cos\alpha \tag{1-3}$$

例如，Y179 号－4 桩柱斜距：

$$斜距=20.173\div\sin70^{\circ}=20.173\div\cos20^{\circ}=21.4677$$

其余桩柱斜距仿上计算。

第五栏：离设计线距离，即桩基垂直设计线径向丈量的值，正负号约定为：桩基在设计线右侧为正值，在设计线左侧为负值。因此左幅桩位坐标表离设计线距离都为负值；右幅桩位坐标表离设计线距离都为正值。这一点应特别注意。

第六、七栏：桩柱中心 X 与 Y 坐标值。

表下"注"：说明榄横路高架桥的墩台桩基平面坐标：

(1)采用中山独立坐标系。

(2)桥墩台桩基采用径向布置，即垂直设计线布置。

(3)桥墩台桩基中心离设计线距离是垂直于设计线径向丈量的值。桩基位于设计线右侧，距离为正值，位于设计线左侧，距离为负值。

这几条说明很重要，它是施工放样前，复算(检查计算)墩台桩基中心坐标的依据，必须搞清楚。

十一、逐桩坐标表

左线逐桩坐标表见表 1-9，右线逐桩坐标表见表 1-10。(局部示意)

此处的逐桩坐标表是榄横路高架桥左(右)线路设计线上每隔 20m 的坐标。榄横路高架桥前期桥墩桩基、桥柱、盖梁等施工过程中用的是"桩位坐标表"，不用"逐桩坐标表"。但是，这两种表中"坐标"的坐标系统都是采用中山市独立坐标系。表中坐标计算的起算要素都是同一"直线、曲线及转角表"中的数据。这一点应清楚明白。

十二、其 他 资 料

(一)箱涵

中山东部快线工程茂南路 A、B 匝道各有一处箱涵：即 AK0＋035.70 箱涵和 BK0＋512.00 箱涵。箱涵布置图及箱涵施工放样，详见本书第八章"公路涵洞施工平面位置放样实操案例。

逐桩坐标表(左线)

表 1-9

中山市东部快线工程第二合同段

桩号	坐标		桩号	坐标		桩号	坐标		桩号	坐标	
	N(X)	E(Y)		N(X)	E(Y)		N(X)	E(Y)		N(X)	E(Y)
ZK49+980	2490286.677	515882.5921	ZK50+480	2490490.551	516339.1393	ZK50+980	2490694.125	516895.6866	ZK51+480	2490898.298	517252.2339
ZK50+000	2490294.832	515900.8539	ZK50+500	2490498.706	516357.4012	ZK51+000	2490702.579	516813.9485	ZK51+500	2490906.453	517270.4957
ZK50+020	2490302.987	515919.1158	ZK50+520	2490506.86	516375.6631	ZK51+020	2490710.734	516832.2104	ZK51+520	2490914.608	517288.7576
ZK50+040	2490311.141	515937.3777	ZK50+540	2490515.015	516393.925	ZK51+040	2490718.889	516850.4723	ZK51+540	2490922.763	517307.0195
ZK50+060	2490319.296	515955.6396	ZK50+560	2490523.17	516412.1869	ZK51+060	2490727.044	516868.7342	ZK51+560	2490930.918	517325.2814
ZK50+080	2490327.451	515973.9015	ZK50+580	2490531.325	516430.4488	ZK51+080	2460735.199	516886.996	ZK51+580	2490939.073	517343.5433
ZK50+100	2490335.605	515992.1634	ZK50+600	2490539.48	516448.7107	ZK51+100	2490743.354	516905.2579	ZK51+600	2490947.228	517361.8052
ZK50+120	2490343.761	516010.4253	ZK50+620	2490547.635	516466.9726	ZK51+120	2490751.509	516923.5198	ZK51+620	2490955.383	517380.0671
ZK50+140	2490351.916	516028.6872	ZK50+640	2490555.79	516485.2344	ZK51+140	2490759.664	516941.7817	ZK51+640	2490963.538	517398.329
ZK50+160	2490360.071	5156046.9497	ZK50+660	2490563.945	516503.4963	ZK51+160	2490767.819	516960.0436	ZK51+660	2490971.693	517416.5909
ZK50+180	2490368.226	516065.211	ZK50+680	2490572.1	516521.7582	ZK51+180	2490775.974	516978.3055	ZK51+680	2490979.848	517434.8528
ZK50+200	2490376.381	516083.4729	ZK50+700	2490580.255	516540.0201	ZK51+200	2490784.129	516996.5674	ZK51+700	2490988.003	517453.1147
ZK50+220	2490384.536	516101.7347	ZK50+720	2490588.41	516558.282	ZK51+220	2490792.284	517014.8293	ZK51+720	2490996.158	517471.3765

续上表

桩号	坐标		桩号	坐标		桩号	坐标		桩号	坐标	
	N(X)	E(Y)		N(X)	E(Y)		N(X)	E(Y)		N(X)	E(Y)
ZK50＋240	2490392. 691	516119. 9966	ZK50＋740	2490596. 565	516576. 5439	ZK51＋240	2490800. 439	517033. 0912	ZK51＋740	2491004. 313	517489. 6384
ZK50＋260	2490400. 846	516138. 2585	ZK50＋760	2490604. 72	516594. 8058	ZK51＋260	2490808. 594	517051. 3531	ZK51＋760	2491012. 468	517507. 9003
ZK50＋280	2490409. 001	516156. 5204	ZK50＋780	24960612. 875	516613. 0677	ZK51＋280	2490816. 749	517069. 615	ZK51＋780	2491020. 623	517526. 1622
ZK50＋300	2490417. 156	516174. 7823	ZK50＋800	2490621. 03	516631. 3296	ZK51＋300	2490824. 904	517087. 8768	ZK51＋800	2491028. 778	217544. 4241
ZK50＋320	2490425. 311	516193. 442	ZK50＋820	2490629. 185	546649. 5915	ZK51＋320	2490833. 059	517106. 1387	ZK51＋820	2191036. 933	517562. 686
ZK50＋340	2490433. 466	516211. 3061	ZK50＋840	2490637. 34	516667. 8534	ZK51＋340	2490841. 214	517124. 1006	ZK51＋840	2491045. 088	517580. 9479
ZK50＋360	2490441. 621	516229. 568	ZK50＋860	2490645. 495	516686. 1152	ZK51＋360	2490849. 369	517142. 6625	ZK51＋860	2491053. 243	517599. 2098
ZK50＋380	249. 449. 776	516247. 8299	ZK50＋880	2490653. 65	516704. 3771	ZK51＋380	2490857. 524	517160. 9244	ZK51＋880	2491061. 398	517617. 4717
ZK50＋400	2490457. 931	516266. 0918	ZK50＋900	2490661. 805	516722. 639	ZK51＋400	2490865. 679	517179. 1863	ZK51＋900	2491069. 553	517635. 7336
ZK50＋420	2490466. 086	516284. 3537	ZK50＋920	2490669. 96	516740. 9009	ZK51＋420	249087. 834	517197. 4482	ZK51＋920	2491077. 708	517653. 9955
ZK50＋440	2490474. 241	516302. 6155	ZK50＋940	2490078. 115	516759. 1628	ZK51＋440	2490881. 989	517215. 7301	ZK51＋940	2491085. 000	5176
ZK50＋460	2490482. 396	516320. 8771	ZK50＋960	2490685. 27	516777. 4247	ZK51＋460	2490890. 144	517233. 972	ZK51＋960	2491094. 017	517690. 5192

编制：　　复核：　　审核：　　图号：S-2-14

逐桩坐标表(右线)

表 1-10

中山市东部快线工程第二合同段

桩号	坐标		桩号	坐标		桩号	坐标		桩号	坐标	
	N(X)	E(Y)		N(X)	E(Y)		N(X)	E(Y)		N(X)	E(Y)
K53＋940	2491882.572	519505.5969	K54＋400	2492073.795	519923.9425	K54＋880	2492288.862	520353.0566	K55＋320	2492464.171	520755.8891
K53＋960	2491890.718	519523.8632	K54＋420	2492082.5	519941.9486	K54＋900	2492297.887	520370.9046	K55＋340	292469.876	520775.058
K53＋980	2491898.863	519542.1295	K54＋440	2492091.243	519959.9365	K54＋920	2492306.912	520388.7526			
K54＋000	2491907.008	519560.3958	K54＋460	2492100.023	519977.9062	K54＋930.410	2492311.609	520398.0424			
K54＋020	2491915.153	519578.6621	K54＋480	2492108.841	519995.8575	K54＋940	2492315.936	520406.6008			
K54＋040	2491923.298	519596.9283	K54＋500	2482117.696	520013.7905	K54＋960	2492324.951	520424.4541			
K54＋060	2491931.443	519615.1946	K54＋520	2492126.588	520031.7049	K54＋980	2492333.935	520442.3223			
K54＋080	2491939.588	519633.4609	K54＋540	2492135.517	520049.6008	K55＋000	2492342.87	520460.2155			
K54＋100	2491947.733	519651.7272	K54＋560	2492144.484	520067.478	K55＋020	2492351.735	520478.1435			
K54＋113.568	2491953.259	519664.1189	K54＋580	2492153.488	520085.3366	K55＋040	2492360.51	520496.1158			
K54＋120	2491955.88	519669.9926	K54＋591.207	2492154.033	520086.4139	K55＋060	2492369.174	520514.1418			
K54＋140	2491964.057	519688.2449	K54＋600	2492162.513	520103.1846	K55＋080	2492377.706	520532.2303			
K54＋160	2491972.271	519706.4801	K54＋620	2492171.538	520121.0326	K55＋100	2492386.086	520550.3899			

续上表

桩号	坐标		桩号	坐标		桩号	坐标		桩号	坐标	
	N(X)	E(Y)		N(X)	E(Y)		N(X)	E(Y)		N(X)	E(Y)
K54+180	2491980.524	519724.6982	K54+640	2492180.563	520138.8806	K55+120	2492394.293	520568.6284			
K54+200	2491988.814	51972.8991	K54+660	2492189.588	520156.7286	K55+140	2492402.306	520586.9533			
K54+220	2491997.142	519761.0826	K54+680	2492198.613	520174.5766	K55+150.410	2492406.392	520596.5277			
K54+240	2492005.508	519779.2488	K54+700	2492207.638	520192.4246	K55+160	2492410.102	520605.371			
K54+260	2492013.912	519797.3974	K54+720	2492216.663	520210.2726	K55+180	2492417.671	520623.8834			
K54+280	2492022.354	519815.5286	K54+740	2492225.688	520228.1206	K55+200	2492425.01	520642.4879			
K54+300	2492030.833	519833.6421	K54+760	2492234.712	520245.9686	K55+220	2492432.119	520661.1817			
K54+320	2492039.35	519851.7379	K54+780	2492243.737	520263.8166	K55+240	2492438.996	520679.9619			
K54+340	2492047.905	519869.8159	K54+800	2492252.762	520281.6646	K55+260	2492445.641	520698.8256			
K54+317.388	2492051.074	519876.489	K54+820	2492261.787	520299.5126	K55+280	2492452.053	520717.77			
K54+360	2492056.197	519887.8761	K54+840	2492270.812	520317.3606	K55+282.387	2492452.802	520420.0362			
K54+380	2492065.128	519905.9183	K54+860	2492279.837	520335.2086	K55+300	2492458.23	520736.7921			

注:坐标采用中山独立坐标系。

(二)平交口

中山东部快线工程共设置平面交叉三处,分别为:

ZK50+083.538(YK50+093.373)省道S111中拱路平面交叉;

ZK51+296.472(YK51+302.594)茂南路平面交叉;

ZK55+100.139(YK55+097.073)沿江路平面交叉。

关于公路平交口施工放样,详见本书第六章"公路平交口施工放样实操案例。

(三)匝道

中山东部快线工程匝道有:

(1)茂南路A、B、C、D匝道;

(2)榄横路A、B、C、D匝道。本标段只承建B、C匝道,A、D匝道由三标承建。

关于匝道施工放样,详见本书第七章"公路匝道放样实操案例"。

以上所述,是作者在中山东部快线工程工地做施工测量时,初到工地看施工图纸中搜集的与施工放样有关的部分资料。随着工程进展,再详看有关图纸,计算相关数据,配合施工进度,进行施工测量。

上述资料,偏重于高架桥施工测量部分;关于高速公路、一级公路及一级以下各等级公路施工的图纸资料搜集,读者可参阅作者《公路工程施工测量》(北京:人民交通出版社,2004年9月)、《测量员便携手册》(北京:人民交通出版社,2009年6月)。

第二节 仪具准备实操案例

一、公路工程施工测量的仪器

(一)全站仪

全站仪是现代公路施工平面控制测量必备的先进仪器。它既能测角、测距,又能测坐标,放样设计点位。它速度快且精度高,质量可靠,完全能满足现代机械化公路施工进度和精度要求。

目前,我国公路施工现场用的全站仪有:

(1)国产的:武汉中纬(徕卡国产)(ZTS);苏州一光(RTS、OTS);科力达(KTS);常州大地(DTM);南方(NTS);北京博飞(BTS);天津欧波、广州中海达等。

(2)进口的：日本拓普康(GTS,GPT)；日本索佳(SET)；日本尼康(DTM)；日本宾得(R)；瑞士徕卡(TC,TCR,TCA)等。

型号不一，精度不等、操作各异、价格差大。施工单位应根据所承建的公路等级、设计精度要求、现场条件来选择所需要的全站仪。

作者在上述"中山市东部快线工程"工地，负责现场施工测量，主要是放高架桥桥墩桩基设计点位。建设单位提供了二台全站仪，一台旧的日本拓普康GPT7000型全站仪，一台新购买的日本索佳SET230RK全站仪。测角精度前者：±1″，后者：±2″，测距精度：±2mm+2ppm·D。价格十几万元。但是由于仪器经销商提供的棱镜是国产常州的，与仪器不配套，致使测距精度不稳定，后经检测并重新设置加常数，才得以提高测距精度。

一般情况下，施工测量员进驻工地后应全面熟悉自己将要使用的全站仪：

(1)收集该仪器的说明书。

(2)在说明书指导下，了解仪器各部件名称和使用方法。

(3)在说明书指导下，对照实物，逐步掌握测角、测距、测坐标、测高程、设计点坐标放样按键方法和操作步骤。

多练习、多操作，牢记按键方法步骤，务必在开工放样前能熟练地使用全站仪。

对于没有"说明书"的全站仪，可参照自己操作过的全站仪的操作方法步骤，对照实物，逐渐摸索操作；也可请教用过的同事，或请教经销部门维修仪器的工程师。

实践证明，操作全站仪并不难。不管何种型号的全站仪，只要动手、动脑、动口就能很熟练地使用它。

值得提醒的是：在开工前，具体说应在复测导线前，一定要将全站仪及其附件棱镜、棱镜杆，基座等送仪器质量检验部门检定，并要取得质检证书存档备查。

请记住，没有经过质检部门检定的测绘仪器，规范规定，是不能用于生产中的。

在施工放样过程中，如发现全站仪有异常情况，例如管状气泡整不平，测角2C值变大、测距误差大、放样点偏离等，应先自检，如确属仪器本身问题，应送仪器检修部门处理。自己不可随意拆卸仪器。

如只属管状(长)气泡老整不平，这是水准管轴不垂直于竖轴，可按以下方法校正：

(1)在圆气泡居中情况下，整平，使管状气泡平行于一对脚螺旋的连线，此时使气泡居中。

(2)旋转仪器照准部180°，若气泡偏离1格以上，则转动平行于管气泡的两个脚螺旋，使气泡改正偏离的一半。

(3)用改针拨动管状气泡一端校正螺旋,使气泡居中。

(4)反复进行(2)和(3)步骤直至仪器整平时,气泡在任何位置都居中。

(5)若经反复校正,气泡仍偏离大于 1 格以上,则送仪检部门校正。

(二)全站仪的附件

1. 单棱镜组

包括单棱镜、占板、带光学对点器的基座。(见第二章图 2-4)。

单棱镜组是全站仪测量导线必备的附件(见第二章图 2-8 全站仪三联架法测量导线)。

2. 双叉式对中杆配单棱镜

包括单棱镜、占板、双叉式对中杆(见第二章图 2-5)

双叉式对中杆配单棱镜是全站仪测角、测距、测坐标、测高程、点放样等必备的附件。

3. 可伸缩脚架(木质或铝质)

架置全站仪或单棱镜组的基座。

4. 电池和充电器

需要再三强调的是:

(1)棱镜和全站仪必须配套,棱镜的加常数应和仪器的加常数一致。如用其他厂家的棱镜,则需在用全站仪测距前,重新设置为棱镜的常数。若用的棱镜与全站仪不配套,且不知该棱镜的常数,则可按作者《测量员便携手册》一书中介绍的方法测定后重新设置仪器的常数[详见《测量员便携手册第三章第三节"四"4)全站仪测距]。

(2)双叉式对中杆下端尖对中点位中心,拧紧手把,调整圆气泡居中后,对中杆应固定不能有松动摇晃现象,且对中杆上砧板竖线、棱镜中心、杆身中线、对中杆下端尖应在同一铅垂线上。若有下述情形,则要处理:

①对中杆本身弯曲,此杆不能用,应调换。

②手把拧紧后,对中杆与支撑架不能固紧,还会松动摇晃,则要查明原因,修好再用。

③施测中,若发现对中杆下端尖、棱镜中心不在同一垂线上,偏差 3～5mm 以上,则可按下述方法校正:

a. 选一平地,架好对中杆。要求:支撑脚架要踩牢,圆气泡居中。

b. 在对中杆 90°方向各架置一台全站仪(或经纬仪)。要求:仪器要精确整平,且距对中杆 20m 以外。

c. 两架仪器同时照准对中杆下端尖。固定度盘,拧紧望远镜制动螺旋,缓慢旋转望远镜微动螺旋,自下向上,细心观察望远镜竖丝偏离对中杆中线距离,偏离棱镜中心距离。

d. 1 人听从仪器观测者指挥，调整对中杆，当对中杆中心线与两台仪器竖丝重合时，两台仪器观测者同时喊“好”，立即停止调整。此时；圆气泡偏离中心位置。

e. 调整圆气泡居中。此过程中两台仪器观测者要一直照准对中杆中心。

f. 重复上述 c、d、e 步操作，当对中杆中心线位于两台仪器竖丝上，且圆气泡又居中，则认为调整好了。一般情况下，对中杆中心线偏离仪器竖丝 3mm 以内，则此杆可以使用。

(3)单棱镜组的基座在施测前应检查：

①基座整平后，基座的管(长)气泡应在任一位置都居中。若此条件不满足，则要校正。校正方法同全站仪长气泡的校正。

②基座整平后，占板竖线、棱镜竖轴、基座对点器中心、地面点应在同一垂线上。

检验方法：

a. 将基座脚架置于地面点上，对中粗平，即地面点位于基座光学对点器圆圈中心且基座的圆气泡居中。

b. 精平，即基座的长气泡在任一位置都居中。

c. 通过基座光学对点器观察地面点是否仍在对点器圆圈中心。若偏离在 1～3mm 以内，则上述条件满足。若偏离大于 3mm，则可调整光学对点器，使地面点位于对点器圆圈中心。

(三)水准仪

水准仪是现代公路施工高程控制测量必备的先进仪器。它可测高程、又可放设计点高程。是所用测高程仪器中精度最高且操作简单、使用方便、价格便宜的仪器。

水准仪类型有微倾水准仪、自动安平水准仪和电子水准仪。目前我国公路施工现场常用的水准仪是自动安平水准仪，电子水准仪价格贵不普遍，微倾水准仪也在使用着。

现场常用的自动安平水准仪国产的有：苏州一光(NAL、DS)、天津欧波(DS)、南京 1002 厂(S3)、北京博飞(AL、DZS)等。

进口的有：瑞士徕卡(NA、GPM)、日本索佳(PL、B)、日本拓普康(AT－G)等。

作者在上述“中山市东部快线工程”工地，用了两台水准仪。一台天津自动安平水准仪，精度±3mm/km，一台日产拓普康自动安平水准仪，精度±2mm/km，用于四等水准测量和桥墩桩柱高程测量，精度可满足设计规范要求。

作者在京福高速公路江西境内南城段进行施工测量时用的是一台天津产微倾水准仪，精度可满足四等水准测量精度。

实践中，公路施工中点位高程测量常采用“向前法”[关于“向前法”水准测量方法，详见作者《公路工程施工测量》(北京：人民交通出版社，2005)和《测量员便携手册》(北京：人民交通出版社，2009)]。由于前后视距不等长，所以对水准仪“i 角”要求较高。在施工测高中，当发现远距离和短距离施测同一点的高程较差超过 5mm 以上时，应对所用水准仪进行“i”角检验、校正。

1. i 角的检验校正

i 角检验的目的：使水准管轴平行于望远镜的视准轴，使不同距离测得的同一点高程小于 3mm。

i 角检验、校正方法：

(1)安置仪器于 A、B 中间位置，A、B 标尺相距约 30～50m(视场地情况而定)，读数分别为 a_1、b_1，见图 1-12。

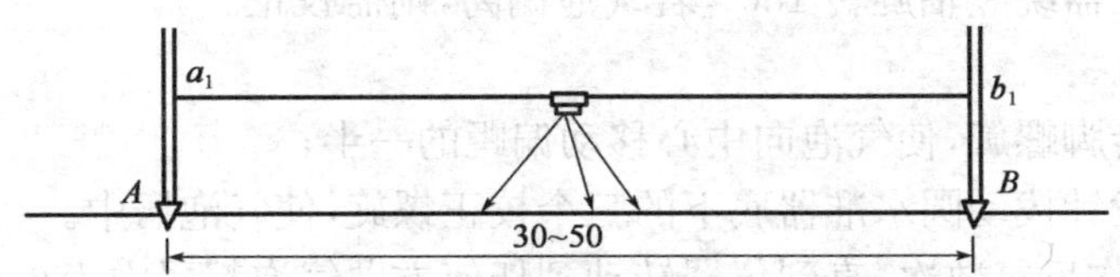

图 1-12　i 角检验，仪器置于 AB 中间位置(单位：m)

(2)将仪器移至距 A 约 2m 处，读数分别为 a_2、b_2，见图 1-13。

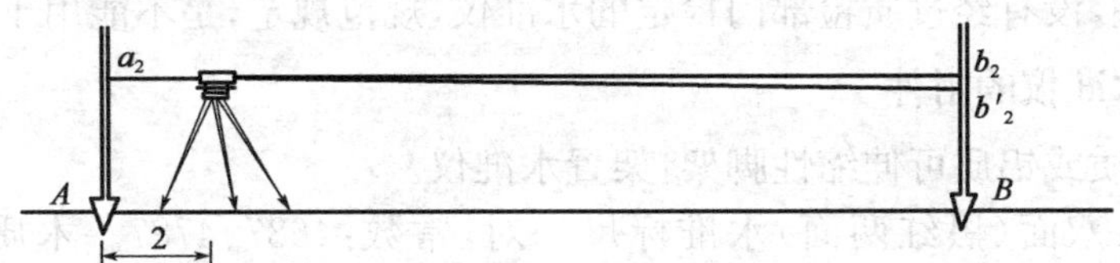

图 1-13　i 角校核，仪器置于距 A 点 2m 处(单位：m)

(3)计算：

$$b'_2 = a_2 - (a_1 - b_1)$$

如果 $b'_2 = b_2$，说明视线水平，无需校正；

如果 $b'_2 \neq b_2$ 且 $|b'_2 - b_2| > 3\text{mm}$，说明要进行校正。

(4)校正方法。

对于自动安平水准仪：

仪器瞄准 B 标尺，取下目镜罩，用改针调整(拨动)分划校正螺钉，使视距中丝读数为 b'_2；重复以上检校步骤，直至 $|b'_2 - b_2| < 3\text{mm}$。

对于微倾水准仪：

仪器瞄准 B 标尺，用微倾螺旋使视距中线读数为 b'_2，此时水准管气泡不居中(两个半气泡不吻合)，用改针调整水准管校正螺旋，使水准管气泡居中(两个

半气泡吻合)。重复以上检校步骤,直到$|b'_2-b_2|<3mm$。

2. 圆气泡的检验校正

另外,还应注意圆气泡的检验校正。作业中,在照准不同方向标尺读数时,常发生圆气泡偏离中心较大的情况,此时则应在作业前进行圆气泡的检验校正。

圆气泡检验校正的目的:使圆水准轴平行于竖轴,这样在仪器转动到不同方位圆气泡都能居中,方便观测读数。

自动安平水准仪是自动给出水平视线的仪器,只要圆气泡居中,仪器的视准轴就会自动处于水平位置。因此,只需检校圆气泡,不需考虑管气泡。

对于微倾水准仪,圆气泡的检验与校正方法如下:

检验方法:

(1)用脚螺旋使圆气泡居中;

(2)将仪器绕竖轴旋转180°,若气泡偏离,则需校正。

校正方法:

(1)旋转脚螺旋,使气泡向中心移动偏距的一半;

(2)用拨针拨动圆水准器底下的三个校正螺旋,使气泡居中。

以上操作反复数次,直到仪器转动到任何方向气泡都居中为止。

值得提醒的是:在开工前,具体说应在复测水准路线前,一定要将水准仪送仪器质量检验部门检定,并要取得质检部门证书存档备查。

请记住,没有经过质检部门检定的水准仪,规范规定,是不能用于生产中的。

(四)水准仪的附件

(1)木质或铝质可伸缩性脚架,架置水准仪。

(2)3m双面(黑红两面)水准标尺一对,常数:4687、4787。木质或玻璃钢质,要求尺边装有圆气泡。用于进行四等水准测量。

(3)3m或5m铝质塔尺两根,双面刻划,最好是一面最小刻划为厘米,另一面最小刻划为0.5厘米,分米注记。用于五等水准测量,线路桩位高程测量等。

(4)尺垫一对,用于临时转点用。

二、公路工程施工测量的量具

(1)30m或50m钢卷尺。

(2)30m或50m皮卷尺。

(3)3m或5m小钢尺。

(4)通信联络工具:对讲机。

(5)计算工具:具有可编程的科学计算机,例如:卡西欧f_x—4800P、f_x—4850P、f_x—5800P(目前f_x—4800P/4850厂家虽已停止生产,但原使用者还在用)、广州E500等。

(6)坡度尺(控制边坡)。

三、公路工程施工测量的材料

(1)竹(或木)桩:根据施工标段路线长度、桩点间距、桥墩桩柱个数,计算竹(或木)桩用量,开工前就应加工好备用。

(2)钢签:根据需要准备一定数量的钢签,水稳层(基层)施工时用于定桩挂线。

(3)钢钉:混凝土路面、桩头、柱头、水稳层等放样时用。

(4)铁钉:做点位标志。

(5)记号笔(油性)、粉笔、涂改液(修正液)等。

(6)石灰:用于堑顶、坡脚、修坡等放线用。

(7)色漆或自动喷漆。

(8)细绳、草球。

(9)红布、或红塑料袋。

(10)铁锤。

(11)凿子等。

第二章　导线复测（加密）实操案例

第一节　导线复测(加密)的一般规定

一、交通运输部"规范"关于导线复测(加密)的规定

中华人民共和国交通部,JTG F10—2006 公路路基施工技术规范(以下简称"规范")规定:

(1)导线测量精度应符合表 2-1 的规定。

(2)原有导线点不能满足施工需要时,可增设满足相应精度要求的附合导线点。

(3)同一建设项目内相邻施工段的导线应闭合,并满足同等级精度要求。

(4)对可能受施工影响的导线点,施工前应加以固定或改移,从开工至竣工验收的时间段内应保证其精度。

二、各级公路平面控制测量的等级

"规范"规定,各级公路平面控制测量的等级应符合表 2-1 的规定:

平面控制测量等级　　表 2-1

公 路 等 级	平面控制网等级
高速公路、一级公路	一级小三角、一级导线、四级 GPS 控制网
二级公路	二级小三角、二级导线
三级及三级以下公路	三级导线

三、导线测量技术要求

"规范"规定,各级导线测量的精度应符合表 2-2 的规定:

导线测量技术要求 表 2-2

等级	附合导线长度(km)	平均边长(m)	每边测距中误差(mm)	测角中误差(″)	导线全长相对闭合差	方位角闭合差(″)	测回数	
							DJ_2	DJ_6
一级	10	500	17	5.0	1/15000	$\pm10\sqrt{n}$	2	4
二级	6	300	30	8.0	1/10000	$\pm16\sqrt{n}$	1	3
三级	—	—	—	20.0	1/2000	$\pm30\sqrt{n}$	1	2

第二节　导线复测(加密)的测设方案

一、导线复测(加密)的测设方案

适用于公路工程导线点复测和加密的测设方案：

(1)附合导线，见图 2-1。

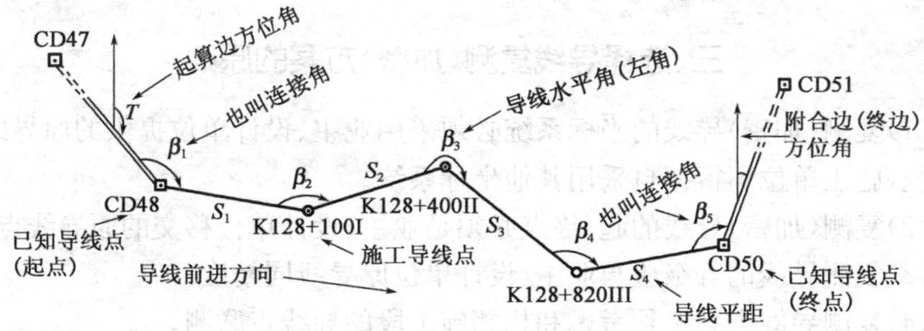

图 2-1　附合导线示意图

(2)闭合导线，见图 2-2。

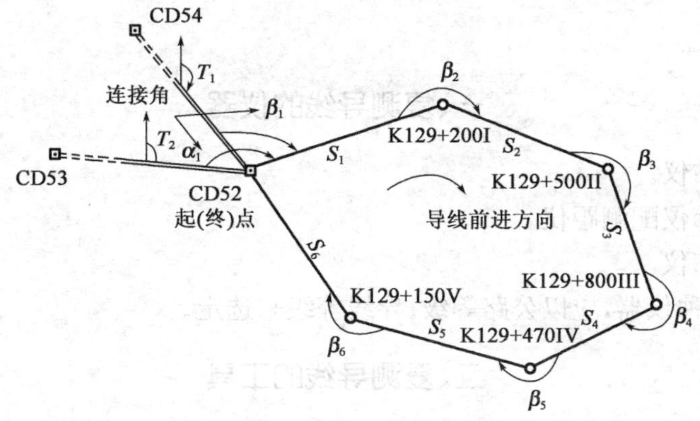

图 2-2　闭合导线示意图

(3)支导线,见图 2-3。

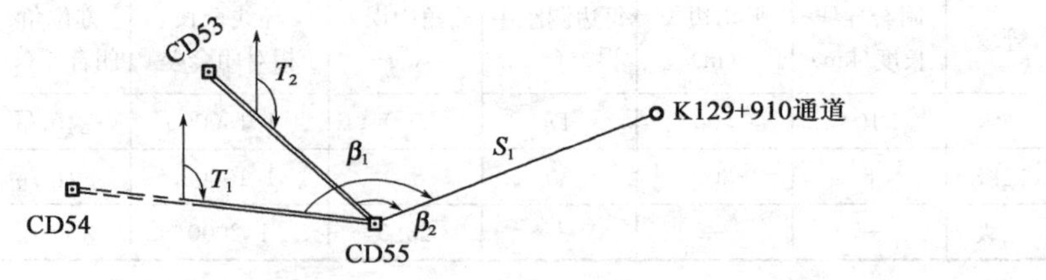

图 2-3　支导线示意图

二、选择导线复测(加密)方案的条件

(1)当施工标段有两组起算数据时,可考虑选用附合导线。

(2)当施工标段只有一组起算数据时,可考虑选用闭合导线。

(3)当有特殊需要时,例如涵洞等线路构造物的放样,可考虑选用支导线。

所谓一组起算数据,即一条导线边两个导线点的坐标已知。两组起算数据即两条不相邻的导线边四个导线点的坐标已知。

三、选择导线复测(加密)方案的原则

(1)复测(加密)导线的坐标系统必须采用业主、设计单位提供的原导线的坐标系统,施工单位不得擅自采用其他坐标系统。

(2)复测(加密)导线的起、终点必须是业主、设计单位移交的原导线点。

(3)复测导线的等级应与业主、设计单位原导线同精度。

(4)复测导线方案必须考虑和相邻施工段的导线点联测。

第三节　复测导线的仪具

一、复测导线的仪器

(1)全站仪。

(2)经纬仪配测距仪。

(3)经纬仪。

选用何种仪器,应以公路等级、导线等级来选定。

二、复测导线的工具

(1)单棱镜组:由单棱镜和基座(带光学对点器)组成。见图 2-4。

(2)双叉式中杆配棱镜,见图 2-5。

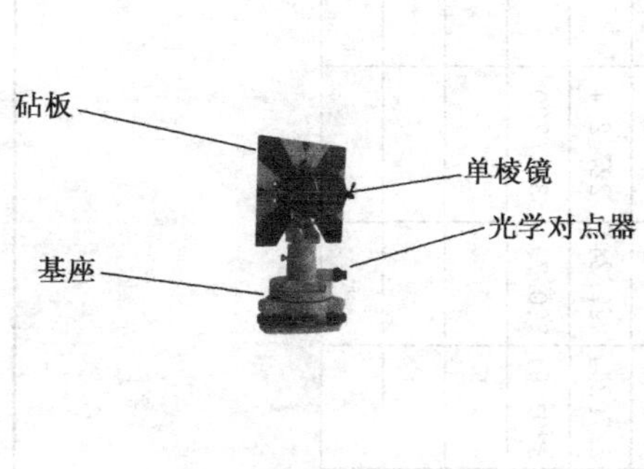

图 2-4　单棱镜组

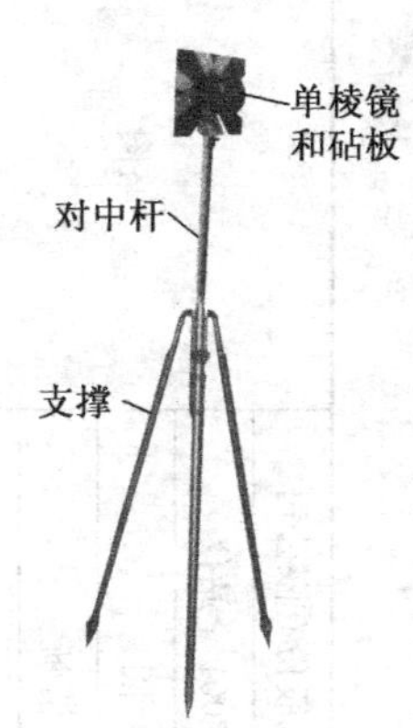

图 2-5　双叉式中杆

上述单棱镜组、双叉式中杆配棱镜用于对中和照准,单棱镜组用于一级导线,双叉式中杆配棱镜用于二级及二级以下导线。

(3)30m 或 50m 钢卷尺,用经纬仪测设低等级导线时,用钢尺量导线边长。

(4)对讲机,用于导线测量外业作业中相互联络。

(5)可编程式的科学计算器,例如卡西欧 f_x—4500、f_x—4800、f_x—4850、f_x—5800 型计算器,用于导线测量内业计算。

三、复测导线仪器的脚架

(1)与复测导线选用的仪器配套的脚架一个。

(2)与单棱镜组配套的脚架两个。

图 2-6 的铝脚架可用于复测导线时架置单棱镜组,木脚架可用于复测导线时架置全站仪。

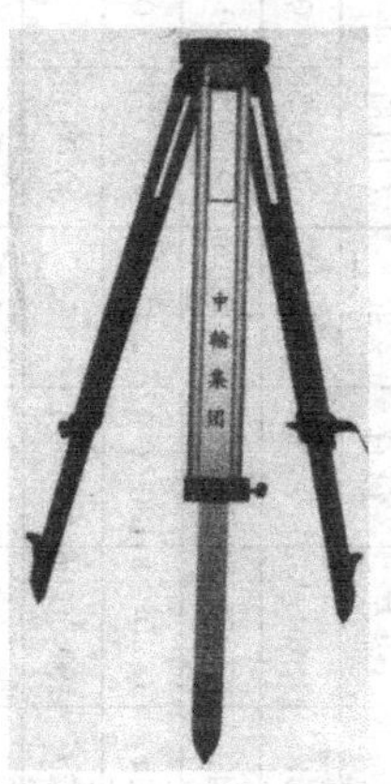

图 2-6　架置单棱镜组的铝脚架

全站仪测角、测距记录表

表 2-3

施检表(2)　　　　编号：

<table>
<tr><td colspan="2">工程名称</td><td colspan="3">中山市东部快线 2 标</td><td colspan="2">测量部位</td><td colspan="3">K52＋000～K55＋000</td><td colspan="2">施工单位</td><td colspan="2">中国建筑股份有限公司</td><td colspan="3" rowspan="5">略图</td></tr>
<tr><td colspan="2">网名或路线</td><td colspan="3">I659－I660～I666－I667</td><td colspan="2">等级</td><td colspan="3">一级附合导线</td><td colspan="2">仪器型号</td><td colspan="2">GTS 7001 全站仪</td></tr>
<tr><td colspan="2">测量站</td><td colspan="3">663</td><td colspan="2">气压</td><td colspan="3"></td><td colspan="2">天气</td><td colspan="2">阴</td></tr>
<tr><td colspan="2">仪高</td><td colspan="3"></td><td colspan="2">气温</td><td colspan="3"></td><td colspan="2">成像</td><td colspan="2">清晰</td></tr>
<tr><td colspan="2">测站高</td><td colspan="3"></td><td colspan="2">加常数</td><td colspan="3"></td><td colspan="2">乘常数</td><td colspan="2"></td></tr>
<tr><td rowspan="2">镜站</td><td colspan="5">水平角</td><td colspan="4">垂直角</td><td colspan="4">测距</td><td rowspan="2">平均距离</td><td rowspan="2">镜高</td><td rowspan="2">高程</td></tr>
<tr><td>盘左</td><td>盘右</td><td>2C</td><td>方向角</td><td>平均值</td><td>盘左</td><td>盘右</td><td>指标差</td><td>垂直角</td><td></td><td></td><td></td><td></td></tr>
<tr><td>662</td><td>0 00 00</td><td>179 59 56</td><td>4</td><td>179 59 58</td><td>0 00 00</td><td></td><td></td><td></td><td></td><td>320.790</td><td>320.791</td><td>320.790</td><td>320.790</td><td>320.790</td><td></td><td></td></tr>
<tr><td>664右</td><td>179 59 54</td><td>359 59 51</td><td>3</td><td>179 59 52</td><td>179 59 54</td><td></td><td></td><td></td><td></td><td>227.244</td><td>227.243</td><td>227.244</td><td>227.244</td><td>227.244</td><td></td><td></td></tr>
<tr><td>664</td><td>0 00 00</td><td>180 00 07</td><td>7</td><td>0 00 04</td><td>0 00 00</td><td></td><td></td><td></td><td></td><td>227.244</td><td>227.245</td><td>227.244</td><td>227.244</td><td>227.244</td><td></td><td></td></tr>
<tr><td>662左</td><td>180 00 06</td><td>0 00 11</td><td>5</td><td>180 00 08</td><td>180 00 04</td><td></td><td></td><td></td><td></td><td>320.790</td><td>320.790</td><td>320.791</td><td>320.790</td><td>320.790</td><td></td><td></td></tr>
<tr><td></td><td></td><td></td><td></td><td></td><td></td><td></td><td></td><td></td><td></td><td></td><td></td><td></td><td></td><td></td><td></td><td></td></tr>
<tr><td></td><td></td><td></td><td></td><td></td><td></td><td></td><td></td><td></td><td></td><td></td><td></td><td></td><td></td><td></td><td></td><td></td></tr>
<tr><td></td><td></td><td></td><td></td><td></td><td></td><td></td><td></td><td></td><td></td><td></td><td></td><td></td><td></td><td></td><td></td><td></td></tr>
<tr><td>自检
意见</td><td colspan="7">符合一级导线技术要求</td><td>监理
意见</td><td colspan="8"></td></tr>
</table>

测量：　　计算：　　复核：　　总工程师：　　项目经理：　　测量日期：

四、复测导线的记录表

复测导线外业测角、测距记录数据，是公路施工测量重要的资料之一。因此，必须记录在业主下发的专用表格上，不可随便乱记。

表 2-3 是广东中山东部快线工程业主下发的《全站仪测角、测距记录表》，该表一页只能记一个测站的观测数据。

表 2-4 是泉州至南宁高速公路江西境内兴国连接线业主下发的《水平角、距离观测记录表》，该表是普通测量中导线测量常用的记录格式，一页可记几个测站。

水平角、距离观测记录表 表 2-4

工程名称：×××

施工单位：××× 第(2)合同段

监理单位：××× 仪器型号：南方

测站名	照准点	盘左读数 (° ′ ″)	盘右读数 (° ′ ″)	2C (″)	半测回方向值 (° ′ ″)	角度平均值 (° ′ ″)	距离 (m)
GY95	GY94	0 00 00	180 00 06	6	0 00 03	0 00 00	
	K6+1	215 01 44	35 01 48	4	215 01 46	215 01 43	164.628
	GY94	90 00 02	270 00 06	4	90 00 04	0 00 00	
	K6+1	305 01 44	125 01 48	4	305 01 46	215 01 42	164.629
K6-1	GY95	0 00 04	180 00 05	1	0 00 04	0 00 00	
	K6-2	159 54 31	339 54 32	1	159 54 32	159 54 28	168.323
	K6-2	0 00 06	180 00 08	2	0 00 07	0 00 00	168.323
	GY95	200 05 38	20 05 41	3	200 05 40	200 05 33	

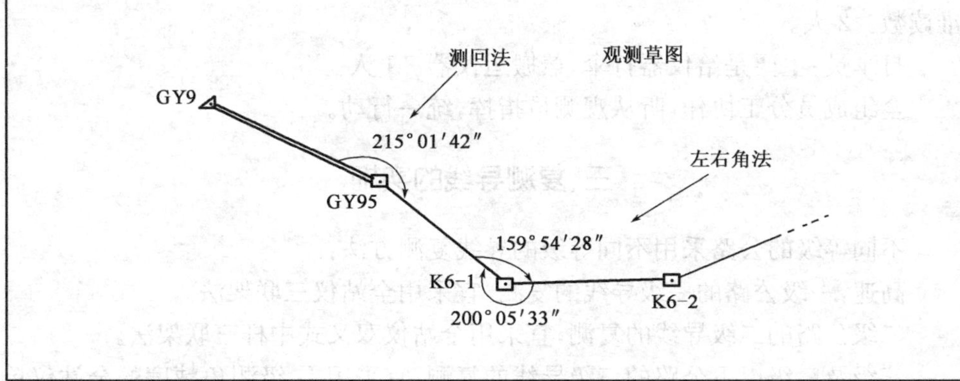

测量： 记录： 复核： 日期：

注：为了介绍测角方法，本表 GY95 测站采用“测回法”观测记录；K6-1 测站采用“左右角法”观测记录。实践作业中，一条导线应采用同一种测角方法。

现场施工测量员应选用自己施工段的业主下发的导线测量记录表格。不可随意记录在别的表格上。

第四节 复测导线的实施

一、复测导线的外业工作

1. 测角方法

(1)测回法。测回数按仪器精度及导线等级取用。附合导线测左角,闭合导线测内角。

(2)左右角法。若测 2 测回,第一测回测左角,第二测回测右角。若测一测回,采用两个"半测回法",第 1 个半测回测左角,第 2 个半测回测右角(详见《测量员便携手册》.北京:人民交通出版社,2009 年)。

2. 测距方法

本案例介绍一级复测导线,采用全站仪往返各 3 次测量导线边长。

关于其他测距方法,详见《测量员便携手册》。

二、复测导线的作业组织

复测导线由复测小组完成。复测小组由 5 人组成:

观测员:操作仪器,指挥小组其他成员作业。1 人。

记录员:记录观测员的测角、测距读数,计算水平角值及测距中数。1 人。

架基座棱镜员:在后视导线点、前视导线点上架置基座和棱镜,供观测员照准读数。2 人。

打伞员:主要是给仪器打伞,兼搬运仪器。1 人。

全组成员分工协作,听从观测员指挥,统一行动。

三、复测导线的实施

不同等级的公路采用不同等级的导线复测方法:

高速,一级公路的一级导线的复测,宜采用全站仪三联架法。

二级公路的二级导线的复测,宜采用全站仪双叉式中杆三联架法。

三级及三级以下公路的三级导线的复测,宜采用 J_6 级测角精度的全站仪单杆三联架法,或用 J_6 级经纬仪钢尺量距法。

本书现场实操案例介绍的是全站仪三联架法复测一级导线。全站仪双叉式中杆三联架法复测二级导线可仿照三联架法进行。只要将照准目标单棱镜组换成双叉式中杆就可以了。

1. 全站仪三联架法测量复测导线的方法步骤

全站仪三联架法测量导线的概念见图 2-7。

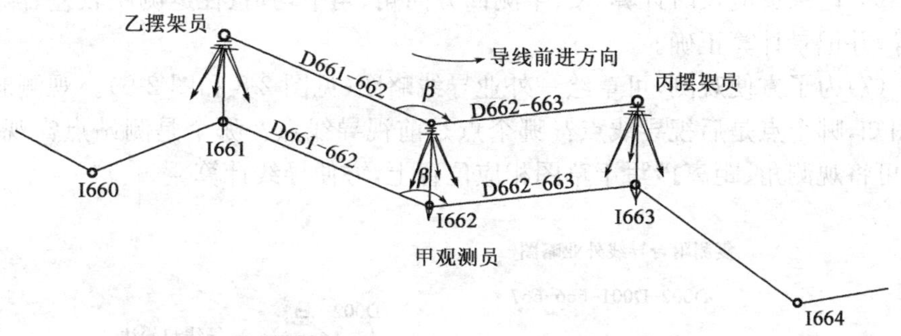

图 2-7 全站仪三联架法测量导线

图中……I660、I661、I662、I663、I664……是广东中山东部快线工程二标附合导线的 5 个(业主设计单位移交给施工队的导线点)需要复测的导线点。

为了叙述方便,我们约定:观测员简称为甲;架基座棱镜员简称为乙、丙。

采用全站仪三联架法测量导线的方法步骤如下:

(1)乙持单棱镜组及脚架设站于后视导线点 I661。

(2)丙持单棱镜组及脚架设站于前视导线点 I663。

(3)甲持全站仪及脚架设站于待测导线点 I662。

注:乙、丙的设站包括对中、整平、将棱镜朝向仪器方向。甲的设站包括对中、整平、观测(测角及测距)。

(4)乙、丙设站完成,即用对讲机通报给甲,并报告自己设站处的导线点名。

(5)甲接收乙、丙报告后,即测 β 角和前、后导线边距离 $D_{661-662}$ 和 $D_{662-663}$。测角和测距操作方法详见《测量员便携手册》。

(6)测角、测距完成,记录完成,一个导线点上的观测结束,迁站,丙前进至 I664 设站、甲前进至 I663 设站、乙前进至 I662 设站。

(7)甲开始 I663 导线点上的观测工作。以后各站,逐次前进,仿上作业。

综上所述,所谓三联架法测量导线,就是在三个脚架上架置三个基座,设站于三个导线点上。分别用三个基座对中、整平。这种方法对中精度高、测角照准方向准、测距误差小,测量的导线精度高。

2. 全站仪三联架法测量导线注意事项

(1)全站仪应经过测量仪器检定部门检定。

(2)基座应经过测量仪器检定部门检定。

(3)单棱镜应与全站仪配套。若不配套，测距前应测定棱镜加常数，并重新设置仪器的加常数。

(4)架基座棱镜员设站应精确对中整平并将镜头朝向观测员。

(5)观测员设站应精确对中整平并观测读数准确。

(6)记录员应及时计算 2C、半测回方向角、角平均值、往返测距较差、测距中数等，并记录计算正确。

(7)为了方便观测，可草绘一外业导线略图(见图 2-8 和图 2-9)。观测时，可从图知，哪个点是后视导线点？哪个点是前视导线点？哪个是测站点？观测结束，可将观测角、距离抄写于草图相应位置上，方便导线计算。

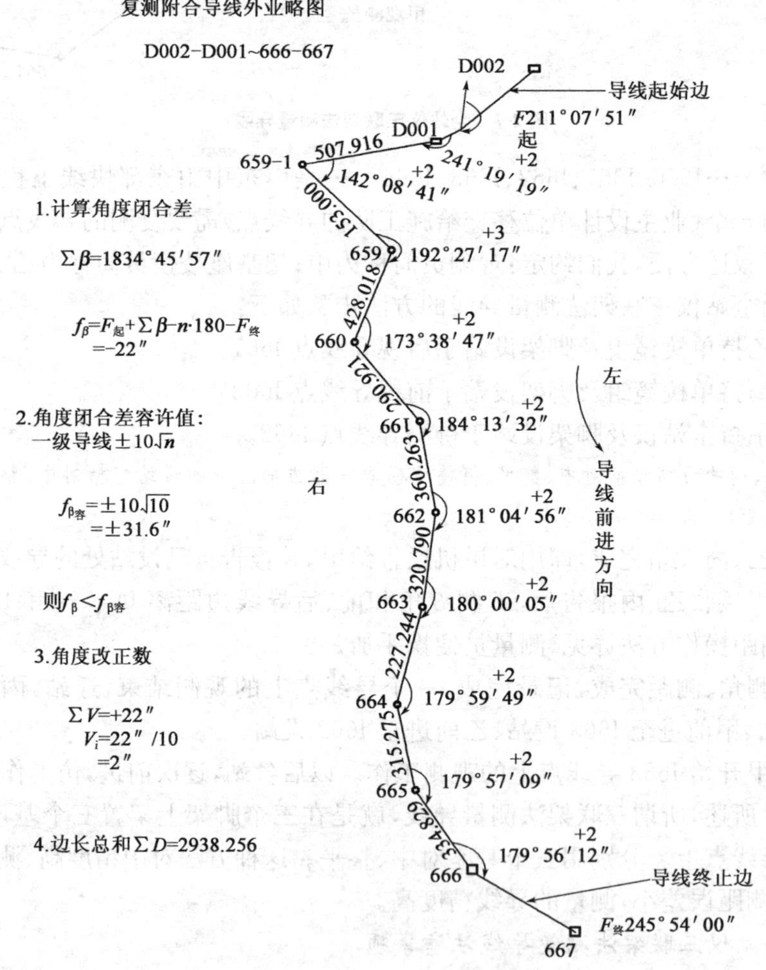

图 2-8　复测导线外业略图

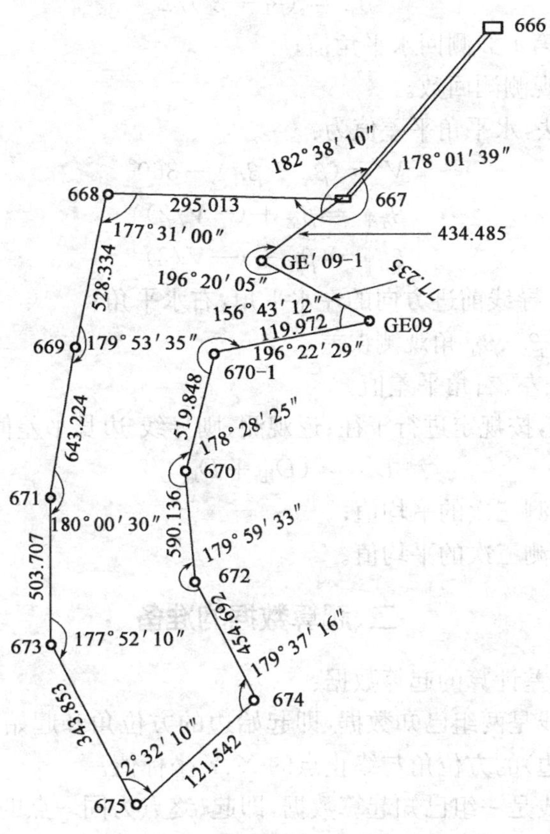

图 2-9　I666—I667 闭合导线草图

第五节　复测导线的内业计算

一、观测数据的准备

复测导线外业观测数据包括：

(1)导线点水平角；

(2)导线边边长。

这些数据取用自导线测量记录手簿。为保证所用数据准确无错，应对外业记录手簿进行 200％检查。

对上述观测数据要进行测站平差计算：

对测回法，水平角平差值为：

$$\beta_{平} = (\beta_1 + \beta_2)/2 \tag{2-1}$$

式中：β_1、β_2——第1、2测回水平角值；

2——观测测回数。

对左、右角法，水平角平差值为：

$$V = (\beta_{左} + \beta_{右}) - 360° \tag{2-2}$$

$$\left.\begin{aligned}\beta_{左平} &= \beta_{左} + (-V/2)\\ \beta_{右平} &= \beta_{右} + (-V/2)\end{aligned}\right\} \tag{2-3}$$

式中：$\beta_{左}$、$\beta_{右}$——导线前进方向的左水平角，右水平角；

V——$\beta_{左}$、$\beta_{右}$ 角观测误差；

$\beta_{左平}$、$\beta_{右平}$——左、右角平差值。

对导线边长，按规定进行了往、返观测，则导线 边长平差值为：

$$D_{平} = (D_{往} + D_{返})/2 \tag{2-4}$$

式中：$D_{往}$——往测三次的平均值；

$D_{返}$——返测三次的平均值。

二、起算数据的准备

复测导线平差计算的起算数据：

(1)附合导线是两组已知数据，即起始边的方位角和起始点的 X、Y 坐标值和终止边(附合边)的方位角与终止点的 X、Y 坐标值。

(2)闭合导线是一组已知起算数据，即起、终点为同一点的 X、Y 坐标值，起、终边为同一边的方位角。

复测导线平差的起算数据取自业主设计单位移交的“导线成果表”。如果只给出了导线点的 X、Y 坐标值，则要进行坐标反算，求出方位角和边长。

关于“坐标反算”的程序清单和程序计算方法，详见作者《公路工程施工测量现场实用程序计算技术》。(北京：人民交通出版社，2010年)(下同)。

为了方便查用，应将起算数据抄录于“起算数据表”中。其样式见表2-5。表中“备注”栏应注明起算数据出处，以便校核。

起 算 数 据 表 表2-5

点　名	X(m)	Y(m)	方位角(° ′ ″)	边长(m)	备　注
D002	2496.585	21120.249	211 07 51	136.040	起算数据抄自中山市东部快线工程设计图纸
D001	2380.136	21049.917			
I666	1364.115	18348.967	245 54 00	304.287	
I667	1239.866	18071.203			

三、在导线草图上进行观测角平差计算

(1)观测过程中或观测结束,将观测角、导线边长抄写在导线草图上(见图 2-9)。

(2)在导线草图上进行观测角平差计算。

复测导线测量外业观测略图见图 2-9。

这是一条典型的单一附合导线。图中:

附合导线起始边(起算边):D002－D001;

附合导线终止边(附合边):666－667;

附合导线起始边方位角 $F_{起}=211°07'51''$;

附合导线终止边方位角 $F_{终}=245°54'00''$;

外业观测角 10 个,观测角总和 $\sum\beta=1834°45'57''$;

外业观测边长 9 条,边长总和 $\sum D=2938.256$m;

复测导线点 8 个;

导线总长 $\sum D=2938.256$m;

计算的角度闭合差 $f_\beta=-22''$;

一级导线角度闭合差容许值为 $\pm10\sqrt{n}=31.6''$。

则:

$f_{\beta计}<f_{\beta容}$,可对观测角进行改正,改正数为每个观测角为 2″,个别角调整为 3″,这样,角度闭合差 $f_\beta=-22''$等于角度改正值＋22″(值相等,符号相反)。

关于观测角平差计算常规计算公式,CASIO 程序计算的程序清单、程序执行操作方法步骤,详见作者《测量员便携手册》、《公路工程施工测量现场实用程序计算技术》等书籍。

四、在"导线点计算成果表"上进行复测导线平差计算

1."导线点计算成果表"样表

表 2-6"导线点计算成果表",是广东中山市东部快线工程第二合同段项目部测量室进行复测导线平差计算中用的表格。这种样式的导线计算表,是公路施工测量导线平差计算常用的一种表格。

表中:

第一栏:"点号",即导线点名;

第二栏:"观测角度",即用公式 2-1 或公式 2-3 计算的每个导线点的水平角;

第三栏:"角度改正值",即根据观测角闭合差和观测角个数计算的角度改正值;

第四栏:"改正后角度",即观测角平差值;

第五栏:"方位角",即根据已知起算方位角和改正后角度(平差角)计算的导

线每边的方位角；

第六栏："边长"，即用式(2-4)计算的导线每边的边长(平距)；

第七栏、第九栏："ΔX"和"ΔY"，即用"方位角"和"边长"计算的导线每边两个点间纵、横坐标增量；

第八、十栏：V_X 和 V_Y，即按边长比例将坐标增量闭合差反号分配到各增量中的改正数；

第十一、十二栏：ΔX 和 ΔY，即改正后的纵、横坐标增量；

第十三、十四栏：X 和 Y，即每个导线点的平差以后的纵、横坐标值。

表下行中："辅助计算"：

$\sum\beta$：整条导线观测角总和；

f_β：观测角闭合差；

$f_{\beta先}$：规范规定的观测角闭合差允许值；

$\sum D$：整条导线边长总和；

$\sum\Delta X_{计}$：计算的整条导线纵坐标增量总和；

$\sum\Delta Y_{计}$：计算的整条导线横坐标增量总和；

$\sum\Delta X_{已}$：已知的整条导线纵坐标增量总和；

$\Delta XY_{已}$：已知的整条导线横坐标增量总和；

f_X：$\sum\Delta X_{计}-\sum\Delta X_{已}=f_X$，即导线纵坐标增量闭合差；

f_Y：$\sum\Delta Y_{计}-\sum\Delta Y_{已}=f_Y$，即导线横坐标增量闭合差；

f_S：整条导线绝对闭合差：$f_S=\sqrt{f_X^2+f_Y^2}$；

y_T：导线相对误差：$y_T=f_S/\sum D$。

2. 复测导线平差计算实操案例

本案例选自广东中山市东部快线工程第二合同段的复测附合导线和加密导线的平差计算。

中山东部快线工程第二标段，全长 5.3km。采用一级公路标准。施工队进驻工地后，业主设计单位移交了 13 个导线点(全部用三、四级 GPS 测设。)经实地验桩，3 个导线点已破坏，2 个(同一条边的)导线点在一标，三标没布设导线点，二标能用的只有 8 个导线点。但这 8 个导线点全部布设在后 3km 上，前 2km 没布设一个导线点。点位分布很不合理。施工队只有根据现状，在后 3km 采用复测附合导线；前 2km 采用加密闭合导线。施测精度采用一级导线标准，仪器用日产拓普康 GPT 7001 型，测角用左、右角法，左角一测回，右角一测回，共测 2 测回。测距同边往、返一次照准 3 次读数。

(1)复测附合导线平差计算实操案例：

一级及一级以下导线的平差计算可选用近似平差方法。本案例平差计算见表 2-6。

表 2-6

附合导线点计算成果表

工程名称：中山市东部快线工程第二合同段　　D002-D001～I666-667　　共 1 页　第 1 页

承包单位：中国建筑股份有限公司　　监理单位：厦门中平工程监理咨询有限公司　　第(2)合同段

点号	观测角度 (° ′ ″)	角度改正值 (″)	改正后角度 (° ′ ″)	方位角 (° ′ ″)	边长 (m)	改正前增量(m)				改正后增量(m)		坐　标		点名
						ΔX	V_X (mm)	ΔY	V_Y (mm)	ΔX	ΔY	X	Y	
①	②	③	④	⑤	⑥	⑦	⑧	⑨	⑩	⑪	⑫	⑬	⑭	
D002												2492496.585	521120.249	D002
				211 07 51										
D001	241 19 19	2	241 19 21									2492380.136	521049.917	D00
				272 27 14	507.916	21.742	27	−507.450	−15	21.769	−507.465			
659-1	142 08 41	2	142 08 43									2492401.905	520542.452	659-1
				234 35 55	153.000	−88.633	8	−124.713	−4	−88.625	−124.717			
659	192 27 17	3	192 27 20									2492313.280	520417.744^{5}	659
				247 03 15	428.018	−166.868	23	−394.150	−13	−166.8456	−394.163			
660	173 38 47	2	173 38 49									2492146.435	520023.572	660
				240 42 04	290.921	−142.367	15	−253.706	−8	−142.352	−253.714			
661	184 13 32	2	184 13 34									2492004.083	519769.857^{8}	661
				244 55 38	360.263	−152.668	19	−326.316	−10	−152.649	−326.326			
662	181 04 56	2	181 04 58									2491851.434	519443.531^{2}	662
				246 00 36	320.790	−130.426	17	−293.079	−10	−130.409	−293.089			
663	180 00 05	2	180 00 07									2491721.025	519150.442^{3}	663
				246 00 43	227.244	−92.385	12	−207.617	−7	−92.373	−207.624			
664	179 59 49	3	179 59 52									2491628.652	518942.819	664
				246 00 35	315.275	−128.186	17	−288.040	−9	−128.169	−288.049			
665	179 57 09	2	179 57 11									2491500.484^{3}	518654.770	665
				245 57 46	334.829	−136.386	18	−305.793	−10	−136.3689	−305.803			
666	179 56 12	2	179 56 14									2491364.115	518348.967	666
				245 54 00										
667														667

$f_{\beta}-0°00'22''$　　$22''$　　$\sum D2938.256$　$f_X-0.156$　$f_Y0.086$

$f_{\beta允}=\pm10\sqrt{n}=31.6''$　　$f_S=\pm0.178m$　$1/T=1/16525$　$\sum\Delta X_{计}-1016.177$　$\sum\Delta Y_{计}-2700.864$

$\sum\Delta X_{已}-1016.021$　$\sum\Delta Y_{已}-2700.950$

计算：　　复核：　　监理工程师：　　日期：

导线点计算成果表

表 2-7

工程名称：中山市东部快线工程第二合同段　　　　共 2 页　第 1 页

承包单位：中国建筑股份有限公司　　　　监理单位：厦门中平工程监理咨询有限公司　　　　第(2)合同段

点号	观测角度 (° ′ ″)	角度改正值 (″)	改正后角度 (° ′ ″)	方位角 (° ′ ″)	边长 (m)	改正前增量(m) ΔX	V_X (mm)	ΔY	V_Y (mm)	改正后增量(m) ΔX	ΔY	坐标 X	标 Y	点名
666												2491364.115	518348.967	666
				245 54 00										
667	182 38 100	−1	182 38 09									2491239.866	518071.203	667
				248 32 09	295.013	−107.951	2	−274.553	−2	−107.949	−274.555			
668	177 31 00	−1	177 30 59									2491131.917	517796.648	668
				246 03 08	528.334	−214.453	3	−482.853	−5	−214.450	−482.858			
669	179 53 35	−1	179 53 34									2490917.467	517313.790	669
				245 56 42	643.224	−262.187	4	−587.363	−6	−262.183	−587.369			
671	180 00 30	−1	180 00 29									2490655.284	516726.421	671
				245 57 11	503.707	−205.253	3	−459.991	−4	−205.250	−459.995			
673	177 52 10	−1	177 52 09									2490450.034	516266.426	673
				243 49 20	343.853	−151.693	2	−308.584	−3	−151.691	−308.587			
675	2 32 10	−2	2 32 08									2490298.343	515957.839	675
				66 21 28	121.542	48.741	1	111.341	−1	48.742	111.340			
674	179 37 16	−1	179 37 15									2490347.085	516069.179	674
				65 58 43	454.692	185.095	3	425.313	−4	185.098	415.309			
672	179 59 33	−1	179 59 32									2490532.183	516484.488	672
				65 58 15	590.136	240.304	3	538.994	−5	240.307	538.989			
670	178 28 25	−1	178 28 24									2490772.490	517023.477	670
				64 26 39	519.848	224.257	3	468.989	−4	224.260	468.985			
670-1	190 22 29	−1	190 22 28									2490996.750	517492.462	670-1
				74 49 07	119.972	31.418	1	115.785	−1	31.419	115.784			
GE09	156 43 12	−1	156 43 11									2491028.169	517608.246	GE09
				51 32 18	77.235	48.039	0	60.477	−1	48.039	60.476			

辅助计算　　　　草图

计算：　　　　复核：　　　　监理工程师：　　　　日期：

续上表

工程名称：中山市东部快线工程第二合同段　　　　共2页　第2页

承包单位：中国建筑股份有限公司　　监理单位：厦门中平工程监理咨询有限公司　　第(2)合同段

点号	观测角度(° ′ ″)	角度改正值(″)	改正后角度(° ′ ″)	方位角(° ′ ″)	边长(m)	改正前增量(m)				改正后增量(m)		坐标		点名
						ΔX	V_X(mm)	ΔY	V_Y(mm)	ΔX	ΔY	X	Y	
GE09-1	196 20 05	−1	196 20 04									2491076.208	517668.722	GE09-1
				67 52 22	434.485	163.655	3	402.485	−4	163.658	402.481			
667	178 01 39	−1	178 01 38									2491239.866	518071.203	667
				65 54 00										
666												2491364.115	518348.967	666

f_β 14″　$\sum Y-14''$　$\sum D$:4632.041　$\sum\Delta X_{计}-0.028$　$\sum\Delta Y_{计}$ 0.040

$f_{\beta允}=\pm10\sqrt{13}=\pm36''$　$f_S=\pm0.049$　$1/T=1/94500$　$\sum\Delta X_{已}$ 0.0　$\sum\Delta Y_{已}$ 0.0

$f_X-0.028$　f_Y0.040

草图

计算：　　复核：　　监理工程师：　　日期：

关于附合导线常规计算方法、CASIO f_x 可编程计算器(4500PA、4800P、4850P、5800P 等型)程序计算清单、程序执行操作方法步骤,详见作者《测量员便携手册》、《公路工程施工测量现场实用程序计算技术》等书籍。

(2)加密闭合导线平差计算实操案例:

加密闭合导线平差计算可选用近似平差方法。本案例平差计算见表 2-7。

关于闭合导线常规计算方法,CASIO f_x 可编程计算器(4500PA、4800P、4850P、5800P 等型)程序计算清单、程序执行操作方法步骤,详见作者《测量员便携手册》、《公路工程施工测量现场实用程序计算技术》等书籍。

五、编制导线点成果表

导线平差计算完成后,应将计算结果汇总成果表,以方便施工测量中查用。"导线点成果表"样表见表 2-8。

导线点成果表 表 2-8

序号	点名	坐标		边长(m)	方位角(° ′ ″)	所在地
		X(m)	Y(m)			
1	D001	2380.136	21049.917			砂场路弯
				136.040	31 07 51	
2	D002	2496.585	21120.249			香蕉堤中部
				585.503	260 41 38	
3	658	2401.905	20542.452			治安亭右前 10m
				152.999	234 36 07	
4	659	2313.280	20417.735			联盛搅拌厂 Y190 右 5m
				428.021	247 03 27	
5	660	2146.435	20023.572			肉联厂电杆前 1m
				290.921	240 42 16	
6	661	2004.083	19769.858			Y160 墩中线右 4.0m
				360.264	244 55 51	
7	662	1851.434	19443.532			Y147 墩中线右 5.0m
				320.792	246 00 49	
8	663	1721.025	19150.443			Y134 墩中线右 5.0m
				227.245	246 00 56	
9	664	1628.652	18942.819			Y125 墩中线右 5.0m
				315.277	246 00 47	
10	665	1500.483	18654.770			4 号变压器墙角前
				334.831	245 57 59	
11	666	1364.115	18348.967			Y100 墩中线右 5.0m
				304.287	245 54 00	
12	667	1239.866	18071.203			Y88 墩中线右 5.0m
				295.014	248 32 11	
13	668	1131.917	17796.648			Y77 墩中线左 12m
				528.338	246 03 10	
14	669	917.467	17313.790			ZK51+530 左路边
				643.228	245 56 44	
15	671	655.284	16726.421			ZK50+886 左路边
				503.709	245 57 13	
16	673	450.034	16266.426			ZK50+380 左路边
				343.855	243 49 22	
17	675	298.343	15957.839			平交口转角
				121.542	66 21 26	
18	674	347.085	16069.179			东方鸿电杆前
				454.690	65 58 41	
19	672	532.183	16484.488			YK50+614 右
				590.133	65 58 13	
20	670	772.490	17023.477			YK51+205 右
备注						

第一栏:序号,导线点个数编写,注明有多少个导线点。

第二栏:点名,即导线点的编辑名称。

第三栏:导线点的 X、Y 坐标值。

第四栏:边长,即相邻两导线间距离。

第五栏:方位角,相邻导线点边方位角。

第六栏:所在地即导线点所在实地的确切地方,方便查找。

第六节　复测导线成果的报批

一、复测导线成果报批的程序

施工单位对业主设计部门移交的导线点经过外业复测内业计算的成果,必须上报给业主委托的监理单位的测量监理工程师审批。测量监理工程师认为有必要到现场检核测量的,施工单位测量工程师应积极配合测量监理工程师外业检测。

按照规定,经测量监理工程师审批同意的导线点成果才能在施工全过程中应用。

一般情况下,复测导线成果报批的程序如下:

(1)施工单位测量工程师自测自检,包括:外业复测;内业计算。

自检认为符合设计规范要求,然后上报监理部门。

(2)监理单位测量工程师全部检测或抽检。包括:外业检测;内业计算核算。

测量监理工程师审核合格后签字批复。

二、施工单位复测导线成果上报的资料表格

以广东中山市东部快线工程二标承包单位中国建筑股份有限公司上报的资料表格为例,其样式如下:

☆ 施工导线点复测报验单(业主下发的报表,见表 2-10);

☆ 关于导线点联测(复测)的报告(自己根据实况编写,附后);

☆ 导线点测量记录表(表 2-9)(业主发的报表);

☆ 导线点成果表(表 2-8)(自编);

☆ 附合导线草图(见图 2-9);

☆ 附合导线点计算成果表(见表 2-6);

☆ 全站仪测角、测距记录表(见表 2-3);

☆ 闭合导线草图(见图 2-10);

表 2-9

导线点测量记录表

第1页 共4页

工程名称	中山东部快线工程		施工单位	中国建筑股份有限公司	监理单位	厦门中平工程监理咨询有限公司		合同段	二标段	公路等级	一级	
桩号及部位	二标及相邻标段				仪器产地型号			GPT 7001 全站仪		注:记录时注明单位		
导线点编号	设计坐标(　)		实测坐标(　)		坐标闭合差(　)		设计距离(　)	实测距离(　)	距离偏差(　)	设计夹角(　)	实测夹角(　)	角度偏差(　)
	X	Y	X	Y	ΔX	ΔY						
D002	249 2496.585	52 1120.249	249 2496.585	52 1120.249	0	0						
D001	249 2380.136	52 1049.917	249 2380.136	52 1049.917	0	0						
659-1			2401.905	52 0542.452								
659	249 2313.300	52 0417.748	2313.280	52 20417.735								
660	249 2146.475	52 0023.568	2146.435	52 0023.572	−0.040	0.004						
661			2004.083	51 9769.858								
662	249 1851.455	51 9443.530	1851.434	51 9443.532	−0.021	−0.002						
663			1721.025	51 9150.443								
664	249 1628.659	51 8942.834	1628.652	51 8942.819	−0.007	−0.015						
665	249 1500.478	51 8654.794	1500.483	51 8654.770	−0.005	−0.024						
自检意见	实测导线坐标符合一级导级技术标准				监理意见					草图		

测量：　　　计算：　　　复核：　　　总工程师：　　　项目经理：　　　测量日期：

☆ 闭合导线点计算成果表(见表2-7);

☆ 全站仪测角、测距记录表(见表2-3)。

施工放样报验单 表2-10

项目名称:××××公路　中山市东部快线工程

施工单位:中国建筑股份有限公司　　合同段:东部快线工程二标

监理单位:厦门中平工程监理咨询有限公司　　编　号:

<table>
<tr><td colspan="4">致(监理工程师):
根据合同要求,业已完成＿＿＿＿导线点联测(复测)＿＿＿＿施工放样工作,清单如下,请予查验。

承包人:　　日期:</td></tr>
<tr><td>桩号或位置</td><td>工程或部位名称</td><td>放 样 内 容</td><td>备　注</td></tr>
<tr><td>K50+020～K55+340</td><td>中山东部快线工程</td><td>导线点联测(复测)</td><td></td></tr>
<tr><td></td><td></td><td></td><td></td></tr>
<tr><td></td><td></td><td></td><td></td></tr>
<tr><td></td><td></td><td></td><td></td></tr>
<tr><td></td><td></td><td></td><td></td></tr>
<tr><td></td><td></td><td></td><td></td></tr>
<tr><td></td><td></td><td></td><td></td></tr>
<tr><td colspan="4">附件:测量及放样资料
1. D002—D001至I666—I667附合导线测量、计算资料;
2. I666—I667至I19复测支导线测量、计算资料;
3. I666—I667至I666—I667闭合导线测量、计算资料</td></tr>
<tr><td colspan="4">监理员意见:</td></tr>
<tr><td colspan="4">结论:

专业监理工程师:　　日期:</td></tr>
</table>

附:关于导线点联测(复测)的报告

为了检核业主移交给我标段导线点成果的正确性,保证我标段与相邻标段线路正确、顺利地接通;我们以相邻标段的导线点成果为起算数据,对我标段的导线点进行联测(复测)。下面将这一工作报告如下:

1. 联测(复测)方案

(1)以三标段的D001—D002为起始边,我标段的I666～I667为终止边,布设一条附合导线。

(2)以我标段的I666—I667为起始边,以一标段的一个已知导线点I19为终点,布设一条复测支导线。

(3)由于业主没有移交我标段K50＋000至K52＋000段控制点位,我们以I666—I667为起、终边,布设一条闭合导线。

2. 联测(复测)仪器

(1)拓普康GPT7001型全站仪;

(2)索佳SET230RK3型全站仪。

3. 施测方法

(1)水平角观测2个测回:左、右角各测一回;

(2)全站仪测距:同边往返各测2次;

(3)全站仪测角、测距记录表见附件。

4. 联测(复测)导线计算

(1)水平角采用测站平差值;

(2)导线边长采用4次观测平均值;

(3)导线计算见附件;

(4)导线联测(复测)成果与设计坐标比较见附件2。

5. 联测(复测)精度见下表

导线名称	角度闭合差		坐标闭合差		导线长度(m)	测角个数	绝对误差(m)	相对误差	
	实测	允许	f_X(m)	f_Y(m)				实测	允许
D002—D001至I666—I667附合导线	−22″	±31.6″	−0.156	0.086	2938.256	10	±0.178	1/16500	1/15000
I666—I667至I19支导线			−0.117	0.055	2997.882	8	±0.129	1/23200	1/15000
I666—I667至I667—I666闭合导线	14″	±36″	−0.028	0.040	4632.041	13	±0.049	1/94500	1/15000

注:按一级导线技术标准。

从上表分析：我标段内的导线点精度，符合一级导线的技术要求。

6.要求

(1)要求业主对我标段K50＋000至K52＋000段布设平面及高程控制点。

(2)业主移交的Z001点名与实际点位不符，经过我们联测实际点位的点名应是I19，请业主核实。

中国建筑股份有限公司

中山市东部快线二标

二〇一〇年四月二日

第三章　水准点复测（加密）实操案例

第一节　水准点复测(加密)的一般规定

一、交通运输部“规范”关于水准点复测(加密)的规定

公路路基施工技术规范(JTG F10—2006)(以下简称“规范”)规定：

(1)水准点测量精度应符合表 3-1 的规定。

水准测量精度要求　　表 3-1

等级	每公里高差中数中误差(mm)		往返较差、附合或环线闭合差(mm)		检测已测测段高差之差(mm)
	偶然中误差 M_{Δ}	全中误差 M_{W}	平原微丘区	山岭重丘区	
三等	±3	±6	$\pm 12\sqrt{L}$	$\pm 3.5\sqrt{n} \pm 15\sqrt{L}$	$\pm 20\sqrt{L_i}$
四等	±5	±10	$\pm 20\sqrt{L}$	$\pm 6.0\sqrt{n} \pm 25\sqrt{L}$	$\pm 30\sqrt{L_i}$
五等	±8	±16	$\pm 30\sqrt{L}$	$\pm 45\sqrt{L}$	$\pm 40\sqrt{L_i}$

注：1. 计算往返较差时，L 为水准点间的路线长度(km)。

2. 计算附合或环线闭合差时，L 为附合或环线的路线长度(km)。

3. n 为测站数，L_i 为检测测段长度(km)。

(2)沿路线每 500m 宜有一个水准点。在结构物附近、高填深挖路段、工程量集中及地形复杂路段，宜增设水准点。临时水准点应符合相应等级的精度要求，并与相邻水准点闭合。

(3)当水准点有可能受到施工影响时，应进行处理。

二、各级公路水准测量的等级

“规范”规定，各级公路的水准测量等级应符合表 3-1 的规定。

三、水准测量的技术要求

“规范”规定，各级水准测量精度应符合表 3-1 的规定。

第二节　水准点复测(加密)的测设方案

一、水准点复测(加密)的测设方案

适用于公路工程水准点则(加密)的测设方案:

1. 附合水准路线(见图 3-1)

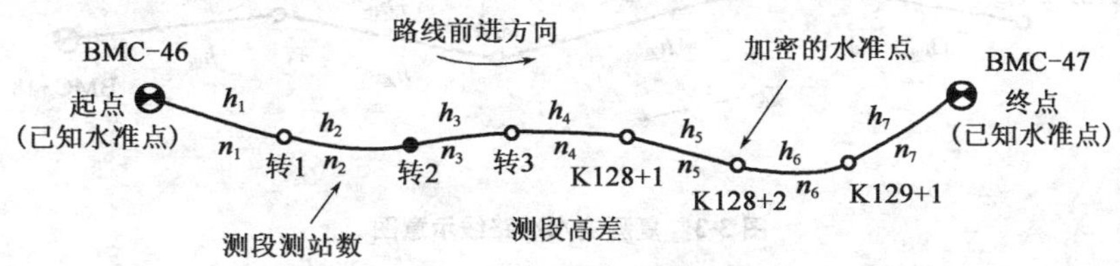

图 3-1　附合水准路线示意图

图 3-1 是一条附合水准测量路线。图中 *BMC*-46 是起始已知水准点,*BMC*-47 是终止已知水准点。其间 1、2、3 是转点,K128+1、K128+2 和 K129+1 是欲加密的施工水准点。只要测出 *BMC*-46 和转 1 点的高差,再测出转 1 点和转 2 点的高差……然后,通过平差计算,就可算出线路各点的高程。

2. 闭合水准路线(见图 3-2)

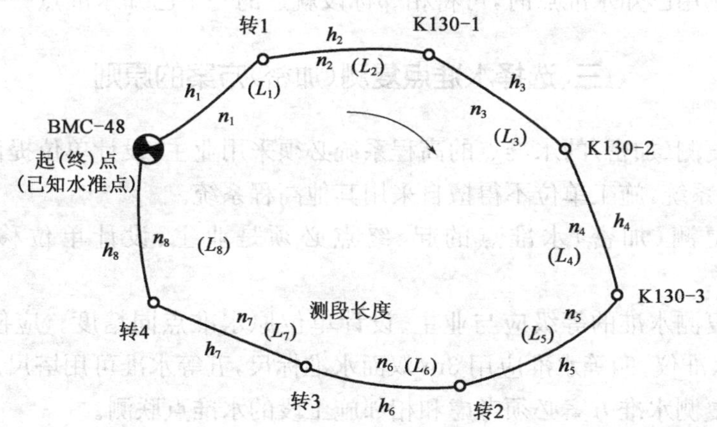

图 3-2　闭合水准路线示意图

图 3-2 是一条闭合水准路线。图中 BMC-48 是该路线起点,又是终点,即由该点出发,中间经过许多点(待求点)又回到该点。只要测出各段高差,然后经过

平差计算就可算出各点高程。

图 3-3 是一条复测支水准路线。图中 BMC-48 是已知水准点，从此点出发向外支出转 1、转 2、K129＋3、K129＋2 各点，此时可往返测出各点之间高差，然后通过计算就可算出各点高程。为了保证观测质量，所测往返值较差应符合水准测量精度要求。

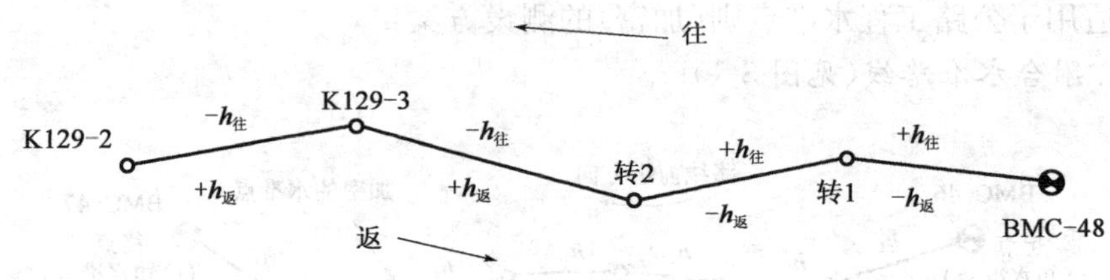

图 3-3　复测支水准路线示意图

二、选择水准点复测(加密)方案的条件

(1)当施工标段有两个已知水准点时，可考虑选用附合水准路线。

(2)当施工标段只有一个已知水准点时，可考虑选用闭合水准路线。

(3)当有特殊需要，例如涵洞等线路构造物的高程放样，可考虑选用复测支水准路线。

(4)选用已知水准点时，可将相邻标段就近的一个已知水准点一并考虑。

三、选择水准点复测(加密)方案的原则

(1)复测(加密)的水准点的高程系统必须采用业主、设计单位提供的原水准点的高程系统，施工单位不得擅自采用其他高程系统。

(2)复测(加密)水准点的起、终点必须是业主、设计单位移交的原水准点。

(3)复测水准的等级应与业主、设计单位原水准点同精度。应使用不低于 S_3 型的水准仪，四等水准应用 3m 双面水准标尺，五等水准可用塔尺。

(4)复测水准方案必须考虑和相邻施工段的水准点联测。

(5)加密施工水准点的原则是从高级到低级，即必须从业主、设计单位提供的水准点发展施工水准点。

(6)加密施工水准点的精度必须满足高程放样精度。公路路基施工“规范”规定的各级公路纵断高程质量标准见表 3-2。

路堤施工质量标准　　表 3-2

项次	检查项目	规定值或允许偏差(mm)			检查方法和频率
		高速、一级公路	二级公路	三、四级公路	
1	土质路堤纵断高程	+10,-15	+10,-20	+10,-20	每 200m 测 4 个断面
2	填石路堤纵断高程	+10,-20	+10,-30	+10,-30	每 200m 测 4 个断面

注:检查仪器,水准仪。

(7)加密水准点的密度应能满足高程放样的需要。应一站就能放出所需点位高程。测量视距宜控制在 80m 以内。施工水准点间距宜在 160m 以内。

第三节　复测(加密)水准点的仪具

一、复测(加密)水准点的仪器

(1)精度不低于 S_3 型的水准仪。

(2)与水准仪配套的木(或铝)脚架。

(3)双面(黑红两面)水准标尺(木或玻璃钢制)。用于四等水准测量。

(4)塔尺(3m 或 5m),用于五等水准测量及公路施工高程放样测量。

二、复测(加密)水准点的工具

(1)尺垫,用于转点。

(2)计算器,用于记录中的计算。

(3)对讲机,用于联络。

三、复测(加密)水准点的记录表

复测(加密)水准点的记录数据,是公路施工测量重要的资料之一。因此,必须记录在业主下发的专用表格上,不可随便乱记。

表 3-3 是广东中山东部快线工程业主下发的四等水准测量记录表。这种样表,也是常规三、四等水准测量所用的一种表格。

表 3-4 是泉州至南宁高速公路江西境内兴国连接线业主下发的五等水准测量记录表,适用于低等级水准测量。

现场施工测量员应选用自己施工段的业主下发的水准测量记录表格,不可随意记录在别的表格上。

四等水位测量记录表

表 3-3

测自 D002 至 GE09　　　　2010 年 4 月 21 日

时刻始　8 时 10 分　　　　天气　晴

时刻末　　时　分　　　　呈像　清晰

施工单位:中国建筑股份有限公司　　　　标段　二标

监理单位:厦门中平工程监理咨询有限公司　　　　第 1 页

测站编号	后尺 上丝/下丝 后距 视距差 d	前尺 上丝/下丝 前距 $\sum d$	方向及尺号	标尺读数 黑面	标尺读数 红面	K加黑减红	高差中数	备注
1	2333	2452	D002 后	1922	6709	0		
	1513	1633	转 1 前	2041	6730	2	−0.120	
	82.0	81.9	后一前	−0.119	−0.021			
	+0.1	0.1						
2	2470	1100	转 1	2043	6732	2		
	1622	0240	转 2	0672	5458	1	1.372	
	84.8	86	后一前	1.371	1.274			
	−1.2	−1.1						
3	1269	1763	转 2	0809	5593	3		
	0350	0824	转 3	1292	5979	0	−0.484	
	91.9	93.9	后一前	−0.483	−0.386			
	−2.0	−3.1						
4	1048	1372	转 3	0850	5536	1		
	0652	0992	659-1	1182	5970	1	−0.333	
	39.6	38.0	后一前	−0.332	−0.434			$\sum h$0.435
	1.6	−1.5						$\sum D$598.100
5	1831	1850	659-1	1441	6228	0		
	1052	1088	659	1469	6153	3	−0.026	
	77.9	762	后一前	−0.028	0.075			
	1.7	0.2						

测量:　　　　记录:　　　　总工:　　　　测量监理工程师:

水准测量记录表　　表 3-4

测站序号	照准点		水准尺读数		高差 后－前(m)	备注
	后视点	前视点	后视读数	前视读数		
1	X10		1477			
		X11		1618		
					－0.141	
2	X11		1470			
		X12		1721		
					－0.251	
3	X12		1593			
		X13		1212		
					0.381	
4	X13		1383			
		X14		2300		
					－0.917	
5	X14		1452			
		转 1		2180		
					－0.728	
6	转 1		0689			
		X15		1508		
					－0.819	
$N=6$				$\sum h$	－2.475	

第四节　复测(加密)水准点的实施

一、复测(加密)水准点的外业工作

复测(加密)水准点的外业工作，简言之就是测高差。用水准仪、水准标尺测定两点间的高差。

测高差方法，采用复合水准法。

关于复合水准测量法的概念见图 3-4。

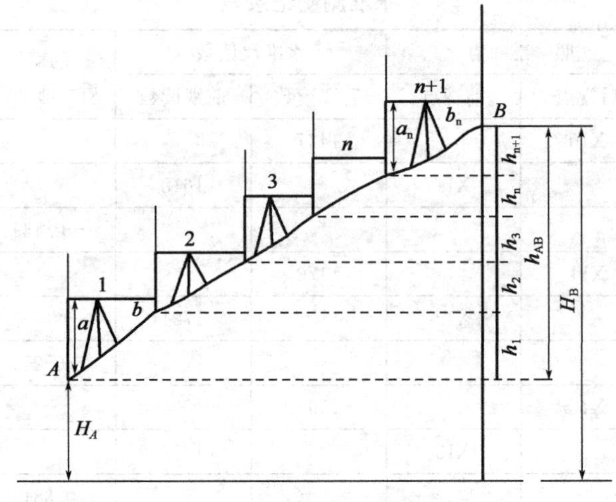

图 3-4　复合水准测量法

由图知：

$$h_{AB}=h_1+h_2+h_3+\cdots+h_n+h_{n+1} \tag{3-1}$$

$$H_B=H_A+h_{AB} \tag{3-2}$$

二、复测(加密)水准点的作业组织

复测(加密)水准点外业工作由水准测量小组来完成。水准测量小组由 3～4 人组成。

四等水准 4 人：观测员 1 人，记录员 1 人，立尺员 2 人。

五等水准 3～4 人：观测员 1 人(可兼记簿员)，立塔尺员 2 人。

水准小组成员分工：

观测员：摆站(架仪器)、看仪器(照准标尺)、读数(读取标尺分划数)。

记录员：听取观测员读数、记录、计算各种限差(前、后视距差；红黑面读数差、红黑面所测高差之差等)、计算测站高差。若这些计算符合规范限差要求，通知观测员迁站(搬站)，若其中某项超限，则通知观测员重测。

立尺员：将水准标尺垂直立于测点上，听命于观测员的指挥而行动。

水准测量工作是一项集体性质的工作，小组成员只有分工合作，各尽职责才能测出优秀成果。

三、复测(加密)水准测量的实施

(一)一个测站上的水准测量的操作方法步骤

采用复合水准法测量复测(加密)水准路线时，一个测站上的操作方法步骤见图 3-5。

1. 摆站(架置水准仪)

将水准仪安置在 A—I 的中间部位。

以仪器水平视线为依据,仪器或摆在 A—I 连线上,偏左或偏右都可。整平仪器,使望远镜绕竖轴旋转时,符合水准气泡两端影像分离错位不大于 1cm(目视估计)。若用自动安平水准仪,则只要圆气泡居中即可。

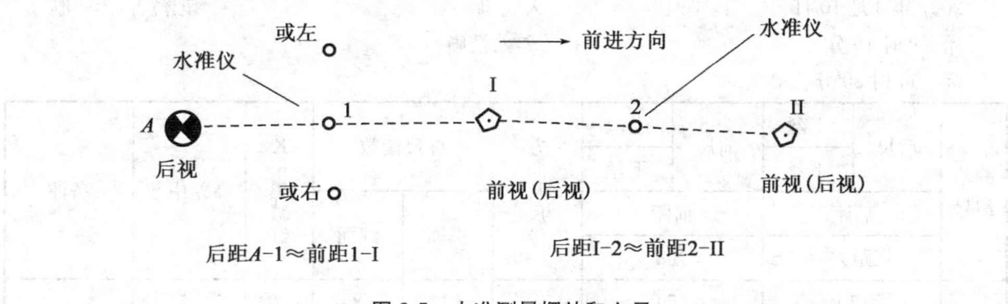

图 3-5　水准测量摆站和立尺

2. 立尺

后立尺员将尺垂直立在 A 点上。前立尺员趁观测员摆站时,目估或步量仪器至后视点的距离 A—1,在水准路线前进方向大约等于后视距离处,临时选择 I 点,放下尺垫,立尺其上,待观测员读取后视中丝和距离后,即照准前视标尺先读距离,指挥前视立尺员调整距离,当前视距离 1—I 与后视距离 A—1 之差在《规范》限差内,即将尺垫踩牢。然后将尺立在尺垫圆球顶部。

要求:前、后扶尺员在放置水准标尺于尺垫圆球顶部时,应小心轻放,不要狠力砸下,转动尺面时,应将尺轻轻提起转动尺面轻放下去。

3. 照准及读数

(1)照准后视标尺黑面,三丝读数(简称后—黑)。

(2)照准前视标尺黑面,三丝读数(简称前—黑)。

(3)转尺面,照准前视标尺红面,中丝读数(简称前—红)。

(4)照准后视标尺红面,中丝读数(简称后—红)。

以上照准顺序简称为:后—前—前—后。

相应的读数顺序简称为:黑黑红红。

注意:

①读视距时用上下丝。实践中常借用倾斜螺旋使下丝切准其附近一整分画,例如 1.00m、1.50m 等,直接读出距离。或在气泡居中情况下读三丝,用上丝减下丝读数,计算距离。

②在每次读中丝读数以前,观测员须用倾斜螺旋使管水准气泡严密居中(即两个半气泡严密吻合)。

③读数时,标尺应是垂直位置。读数要准,一口气报四位数,例如:1384,读至 mm,不报小数点。

4. 手簿记录及站上的计算

水准记录手簿见表 3-5，表中(1)～(8)表示原始记录次序，(9)～(18)表示测站上的计算次序。现将这些计算说明如下：

三、四等水准测量手簿　　表 3-5

测自 BM-47 至 BM-48　　观测者：陈宗湖

2007 年 3 月 10 日　　天气：晴　　记簿者：彭　刚

始　9 时 10 分　　成像：清晰

终　11 时 30 分

<table>
<tr><td rowspan="4">测站编号</td><td rowspan="2">后尺</td><td>上丝</td><td rowspan="2">前尺</td><td>上丝</td><td rowspan="4">方向及尺号</td><td colspan="2">标尺读数</td><td rowspan="4">K＋黑减红</td><td rowspan="4">高差中数</td><td rowspan="4">备注</td></tr>
<tr><td>下丝</td><td>下丝</td><td rowspan="3">黑面</td><td rowspan="3">红面</td></tr>
<tr><td colspan="2">后距</td><td colspan="2">前距</td></tr>
<tr><td colspan="2">视距差 d</td><td colspan="2">∑d</td></tr>
<tr><td></td><td colspan="2">(1)</td><td colspan="2">(5)</td><td>后</td><td>(3)</td><td>(8)</td><td>(10)</td><td></td><td></td></tr>
<tr><td></td><td colspan="2">(2)</td><td colspan="2">(6)</td><td>前</td><td>(4)</td><td>(7)</td><td>(9)</td><td></td><td></td></tr>
<tr><td></td><td colspan="2">(15)</td><td colspan="2">(16)</td><td>后—前</td><td>(11)</td><td>(12)</td><td>(13)</td><td>(14)</td><td></td></tr>
<tr><td></td><td colspan="2">(17)</td><td colspan="2">(18)</td><td></td><td></td><td></td><td></td><td></td><td></td></tr>
<tr><td></td><td colspan="2">1571</td><td colspan="2">0739</td><td>后 I</td><td>1384</td><td>6171</td><td>0</td><td></td><td></td></tr>
<tr><td></td><td colspan="2">1197</td><td colspan="2">0363</td><td>前 II</td><td>0551</td><td>5239</td><td>−1</td><td></td><td></td></tr>
<tr><td></td><td colspan="2">37.4</td><td colspan="2">37.6</td><td>后—前</td><td>＋0.833</td><td>0.932</td><td>＋1</td><td>0.8325</td><td></td></tr>
<tr><td></td><td colspan="2">−0.2</td><td colspan="2">−0.2</td><td></td><td></td><td></td><td></td><td></td><td></td></tr>
</table>

①计算同一标尺黑红面之差：

$$(9) = (4) + K - (7) \tag{3-3}$$

$$(10) = (3) + K - (8) \tag{3-4}$$

式中：K——标尺红黑面常数差。在本例中：1 号尺 $K=4787$mm，2 号尺 $K=4687$mm。

②计算标尺黑面之差和红面之差：

$$(11) = (3) - (4) \tag{3-5}$$

$$(12) = (8) - (7) \tag{3-6}$$

实际作业中，在观测员报出后视红面读数(8)后，记簿员只要将(8)读数与事先算出的(3)＋K 值(4787)和比较，若在限差内，即可通知观测员迁站。例如，表中(3)＋4787＝6171，读数员报 6171，其差不大于 3mm，即叫观测员迁站。以下的各项计算，再抽空算出。所以要求记簿员要算的准而快(可靠计算器帮助完成)。

③黑红面高差的验算：

$$(13) = (11) - (12) \pm 100 = (10) - (9) \tag{3-7}$$

式中：100——两标尺的常数之差：4687－4787＝－100 或 4787－4687＝100；如

果以起始分划线 4787 为后视标尺，则应加 100；如果以起始分划线 4687 为后视标尺，则应减 100。

④黑红面高差中数的计算：

$$(14)=\frac{1}{2}[(11)+(12)\pm 100] \tag{3-8}$$

高差中数取至 0.1mm。

⑤视距计算：

$$(15)=(1)-(2) \tag{3-9}$$

$$(16)=(5)-(6) \tag{3-10}$$

⑥本站前后视距差及本站的视距累积差之计算：

$$(17)=(15)-(16) \tag{3-11}$$

$$(18)=(17)+\text{前一站的}(18) \tag{3-12}$$

⑦手簿之逐页检核计算：

每天外业观测结束后，应在手簿上逐站检查：

$$(13)=(11)-(12)\pm 100=(10)-(9) \tag{3-13}$$

检查无误后，再用下式检核高差中数：

$$(14)=\frac{1}{2}[(11)+(12)\pm 100]=(11)-\frac{1}{2}(13)=(12)\pm 100+\frac{1}{2}(13) \tag{3-14}$$

此外，应求出：$\sum(3)$、$\sum(4)$、$\sum(11)$、$\sum(8)$、$\sum(7)$、$\sum(12)$和$\sum(14)$之值，并用下式检核：

$$\sum(11)=\sum(3)-\sum(4) \tag{3-15}$$

$$\sum(12)=\sum(8)-\sum(7) \tag{3-16}$$

当该页手簿为偶数站时：

$$\sum(14)=\frac{1}{2}[\sum(11)+\sum(12)] \tag{3-17}$$

当该页手簿为奇数站时：

$$\sum(14)=\frac{1}{2}[\sum(11)+\sum(12)\pm 100] \tag{3-18}$$

(二)第二测站及以后各测站上的水准测量的操作方法步骤

在第二测站，原第一测站的前视标尺的尺垫 I 保持在原来位置不动，只要翻转尺面即为后视尺(简称前转后)。而原第一测站的后视标尺员，亦用目估或步量第二站仪器至后视尺的距离 2-I，选定第二测站的前视点 II，放下尺垫踩稳踩牢(见图 3-5 中 I-2-II 部分)。

以下各测站的水准测量按上述方法进行。

最后根据公式 $h=a-b$ 算出各段的高差：

$$\left.\begin{aligned} h_1 &= a_1 - b_1 \\ h_2 &= a_2 + b_2 \\ &\cdots \\ h_n &= a_n - b_n \end{aligned}\right\} \tag{3-19}$$

把各段的高差相加，便可得到 A、B 两点的高差 h_{AB}：

$$h_{AB} = h_1 + h_2 + \cdots + h_n \tag{3-20}$$

或

$$h_{AB} = (a_1 - b_1) + (a_2 + b_2) \cdots + (a_n - b_n)$$

$$= \sum_1^n a - \sum_1^n b \tag{3-21}$$

即：终点对于起点的高差等于各段高差的代数和。它等于后视读数的总和减去前视读数的总和。因此，可以检查外业观测记录、手簿计算的正确性。

若已知 A 点的高程，则 B 点的高程：

$$H_B = H_A + h_{AB} = H_A + (\sum_1^n a - \sum_1^n b) \tag{3-22}$$

以上介绍的是采用双面标尺进行水准测量的操作方法步骤。

当用单面水准标尺时，其操作方法步骤如下：

(1)摆站及立尺：同双面水准标尺的方法。

(2)照准及读数：

①照准后视标尺，三丝读数；

②照准前视标尺，三丝读数；

③变换仪器高 10cm 以上，重新整平仪器，此时，标尺立原位；

④照准前视标尺，中丝读数；

⑤照准后视标尺，中丝读数。

以上的照准读数顺序简称为：后—前—变高—前—后。

手簿记录及手簿上的计算参照双面水准标尺的水准测量。

(三)水准测量有关各项限差

水准测量过程中，应严格控制各项限差，只要每项限差符合《规范》要求，水准测量的质量就一定能保证。水准测量时的各项限差要求见表 3-6。

水准测量的限差要求 表 3-6

等级	仪器类型	标准视线长度(m)	前后视距差(m)	前后视距差累计(m)	红黑面读数差(mm)	红黑面所测高差之差(mm)	检测间间点高差之差(mm)
三等	S_3	75	2.0	5.0	2.0	3.0	3.0
四等	S_3	100	3.0	10.0	3.0	5.0	5.0
五等	S_3	100	大致相等	—	—	—	—

(四)水准测量的注意事项

水准测量工作中的粗心、大意和疏忽，都会发生错误，为公路工程建设带来损失，例如附合气泡不吻合、尺子立的不垂直或前倾或后仰、立尺点变动等都会使测量结果产生错误。因此，在进行水准测量时，应精力集中、仔细认真。为了保证水准测量质量，在进行水准测量时应特别注意以下几点：

(1)用复合法测量水准点高程时，每测站应尽量架在两点中间。

(2)仪器要安置稳妥，在松散地方架设仪器，脚架一定要踩牢。来回走动照准标尺读数时不要碰动脚架。架设仪器尽量避免骑腿；随时检查脚螺旋有没有拧紧。

(3)测设施工控制水准线路，应使用 3m 水准标尺一对。尽量避免使用塔尺。旧的塔尺接头处分画误差很大。一般情况下，塔尺可用于等外水准测量。

(4)扶尺员一定要把尺子立在点位上，且要立垂直。为避免尺子前倾后仰，左歪右斜，可在尺边挂垂球控制。

(5)读数时，一定要用微倾螺旋使附合气泡两个半边气泡吻合。读数时要果断，要稳、要准，切不可三心二意拿不定主张，而且不凑数。用自动安平水准仪读数时，一定要使圆气泡居中。

(6)转点要选在坚硬牢固的路边石等处，若用尺垫一定要踩牢踩稳，转动尺面要提起尺子。

(7)用塔尺进行水准测量时，一定要每节拉到位。测量过程中要经常检查抽出的尺有没有滑落。

(8)读数后必须立刻记在手簿上，不应记在心中或随便写在什么纸上，不准靠回忆补记。记录要整洁、清晰、真实。记错应整齐划掉，重新记录，不准涂改。

(9)转站时，一定要检查本站记录、计算正确无误，各项限差符合《规范》要求，才可挪动仪器迁站。

(10)为了避免仪器受烈日暴晒，测量时要打伞。夏季中午气流不稳定，仪器横丝跳动，不宜进行水准测量。

(11)施工水准点的测量精度必须满足《规范》规定的"水准测量精度要求"，详见表 3-1。水准测量作业过程中的各项限差必须满足"水准测量的限差要求"，详见表 3-6。

第五节　复测(加密)水准点的内业计算

一、观测数据的准备

复测(加密)水准点的外业观测数据是：

(1)两点间往、返测高差；

(2)两点间距离；

(3)两点间测站数。

这些数据取自水准测量记录手簿。为保证所用数据正确无误，应对外业记录手簿进行 20090 检查。

将上述经过检查的数据抄录于“水准测量平差计算表”第②、③栏。(见表 3-7)。或将这些数据整理在“外业水准测量路线草图(见图 3-6)上。

(附合)水准测量平差计算表

表 3-7

点名	高差(m)			距离(m)	改正值 V(mm)	改正后 h(m)	高程(m)	备　注
	$h_{往1}$	$h_{往2}$	$h_{平均}$					
①	②	③	④	⑤	⑥	⑦	⑧	⑨
GE09							2.397	GE00
	−0.204	−0.205	−0.204	120.8	−2	−0.206		
670-1							2.191	670-1
	−0.358	−0.360	−0.359	195.4	−2	−0.361		
669							1.830	669
	0.007	0.008	0.008	151.9	−2	0.006		
S_{13}							1.836	S_{13}
	0.050	0.050	0.050	172.7	−2	0.048		
670							1.884	670
	0.233	0.232	0.232	175.2	−2	0.230		
S_{14}							2.114	S_{14}
	−0.150	−0.150	−0.150	144.3	−2	−0.152		
671							1.962	671
	0.002	0.002	0.002	136.1	−2	0.000		
S_{15}							1.962	S_{15}
	−0.024	−0.024	−0.024	136.5	−2	−0.026		
672							1.936	672
	−0.001	−0.002	−0.002	126.2	−1	−0.003		
S_{16}							1.933	S_{16}
	0.252	0.253	0.252	110.8	−1	0.251		
673							2.184	673
	0.088	0.090	0.089	114.2	−1	0.088		
S_{17}							2.272	S_{17}
	0.622	0.622	0.622	108.4	−1	0.621		
674							2.893	674
	0.788	0.789	0.789	72.8	−1	0.788		
S_{18}							3.681	S_{18}
	−0.428	−0.427	−0.428	61.1	0	−0.428		
675							3.253	675
	0.258	0.257	0.258	161.6	−2	0.256		
676							3.509	676
	0.366	0.369	0.368	165.4	−2	0.366		
S_{19}							3.875	S_{19}
	0.400	0.400	0.400	114.9	−1	0.399		
S_{20}							4.274	S_{20}
	−0.150	−0.150	−0.150	267.5	−3	−0.153		
I19							4.121	I19
辅助计算	$\sum h_{往1}$:1.751　f_h0.029　$\sum D$25358　V−29 $\sum h_{往2}$:1.754　$f_{h容}\pm 20\sqrt{L}$ $\sum h_{往平}$:1.753　$=\pm 32$mm $\sum h_{已}$:1.724						GE09 H:2.397 I19 H:4.121	

计算：　　　　　　　复核：　　　　　　　监理：　　　　　　　日期：

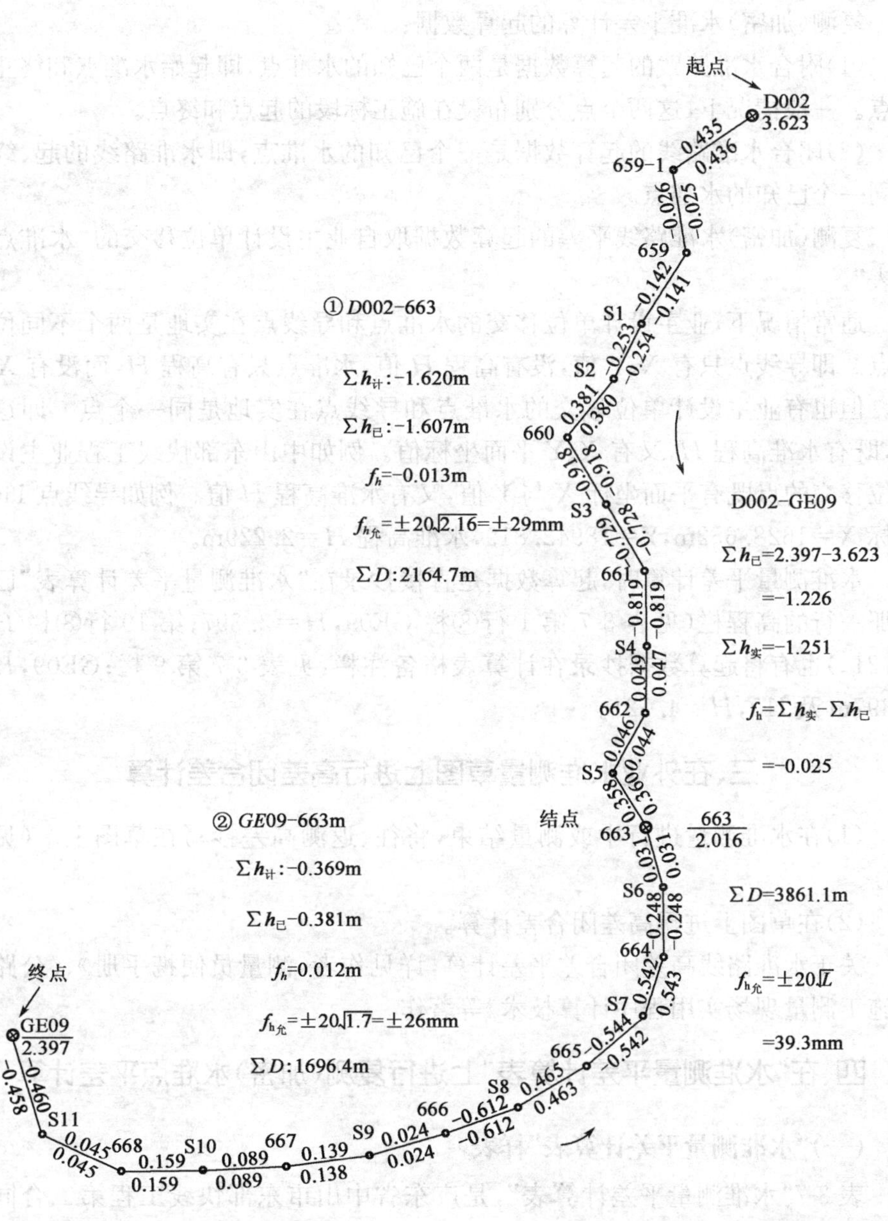

图 3-6　附合水准测量略图

二、起算数据的准备

复测(加密)水准平差计算的起算数据:

(1)附合水准路践的起算数据是两个已知的水准点,即起始水准点和终止水准点。一般情况下,这两个点分别布设在施工标段的起点和终点。

(2)闭合水准路线的起算数据是一个已知的水准点,即水准路线的起、终点是同一个已知的水准点。

复测(加密)水准路线平差的起算数据取自业主设计单位移交的"水准点成果表"。

通常情况下,业主设计单位移交的水准点和导线点在实地是两个不同位置的点。即导线点只有 X、Y 值,没有高程 H 值,水准点只有高程 H,而没有 X、Y 值。但也有业主设计单位移交的水准点和导线点在实地是同一个点。即这个点,既有水准高程 H,又有 X、Y 平面坐标值。例如中山东部快线工程业主设计单位移交的点既有平面坐标 X 与 Y 值,又有水准高程 H 值。例如导线点 I664,坐标 $X=1628.652$m,$Y=18942.819$,水准高程 $H=2.229$m。

水准测量平差计算时,起算数据是直接抄录在"水准测量平差计算表"已知点那一行的高程栏(见表 3-7 第 1 行⑧栏 GE09,$H=2.397$;第 19 行⑧栏 $H=4.121$。)也有将起算数据抄录在计算表格备注栏:见表 3-7 第 9 栏;GE09,$H=2.397$m 及 I19,$H=4.121$。

三、在外业水准测量草图上进行高差闭合差计算

(1)在水准测量进行中或测量结束,将往、返测高差抄写在草图上。(见图 3-6)。

(2)在草图上进行高差闭合差计算。

关于水准路线高差闭合差平差计算,详见作者《测量员便携手册》、《公路工程施工测量现场实用程序计算技术》等著作。

四、在"水准测量平差计算表"上进行复测(加密)水准点平差计算

(一)"水准测量平差计算表"样表

表 3-7"水准测量平差计算表",是广东省中山市东部快线工程第二合同段项目部测量室进行复测(加密)水准测量平差计算中用的表格。这种样式的水准点平差计算表,是公路施工测量水准点平差计算常用的一种表格。

表中:

第一栏:"点名",即水准点名。

第二栏："$h_{往}$"，即相邻两水准点间往测的高差。

第三栏："$h_{返}$"即相邻两水准点间返测的高差。

注意：

(1)如果是变仪高法(变动仪器高，即两次架置仪器)测量两点间高差，则为"$h_{往1}$"，"$h_{往2}$"。

(2)如果是往、返测，则高差的符号以往测为准。

(3)本便是同方向变仪高法两次往测测的高差。

第四栏："$h_{平}$"，即相邻两点间往、返测高差算术平均值，也叫往、返测高差中数或是相邻两点间往 1 和往 2 的算术平均值。

第五栏："距离"，即相邻两水准点间的距离：D_i。

注意：此栏也有用"测站"的，即相邻两水点间的测站数：N_i。

第六栏："改正值 V_h"，即相邻两水点间高差改正数。

注意：高差改正数可按与相邻两点间的测站数成正比改正，也可按与路线距离成正比改正。

第七栏："改正后高差"，即相邻两水准点间的实测高差经过改正后的高差。

第八栏："高程"，即经过改正后(平差)的水准点高程。

第九栏："备注"，可注明水准点所在实地位置或注明起算水准点的高程和出处。

表下行中："辅助计算"：

$\sum h_{往}$(或$\sum h_{往1}$)：水准路线往测高差总和(或 $h_{往1}$ 高差总和)。

$\sum h_{返}$(或$\sum h_{往2}$)：水准路线返测高差总和(或 $h_{往2}$ 高差总和。

$\sum h_{平}$：水准路线往、返测高差平均数总和(或两次往测高差平均数总和)，即整条水准路线实测高差总和。

$$\sum h_{平}=(\sum h_{往}+\sum h_{返})\div 2 \text{ 或 } \sum h_{平}=(\sum h_{往1}+\sum h_{往2})\div 2 \qquad (3\text{-}23)$$

$\sum h_{已}$：即整条水准路线已知的高差总和：(1)附合水准路线：$\sum h_{已}=H_{终}-H_{起}$=终点高程－起点高程；(2)闭合水准路线：$\sum h_{已}=H_{终}-H_{起}=0$(因闭合水准路线的起、终点是同一点)。

$f_h=\sum h_{平}-\sum h_{已}$：即整条水准路线的高差闭合差。

$f_{h允}$：即规范规定的高差闭合差允许值：四等水准：$\Delta h_{允}=\pm 20\sqrt{L}$；五等水准：$\Delta h_{允}=\pm 30\sqrt{L}$。计算的 $\Delta h<\Delta h_{允}$ 则符合规范要求，可对实测高差进行改正。计算的 $\Delta h>\Delta h_{允}$ 则不符合规范精度要求，要查明原因返工。

$\sum D$：即整条水准路线距离总和。(或$\sum N$：测站数总和)。

$V_{hi}=-\dfrac{f_h}{\sum D}\cdot D_i$ 或 $V_{hi}=-\dfrac{f_h}{\sum N}\cdot N_i$：即实测高差改正数。

$f_h=-\sum V$：检查计算。实测高差闭合差等于高差改正数总和，但符号相反。

(二)复测(加密)**水准测量平差计算实操案例**

本案例选自广东中山市东部快线工程第二合同段的复测水准路线和加密水准路线的平差计算。

中山东部快线工程第二合同段，全长5.3km。施工队进驻工地后，业主设计单位移交了13个四等水准点。经实地勘察，只有8个水准点可用。但这8个水准点全部布设在后3km路线上，前2km外另一项目的工地上有一个水准点可用，点位分布很不合理。施工队只有根据现状，在后3km采用复测附合水准路线。前2km采用加密附合水准路线。施测精度采用四等水准标准。仪器用国产天津欧波DS32自动安平水准仪。标尺采用3m双面（黑红两面）水准标尺，标尺常数：4687和4787。施测方法采用复合水准测量法，两次往测，变仪高同方向测两次。

1.复测附合水准路线平差计算实操案例

(1)在水准测量路线略图上进行高程闭合差计算。

水准测量路线略图样图见图3-6。

这是一条典型的单一附合水准路线。图中：

水准路线起点点名：D002，起点高程：$H_{起}=3.623$；

水准路线终点点名：GE09，终点高程：$H_{终}=2.397$；

已知路线高程差：$\sum h_{已}=H_{终}-H_{起}=2.397-3.623=-1.226$；

实测路线高程差：$\sum h_{测}=h_1+h_2+\cdots\cdots h_i=-1.251$；

则，这条水准路线的高程闭合差 $f_{\mathrm{h}}=\sum h_{测}-\sum h_{已}=-1.251-(-1.226)=-0.025$；

路线全长：$\sum D=D_1+D_2+\cdots\cdots D_{\mathrm{i}}=3.8611$；

水准路线高程闭合差容许值 $f_{\mathrm{h}容}=\pm20\sqrt{L}=\pm39.3\mathrm{mm}$；

则：$f_{\mathrm{h}}<f_{\mathrm{h}容}$，即25<39.3，说明这条水准路线外业观测数据可用。

(2)对外业实测高差进行改正。

对实测高差进行改正，就是将高程闭合差 f_{h} 合理地分配给实测高差。

当 $f_h<f_{h容}$，可对实测高差进行改正，即对实测高程进行平差。水准测量近似平差一般以相反的符号按与相邻两点间的测站数成正比改正或按与路线距离成正比改正。

关于高差改正数的计算方法，详见作者的《测量员便携手册》、《公路工程施工测量现场实用程序计算技术》等书籍。

对实测高差进行改正计算，可在“水准测量路线略图”上进行，也可在“水准测量平差计算表”上进行。本案例在“水准测量路线略图”上对实测高差进行改正数计算，然后在“水准测量平差计算表”上核算，这样做可起到相互验算的作用，以保证计算数据正确可靠。

(3)用“结点法”进行单一附合水准路线平差计算。

关于单一附合水准路线平差计算的常规计算公式，CASIO f_x—4800、4850、5800P型计算器程序计算的程序清单，程序计算案例和程序执行的操作方法步骤，详见作者《测量员便携手册》、《公路工程施工测量现场实用程序计算技术》等书籍。

本节作者推荐“结点法”进行单一附合水准路线平差计算。作者曾多次用“结点法”对几条高速公路的施工标段的单一附合水准路线进行平差计算。上述图 3-6 是广东中山东部快线工程第二合同段的一条单一附合水准路线，就是其中的一个案例。

所谓“结点法”附合水准路线平差计算，就是在整条水准路线的中部选一个水准点，称作“结点”，第一步先由已知水准点计算出“结点”的高程。这样，整条水准路线被分成两段附合路线，然后按常规方法分别对这两段水准路线进行高差改正。从而计算出各水准点的高程。这样做可减小高差闭合差误差的积累，提高水准点平差精度。

以图 3-6 为例。图中：

水准路线起点：D002；

水准路线终点：GE09；

水准路线结点：663；

此图有三条单一附合路线：

a. D002～GE09，全长 3861.1m，高程闭合差 $f_h=-0.025$；

b. D002～663，全长 2164.7m，高程闭合差 $f_h=-0.013$；

c. GE09～663，全长 1696.4m，高程闭合差 $f_h=0.012$；

很明显，后两条路线高差闭合差误差累计小，水准点累计改正最大是 0.012～0.013m，而整条水准路线水准点累计改正最大是 0.025m。

从图 3-6 可知，“结点法”水准路线平差计算步骤：

a. 由水准路线起点计算结点高程（见表 3-8）。

由图知：$H'_{663}=H_{D002}+\sum h_{D002\sim663}=3.623+(-1.620)=2.003$

b. 由水准路线终点计算结点高程（见表 3-8）。

由图知：$H''_{663}=H_{GE09}+\sum h_{GE09\sim663}=2.397+(-0.369)=2.028$

c. 计算结点高程平差值（见表 3-8）。

结点高程平差值即由水准起点、终点计算的结点高程的平均值。本例中：

$$H_{663}=(H'_{663}+H''_{663})\div2=2.016$$

d. 按常规方法对由结点分成的两段附合水准路线进行平差计算（见表 3-10 和表 3-11）。

图中，结点 663 将整条路线分成：

(a)D002～663 单一附合水准路线；

(b)GE09～663 单一附合水准路线。

对上述(a)、(b)水准路线，用常规附合水准路线平差方法进行计算。

本案例结点法附合水准路线平差计算，详见表 3-8～表 3-10，计算中，应注意路线方向，注意高差正负号。

（附合）水准测量平差计算表

（计算结点 I663 高程）　　　　表 3-8

点名	高差（m）			距离（m）	改正值 V(mm)	改正后 h(m)	高程（m）	备注
	$h_{往1}$	$h_{往2}$	$h_{平均}$					
D002							3.623	
	−1.620	−1.620	−1.620					
I663							2.003	
GE09							2.397	
	−0.369	−0.369	−0.369					
I663							2.028	
I663							2.016	
	（中数）							
辅助计算								

计算：　　　　复核：　　　　监理：　　　　日期：

(附合)水准测量平差计算表 表 3-9

点名	高差(m)			距离(m)	改正值 V(mm)	改正后 h(m)	高程(m)	备注
	$h_{往1}$	$h_{往2}$	$h_{平均}$					
D002							3.623	D002
	0.435	0.436	0.436	598.1	3	0.439		
I659-1							4.062	I659-1
	−0.026	−0.025	−0.026	154.1	1	−0.025		
I659							4.037	I659
	−0.142	−0.141	−0.142	147.7	1	−0.141		
S1							3.896	S1
	−0.253	−0.254	−0.254	109.5	1	−0.253		
S2							3.643	S2
	0.381	0.380	0.380	184.5	1	0.381		
I660							4.024	I660
	−0.918	−0.918	−0.918	151.1	1	−0.917		
S3							3.104	S3
	−0.729	−0.728	−0.729	140.2	1	−0.728		
I661							2.379	I661
	−0.819	−0.819	−0.819	140.9	1	−0.818		
S4							1.561	S4
	0.049	0.047	0.048	218.6	1	0.049		
I662							1.610	I662
	0.046	0.044	0.045	200.8	1	0.046		
S5							1.656	S5
	0.358	0.360	0.359	119.2	1	0.360		
I663							2.016	I663
辅助计算	$\sum h_{计}$ −1.620 $\sum h_{已}$ −1.607 f_h −0.013			$\sum$2164.7 $f_{h允}=\pm 20\sqrt{L}=\pm 29$	$\sum V$13mm			

计算： 复核： 监理： 日期：

（附合）水准测量平差计算表　　　　表 3-10

点名	高　差　(m)			距离 (m)	改正值 V(mm)	改正后 h(m)	高程 (m)	备注
	$h_{往1}$	$h_{往2}$	$h_{平均}$					
GE09							2.397	GE09
	−0.460	−0.458	−0.459	114.3	−1	−0.460		
S11							1.937	S11
	0.045	0.045	0.045	105.5	−1	0.044		
I668							1.981	I668
	0.159	0.159	0.159	112.2	−1	0.158		
S10							2.139	S10
	0.089	0.089	0.089	183.5	−1	0.088		
I667							2.227	I667
	0.139	0.138	0.139	142.4	−1	0.138		
S9							2.365	S9
	0.024	0.024	0.024	162.0	−1	0.023		
I666							2.388	I666
	−0.612	−0.612	−0.612	168.2	−1	−0.613		
S8							1.775	S8
	0.465	0.463	0.464	166.3	−1	0.463		
I665							2.238	I665
	−0.544	−0.542	−0.543	152.5	−1	−0.544		
S7							1.694	S7
	0.542	0.543	0.542	163.3	−1	0.541		
I664							2.235	I664
	−0.248	−0.248	−0.248	116.1	−1	−0.249		
S6							1.986	S6
	0.031	0.031	0.031	110.1	−1	0.030		
I663							2.016	I663

辅助计算

$\sum h_{计}$ −0.369　　　$\sum D$1696.4　　$\sum V$ −12

$\sum h_{计}$ −0.381

f_h0.012　　　$f_{h允}=\pm 20\sqrt{L}=\pm 26$mm

计算：　　　复核：　　　监理：　　　日期：

2. 加密附合水准路线平差计算实操案例

所谓加密水准路线，它与复测水准路线不同的是：复测水准路线，是施工单位对业主移交的水准点进行复测校核（又测一次）而布设的水准路线。而加密水准路线，则是施工单位根据施工现场需要、实际地形条件，在业主移交的水准点下而布设的水准路线。它可在业主移交水准点下单独加密，也可在复测校核业主移交水准点时同时加密，即在复测水准路线上布设加密水准点。

关于加密水准路线布设方案，精度要求、施测方法、平差计算，在一个施工标段，基本上可仿照本标段复测水准路线进行。

加密水准路线实操案例是上述中山东部快线工程前 2km 由施工单位自己布设的一条附合水准路线。外业观测略图见图 3-7，平差计算见表 3-7。在图 3-7 中，GE09 和 I19 是业主移交的水准点。该条加密水准路线的起点是 GE09，终点是 I19。路线中 670-1、669、670……，676 等既是导线点，又是水准点。S13、S14……S20 等是只有高程而无坐标的水准点。

3. 复测（加密）闭合水准路线平差计算实操案例

算例数据见表 3-11。

（闭合）施工水准点平差计算表　　　　表 3-11

控制：K12＋000 至 K12＋600 段

外业草图	已知数据	点名	高程	备　注
K12+330　W：1　h_8G　O：1　h_7H　V：1　h_4F　X：4　K12+500　h_3E　h_7S　BM2　U：1　h_2D　h_1C　129.919　K12+350　T：1　K12+200　S：2		BM2	129.919	拟自高程成果表第 1 页 K11＋980 左屋下石墩上

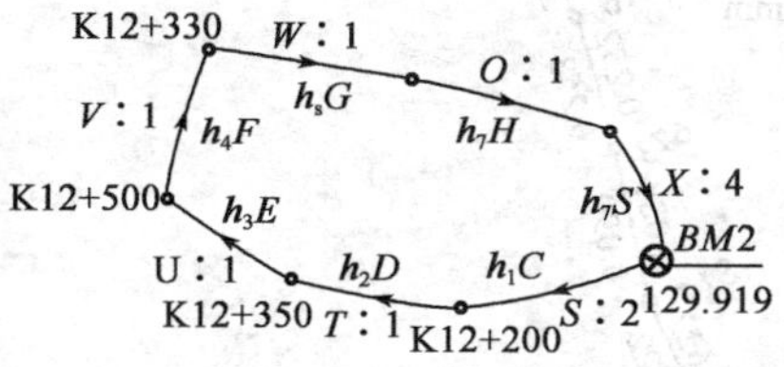

点名	高差(m)	测站(个)	距离(m)	高程(m)	所在地
BM2				129.919	K11＋980 左屋下石墩上
	−1.390	−2			
K12＋200 左				128.527	K12＋200 左水沟
	−0.401	−1			
K12＋350 左				128.125	K12＋350 左平台
	0.139	−1			
K12＋500 左				127.985	K12＋500 左平台
	−0.913	−1			
K12＋3300 右				127.071	K12＋330 右水沟
	−0.719	−1			
K12＋220 右				126.351	K12＋220 右水沟
	−0.544	−1			
K12＋100 右				125.806	K12＋100 右平台
	4.117	−4			
BM2				129.919	

辅助计算			
	1. $\sum h_{计}=0.011$m	4. $N=11$ 个	7. $\sum D=1.08$km
	2. $\sum h_{已}=0.000$m	5. $\Delta h_{容}=\pm0.031$m	
	3. $\Delta h_{计}=0.011$m	6. $\sum V_h=-0.011$m	观测者：××× 计算者：×××

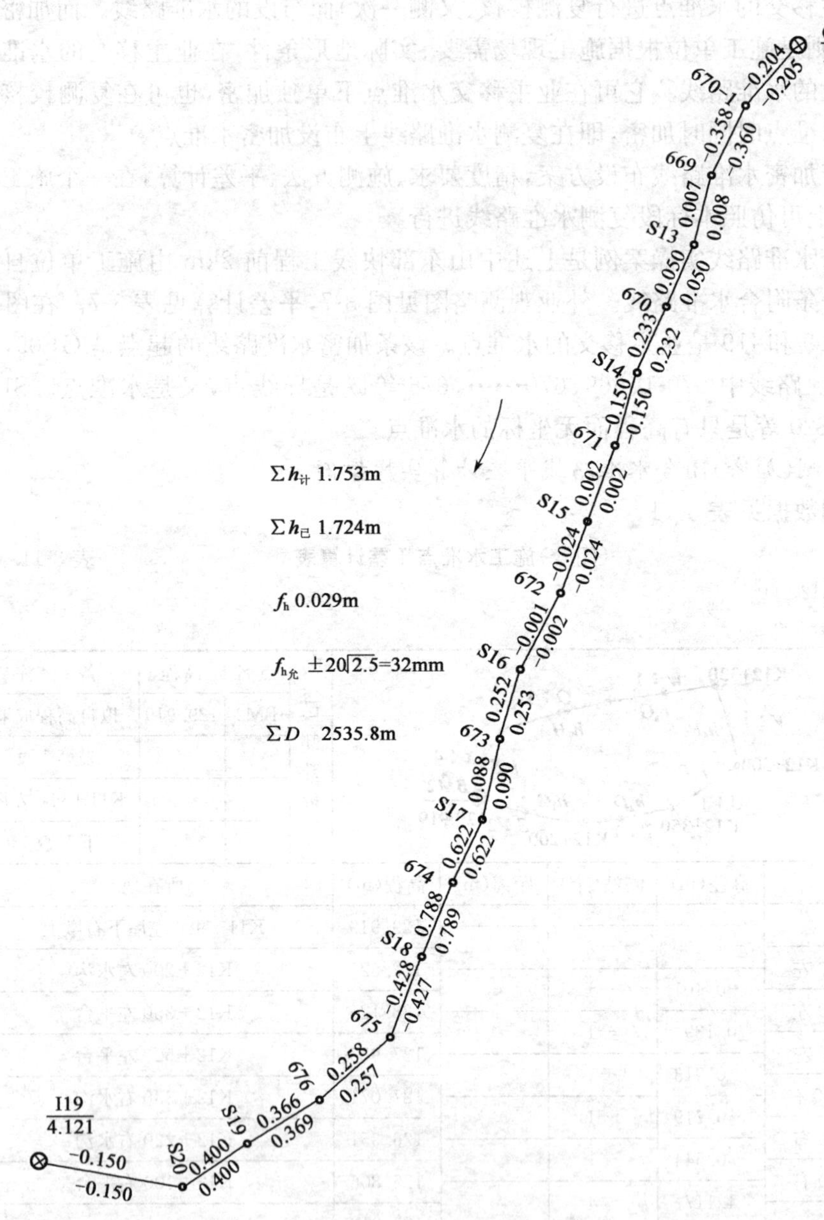

图 3-7 外业观测略图

GE09
2.397
−0.204
−0.205
670−1
−0.358
−0.360
669
0.007
0.008
S13
0.050
0.050
670
0.233
0.232
S14
−0.150
−0.150
671
0.002
0.002
S15
−0.024
−0.024
672
−0.001
−0.002
S16
0.252
0.253
673
0.088
0.090
S17
0.622
0.622
674
0.788
0.789
S18
−0.428
−0.427
675
0.258
0.257
676
0.366
0.369
S19
0.400
0.400
S20
−0.150
−0.150
I19
4.121
Σh计 1.753m
Σh已 1.724m
fh 0.029m
fh允 ±20√2.5=32mm
ΣD 2535.8m

此例选自京福高速公路江西境内南城县上圹镇第四施工段加密的一条施工水准路线。此水准路线从已知水准点 BM42 开始，发展了 6 个施工水准点，最后又闭合到已知水准点 BM42。

这是一条典型的单一闭合水准路线。在公路工程施工测量中，常用这种形式加密施工水准点。

关于闭合水准路线常规计算公式，CAS10 f_x4800、4850、5800P 型计算器程序计算清单，程序执行操作方法步骤，详见作者《测量员便携手册》、《公路工程施工测量现场实用程序计算技术》等书籍。

五、编制水准点高程成果表

水准点内业计算结束，应编制水准点高程成果表。以方便施工测量中查用。

"水准点高程成果表"样表见表 3-12。

水准点成果表　　表 3-12

序号	点名	高程(m)	相对位置	所在地
1	D002	3.623	一标	香蕉堤中部
2	658	4.059	YK55＋110 右	治安亭前
3	659	4.036	YK54＋958 右	联盛搅拌厂 2 号电杆前
4	S1	3.985	ZK54＋818 左	砖厂宿舍前
5	S2	3.642	ZK54＋710 左	砖厂路右角
6	660	4.023	ZK54＋521 左	肉联厂电杆前 1m
7	S3	3.106	ZK54＋376 左	水泥路边 0.7m
8	661	2.380	YK54＋230 右	Y160 墩中线右 4.0m
9	S4	1.561	ZK54＋050 左	混凝土路边 0.8m
10	662	1.610	YK53＋871 右	Y147 墩中线右 5.0m
11	S5	1.659	ZK53＋711 左	混凝土路边 0.6m
12	663	2.016	YK53＋550 右	Y134 墩中线右 5.0m
13	S6	1.982	Y53＋436 右	混凝土路边 0.8m
14	664	2.009	Y53＋322 右	Y125 墩中线右 5.0m
15	S7	2.270	Y53＋170 右	马路边 0.7m
16	665	2.234	Y53＋007 右	4 号变压器墙角前
17	S8	1.776	ZK52＋840 左	马路边 0.7m
18	666	2.388	Y52＋672 右	Y100 墩中线右 5.0m
19	S9	2.360	ZK52＋520 左	混凝土路边 0.65m
20	667	2.225	Y52＋368 右	Y88 墩中线右 5.0m
备注				

第一栏:序号,水准点个数编号,注明有多少个水准点。

第二栏:点名,即水准点的编辑名称。

第三栏:高程,即水准点的高程。

第四栏:相对路线位置,即水准点点位相对于施工标段的公里里程,方便查找。

第五栏:所在地,即水准点所在位置的标志,例如石头、桥头左、田坎头木椿上等,方便查找。

第六节　复测(加密)水准点成果的报批

一、复测(加密)水准点成果报批的程序

施工单位对业主设计部门移交的水准点经过外业复测,内业计算的成果或是施工单位自己加密的水准点成果,必须上报给业主委托的监理单位的测量监理工程师审批。测量监理工程师认为有必要到现场检核测量的,施工单位测量工程师应积极配合测量监理工程师外业检测。

按照规定,经测量监理工程师审批同意的水准点成果才能在施工全过程中应用。

一般情况下,复测(加密)水准点成果报批的程序如下:

(1)施工单位测量工程师自测自检,包括:外业复测;内业计算。

自检认为符合设计规范要求,然后上报监理部门的测量工程师。

(2)监理单位测量工程师全部检测或抽检,包括:外业检测;内业计算检核。

测量监理工程师审核合格后签字批复。

二、施工单位复测(加密)水准点成果上报的资料表格

以广东中山市东部快线工程二标承建单位中国建筑股份有限公司上报的资料表格为例,其样式如下:

(1)水准点复测(加密)报验单(业主下发的报表)(见表 3-13)。

(2)水准点复测(加密)的报告:例如《关于水准点联测(复测)的报告》(注:联测指与相邻标段水准点联测,见附件 3-1,自己根据实况编写)。

(3)水准点测量报表(业主下发的报告,见表 3-14)。

(4)施工增加水准点测量计算表(业主下发的报告,见表 3-15)。

施工放样报验单

表 3-13

项目名称：××××公路中山市东部快线工程

施工单位：中国建筑股份有限公司　　　　合同段：

监理单位：厦门中平工程监理咨询有限公司　　　　编　号：

致(监理工程师)：

根据合同要求，业已完成＿＿水准点联测(复测)＿＿施工放样工作，清单如下，请予查验。

承包人：　　　　日期：

桩号或位置	工程或部位名称	放 样 内 容	备　注
K50＋020～K55＋340	中山东部快线工程	水准点联测(复测)	

附件：测量及放样资料

1. D002～GE09 附合水准测量、计算资料；
2. GE09～I19 附合水准测量、计算资料；
3. 四等水准测量记录表

监理员意见：

结论：

专业监理工程师：　　　　日期：

水准点测量报表　　表 3-14

编号：

<table>
<tr><td>工程名称</td><td colspan="2">中山东部快线工程</td><td>施工单位</td><td colspan="2">中国建筑股份有限公司</td><td>合同段</td><td>二标</td></tr>
<tr><td>桩号或范围</td><td colspan="2"></td><td>监理单位</td><td colspan="2">厦门中平工程监理
咨询有限公司</td><td>公路等级</td><td></td></tr>
<tr><td>水准点编号</td><td>设计高程
(m)</td><td>实测高程
(m)</td><td>偏差
(mm)</td><td>水准点编号</td><td>设计高程</td><td>实测高程</td><td>偏差</td></tr>
<tr><td>GE09</td><td>2.397</td><td>2.397</td><td>0</td><td></td><td></td><td></td><td></td></tr>
<tr><td>S11</td><td>1.936</td><td>1.937</td><td>1</td><td></td><td></td><td></td><td></td></tr>
<tr><td>I668</td><td>1.983</td><td>1.981</td><td>−2</td><td></td><td></td><td></td><td></td></tr>
<tr><td>S10</td><td>2.139</td><td>2.139</td><td>0</td><td></td><td></td><td></td><td></td></tr>
<tr><td>I667</td><td>2.225</td><td>2.227</td><td>2</td><td></td><td></td><td></td><td></td></tr>
<tr><td>S9</td><td>2.360</td><td>2.365</td><td>−5</td><td></td><td></td><td></td><td></td></tr>
<tr><td>I666</td><td>2.388</td><td>2.388</td><td>0</td><td></td><td></td><td></td><td></td></tr>
<tr><td>S8</td><td>1.776</td><td>1.775</td><td>−1</td><td></td><td></td><td></td><td></td></tr>
<tr><td>I665</td><td>2.234</td><td>2.238</td><td>4</td><td></td><td></td><td></td><td></td></tr>
<tr><td>S7</td><td>1.684</td><td>1.694</td><td>10</td><td></td><td></td><td></td><td></td></tr>
<tr><td>I664</td><td>2.229</td><td>2.235</td><td>6</td><td></td><td></td><td></td><td></td></tr>
<tr><td>S6</td><td>1.982</td><td>1.986</td><td>4</td><td></td><td></td><td></td><td></td></tr>
<tr><td></td><td></td><td></td><td></td><td></td><td></td><td></td><td></td></tr>
<tr><td></td><td></td><td></td><td></td><td></td><td></td><td></td><td></td></tr>
<tr><td></td><td></td><td></td><td></td><td></td><td></td><td></td><td></td></tr>
<tr><td></td><td></td><td></td><td></td><td></td><td></td><td></td><td></td></tr>
<tr><td>闭合差</td><td colspan="7">f_h＝12mm</td></tr>
<tr><td>允许误差</td><td colspan="7">$f_{h允}$ ±26mm</td></tr>
<tr><td>自检意见</td><td colspan="7"></td></tr>
<tr><td>监理意见</td><td colspan="7"></td></tr>
</table>

测量：　　计算：　　复核：　　总工程师：　　项目经理：　　测量日期：

施工增加水准点测量计算表

表 3-15

编号：

工程名称	中山东部快线工程	施工单位	中国建筑股份有限公司	监理单位	厦门中平工程监理咨询有限公司		合同段	二桥	公路等级	一级
测量范围	中山东部快线工程榄横路高架桥 Y51＋850～Y55＋320			日期	2010.4.	水准仪型号	DS32	水准尺	双面 3m 木尺	
序号	施工水准点 BM			引用设计时路线水准点 BM			L(KM)或 n(个)	$\Delta_{允许}$ (mm)	$\Delta_{测}$ (mm)	
	编号	位置	高程	编号	位置	高程				
12	I663	K53＋540 右	2.016	D002	一标香蕉堤	2.623	3.883	±39	−25	说明： 1. L 及 n 为 BM 间的测量距离或测站数； 2. $\Delta_{容}$ 为容许闭合差或附合差；$\Delta_{测}$ 为实测的闭合差或附合差
13	S5	K53＋659	1.659	GE09	YKS1＋858 桥	2.397				
14	I662	K53＋867 右	1.610							
15	S4	K54＋086 右	1.561							
16	I661	K54＋221 右	2.380							
17	S3	K54＋361 右	3.106							
18	I660	K54＋519 左	4.023							
19	S2	K54＋629 左	3.642							
20	S1	K54＋739 左	3.895							
21	I659	K54＋957 右	4.036							
22	I659-1	K55＋110 右	4.059							
监理意见										

测量：　　　　复核：　　　　监理工程师：　　　　测量日期：

(5)水准点成果表(自编)(见表3-12)。

(6)以下是附件资料:

①D002—GE09复测附合水准测量计算资料:

a. D002—GE09附合水准测量略图(见图3-6);

b. D002—GE09附合水准测量路线结点法平差计算表(见表3-8~表3-10);

c. D002—GE09附合水准测量外业四等水准测量记录表(见表3-3)。

②GE09—I19加密附合水准测量计算资料:

a. GE09—I19加密附合水准测量略图(见图3-6);

b. GE09—I19加密附合水准测量平差计算表(见表3-7);

c. GE09—I19加密附合水准测量外业水准测量记录表(见表3-3)。

附:关于水准点联测(复测)的报告

为了检核业主移交给我标段水准点成果的正确性,保证我标段与相邻标段线路施工中采用统一的高程系统,满足全线高程设计要求,我们以相邻标段的水准点成果为起算数据,对我标段的水准点进行联测(复测),下面将这一工作报告如下:

1. 水准点联测(复测)方案

(1)以一标段的D002水准点为起算点,我标段的GE009水准点为终止点,布设一条附合水准路线。

(2)以我标段的GE09水准点为起算点,以三标段的点I19水准点为终点,布设一条附合水准路线。

(3)以GE09为起、终点,布设一条闭合水准路线。

2. 联测(复测)仪器

(1)天津SEOP DS32型自动安平水准仪(2010年3月广州检测);

(2)黑、红两面3m水准标尺及尺垫。

3. 施测方法

按四等水准测量精度要求,二次设站同方向往测,水准记录表见附件。

4. 联测(复测)水准点计算

(1)高差取用往测二次平差值;

(2)高差闭合差与距离成正比分配改正;

(3)水准点平差计算见附件。

5.联测(复测)精度

线路名称	点名	高程(m)	高差闭合差(m)			距离(m)	允许闭合差 $\pm 20\sqrt{L}$
			实测 h	已知 h	Δh		
D002—GE09 附合水准路线	D002	3.623	−1.251	−1.226	−0.025	3882.9	±0.039
	GE09	2.397					
GE09—119 附合水准路线	GE09	2.397	1.753	1.724	0.029	2563.2	±0.032
	I19	4.121					
GE09—GE09 闭合水准路线	GE09	2.397	−0.001	0.000	−0.001	2017.5	±0.028
	GE09	2.397					

注:按四等水准测量精度标准。

从上表分析:我标段内的水准点精度符合四等水准测量精度标准。

6.要求

(1)要求业主对我标段K50+000至K52+000段布设平面及高程控制点。

(2)业主移交的Z001点位高程与实际点位高程不符,经过我们联测实际点位的高程应是4.121m,点名应是I19,而不是Z001。请业主核实。

中国建筑股份有限公司

中山市东部快线二标

二〇一〇年四月十二日

第四章　公路工程施工测量核算设计数据实操案例

第一节　核(复)算设计数据概述

设计单位提供的"设计数据",是公路施工的重要依据。施工单位依据"设计数据"进行施工。"设计数据"错误,造成的经济损失是很严重的。例如桥墩桩位数据错误,按此放样定桩、钻孔、灌桩、立柱、架桥,将会带来多么严重的后果,是不难想象的。由此带来的社会影响,也是很严重的。因此,设计单位提供的"设计数据"必须准确无误。施工单位为了避免放样错误,在施工放样前,应对"设计数据"认真进行复核。发现错误,应及时向监理单位汇报,并及时与设计单位联系,以便查明原因,及时纠正。

设计单位提供的与施工测量有关的"设计数据":

1. 平面位置控制数据

(1)"逐桩坐标表"中的点位坐标;

(2)"桥桩位坐标表"中的桥墩桩柱中心坐标。

2. 高程位置控制数据

(1)路面逐桩设计高程;

(2)桥面逐桩设计高程;

(3)桥柱顶设计高程;

(4)系梁顶设计高程等。

施工单位的施工测量员,在施工放样前,应认真复核上述"设计数据",确认无错后方可放样,在放样过程中,应养成在测站上"再算一遍,然后再放样"的习惯,不要怕麻烦。这样做可有效地防止放样错误的发生!

第二节　核(复)算桥桩位坐标表实操案例

一、核(复)算桥桩位坐标表的起算数据

核算桥桩位坐标表的起算数据是"直线、曲线及转角表"(见第一章表 1-3 和

表 1-4)中每个交点的要素：

☆ 交点的里程桩号：Q；

☆ 交点的坐标：W、K；

☆ 圆曲线半径：R；

☆ 前切线正方位角：F；

☆ 交点转向角：N；

☆ 缓和曲线长：V。

注意：本书中英文字母不固定为某种含义，应以程序中含义解释为准，例如“N”，在“XY 程序”中，N 代表转角，但在“ZFLS 程序”中，N 代表路面至各施工层的厚度。(下同)

二、核(复)算桥桩位坐标表的计算工具

核算桥桩位坐标表的计算工具可选用可编程的科学计算器。本书推荐使用日本卡西欧 f_x—4800/4850/5800 计算器，重点介绍 f_x—5800 计算器。(注：f_x—4800/4850 已停产市场上无售)

三、核(复)算桥桩位坐标表的程序

关于核算桥桩位坐标表的程序，推荐作者编辑并经实践检验的下述程序。

(1)单交点计算线路任一点中边桩坐标程序：XY 程序，其程序清单详见书后附录一。

(2)多交点计算全线任一点中边桩坐标程序(即线路坐标计算全线通程序：XL-XY-TS 程序)，其程序清单详见书后附录二。

四、核(复)算桥桩位坐标表的方法步骤

第一步 认真分析“直线、曲线及转角表”中每个交点，分清每个交点各自的计算范围。

以第一章表 1-3“直线、曲线及转角表”(左幅)为例：

(1)交点 JD11 计算范围(此部分是没有缓和曲线的圆曲线)：

①前直线段(第一直线段)部分：ZK48＋883.868 至 ZK48＋965.812，长 81.944m。

②圆曲线部分：ZK48＋965.812 至 ZK49＋727.851，长 762.039m。

③后直线段(第二直线段)部分：ZK49＋727.851 至 ZK53＋907.127，长 4179.276m。

共计算：81.944＋762.039＋4179.276＝5023.259m

(2)交点 JD12 计算范围(此部分是没有缓和曲线的圆曲线)：

①前直线段(第一直线段)部分：ZK49＋727.851 至 ZK53＋907.127，长

4179.276m。与交点 JD11 的后直线段是共用边。

②圆曲线部分:ZK53+907.127 至 ZK54+323.228,长 416.101m。

③后直线段(第二直线段)部分:ZK54+323.228 至 ZK54+750.964,长 427.736m。

共计算:4179.276+416.101+427.736=5023.113m

(3)交点 JD13 计算范围(此部分是有缓和曲线的圆曲线,且缓和曲线是对称的):

①前直线段(第一直线段)部分:ZK54+323.228 至 ZK54+750.964,长 427.736m。与 JD12 的后直线段是共用边。

②前缓和曲线部分(第一缓和曲线)部分:ZK54+750.964 至 ZK54+997.964,长 247m。即前缓和曲线长 247m。

③圆曲线部分:ZK54+997.964 至 ZK55+452.408;长 454.444m。

④后缓和曲线部分(第二缓和曲线):ZK55+452.408 至 ZK55+699.408,长 247m。即后缓和曲线长 247m。

⑤后直线段(第二直线段)部分:ZK55+699.408 至 ZK55+715.071,长 15.663m。

共计算:427.736+247+454.444+247+15.663=1391.843m

由上分析知:榄横路高架桥左线的"桩位坐标表"可用三个交点来核算。具体用哪个交点核算哪部分的桩位坐标,可根据每个桩位的里程桩号,对照每个交点的计算范围来选用。例如要核算表 1-7"Z167 号-1"和"Z167 号-2"的坐标,可根据这两个桩的中心桩号:ZK54+369.5,对照上述计算范围,便知可选用 JD12 交点来计算,用 JD13 来验算。因为桩号 ZK54+369.5 在这两个交点的共用边上。再例如要核算表 1-7"Z196 号-1"和"Z196 号-2"的坐标,可根据这两个桩的中心桩号:ZK55+147.5,对照上述计算范围,便知可选用 JD13 交点来计算。

实践中,熟练的现场测量员并不把每个交点的计算范围单独列出,而是直接根据要计算桩点的里程桩号在"直线、曲线及转角表"中选用交点。有的测量员为了方便自己使用,直接把要用的交点名及要素写在要核算的表格旁边。

作者每到一个新工地,先把"直线、曲线及转角表"复印一份,然后在自己用的"平面控制笔记本"的第三页(第一页目录、第二页工程概况)绘一幅"交点及曲线主点桩号示意图"随身带着使用,非常方便实用。该示意图可绘成直线(见图 4-1),也可绘成曲线(见图 4-2)。

第二步 根据"桩位坐标表"中每个桩位的里程桩号,在"直线、曲线及转角表"中,或者在"交点、曲线主点桩号示意图"上选用交点起算数据。

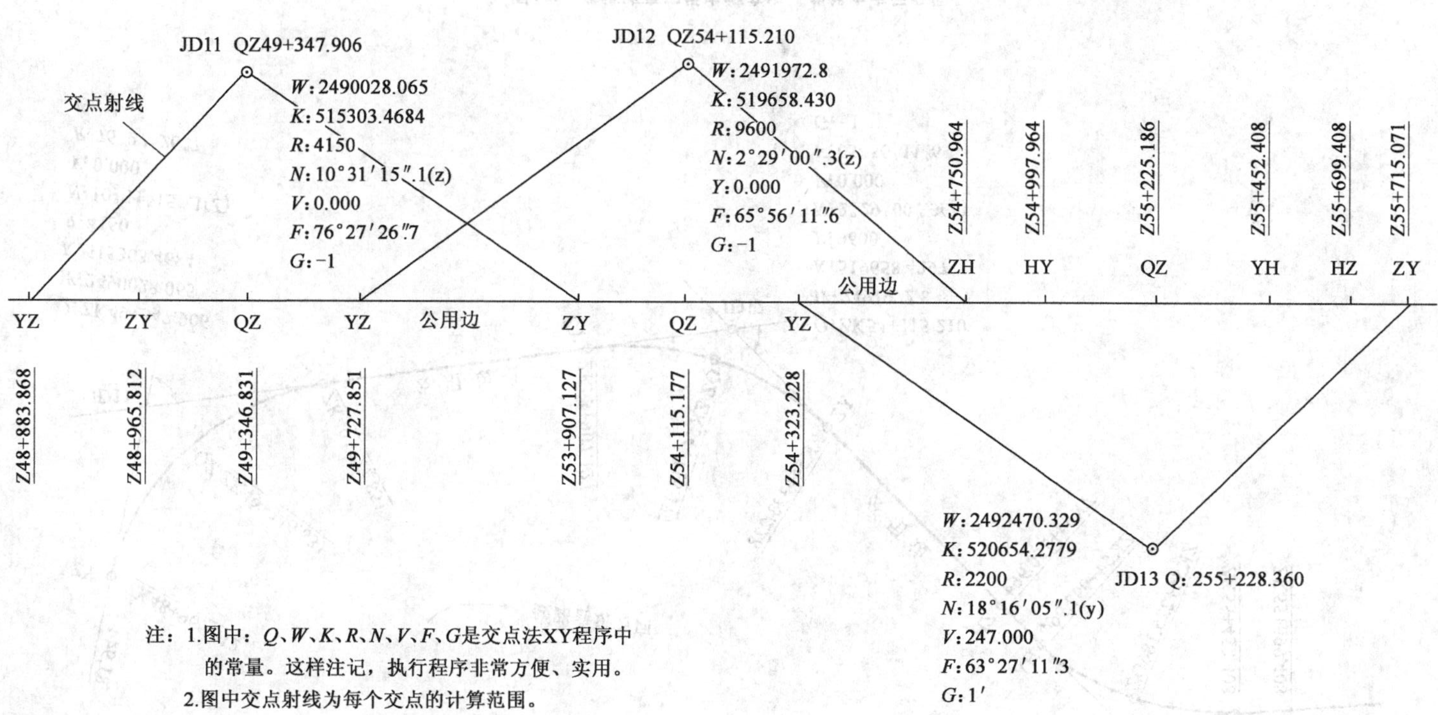

注：1.图中：Q、W、K、R、N、V、F、G是交点法XY程序中的常量。这样注记，执行程序非常方便、实用。

2.图中交点射线为每个交点的计算范围。

图4-1　榄横路高架桥左幅交点、曲线主点示意图

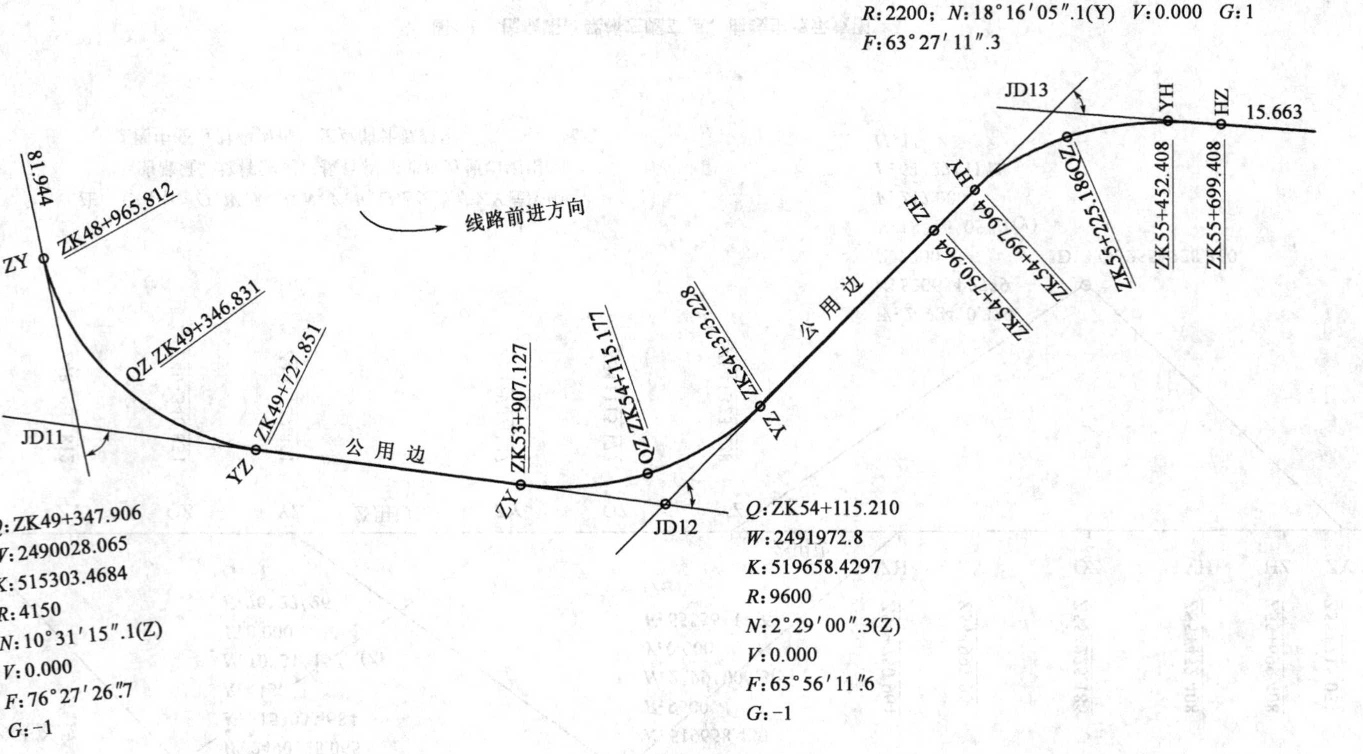

图4-2　榄横路高架桥左幅交点、曲线主点示意图

以第一章表1-7“榄横路高架桥左幅桩位坐标表”为例，例如要计算“Z170号-1”和“Z170号-2”桩的坐标，可根据该桩号的“桩中心桩号”ZK54＋444.500来选用交点，由左幅的“直线、曲线及转角表”（或“交点、曲线主点桩号”示意图）知：桩号ZK54＋444.500在JD12和JD13的公用边上。因此，可选用JD12的起算数据来计算Z170号-1和Z170号-2的坐标，用JD13来验算。也可用JD13来计算，用JD12来验算。由于左幅高架桥起点桩号是ZK50＋022.5，在JD11第二直线段，即在与JD12的公用边上，所以，选用JD11只能计算公用边上各桩号坐标。而用JD12则计算的范围是圆曲线及圆曲线两侧的直线段。这样一比较，便知应选用JD12。例如：还要计算“Z183号-1”和“Z183号-2”桩的坐标，该桩位的中心里程桩号是ZK54＋794.500，在JD13计算范围。因此，选用JD13可计算。

例如，要核算表1-7“Z157号”至“Z180号”间所有桩位的坐标，只要根据这两个桩的里程ZK54＋119.500和ZK54＋719.500在“直线、曲线及转角表”（或交点、曲线主点标号示意图）哪个交点的计算范围内，便可选用哪个交点的起算数据来计算。很明显，应选用JD12。

实践中，核算“桩位坐标表”是逐桩依次按顺序计算的，只要根据桩柱的里程桩号选对交点起算数据，核算桩位坐标工作便可顺利地进行下去。

第三步　根据线路线形结构选用计算“程序”。

公路线形常见的是直线、圆曲线、带有对称缓和曲线的圆曲线、带有不对称缓和曲线的圆曲线等。要计算这些公路线形上点位的坐标，现场测量员可根据自己所使用的计算工具和掌握的程序选用计算“程序”。

例如榄横路高架桥左幅主线路，它是由两个直线段、两个圆曲线段和一个带有对称缓和曲线的圆曲线组成。主线路左侧的桥墩台桩基采用径向布置，即是与左主线夹角为90°的边桩。据此作者选用卡西欧f_x—5800的“XY程序”来计算桩位坐标。由于作者编辑的“XY程序”是综合计算程序，它可一并计算前、后直线、圆曲线和前、后缓和曲线上任一点的中、边桩坐标。另外，作者还应用了自己编辑的线路XY通算程序(XL-XY-TS)。这个程序只要把左线的三个交点的起算要素存储在计算器，便可随意计算左线全线任一桩位的坐标，非常快捷实用。而且这两个程序可互相验算，保证计算结果准确可靠。

再如榄横路高架桥右幅主线路，它是由两个直线段、三个圆曲线段和一个带有不对称缓和曲线的圆曲线组成的。主线路右侧的桥墩台桩基采用径向布置，即是与右主线夹角为90°的边桩。据此作者选用自己编辑的非对称曲线XY计算程序(FDZ-XY-JS)和非对称曲线全线通程序(XL-FDC-XY-TS)来计算桩位坐标。这两个程序都是综合计算程序，都可一并计算前、后直线段、圆曲线段和前后非对称缓和曲线上任一点的中、边桩坐标，既快捷实用，又互相验算，保证了计算结果准确可靠。

作者要强调的是，现场测量员最好准备两套程序来计算同一点的坐标，这样可互相验算又保证计算数据准确可靠，保证放样点位精度。当然，如果有两人对算，则准备一套程序也是可行的。

五、核(复)算桥桩位坐标表实操算例

1. 算例

核算榄横路高架桥左幅桩位坐标表(局部示范，见表 1-7)ZK54＋119.5 至 ZK54＋719.5 间每个桩基(由 Z157 号至 Z180 号)的坐标。

2. 计算工具

选用卡西欧 f_x—5800P 型计算器。

3. 计算程序

(1)采用“XY”程序(程序清单见附录一)。

(2)采用“XL-XY-TS”程序(程序清单见附录二)。

4. 程序执行操作方法步骤

(1)分析表 1-7 下方的“注”，弄清墩台桩基与左设计线的关系。

由“注”知：

①桥墩台桩基的坐标系统采用中山独立坐标系。

②桥墩台桩基与设计线的关系是垂直径向关系，夹角为 90°。

③桥墩台桩基距设计线距离为垂直设计线径向丈量的值。位于设计线右侧为正值，左侧为负值。

(2)根据表中桩基的里程桩号，对照“直线、曲线及转角表”或“交点、曲线主点示意图”选取交点 JD12 的要素为起算数据。

(3)执行程序：

①采用“XY”程序计算的操作方法步骤：

a. 按[AC]键，开机，清除上次关机时屏幕上保留的内容。

b. 按[FILE]键，显示程序菜单，按[▼]键选择文件名：XY。(当程序菜单中程序较多时，按[▼]键选择文件名较慢，可按[ALPHA]键，接着按所选文件名的第一个英大写字母，例如按[ALPHA][X]，屏幕则显示以X开头的文件名，然后再按[▼]键，选用[XY]。)

c. 按[EXE]，显示：R＝?，输入半径：9600。

d. 按[EXE]，显示：V＝?，输入缓和曲线长：0.000。

e. 按[EXE]，显示：N＝?，输入转角：2°29′00.″3(不带符号)。

f. 按[EXE]，显示：Q＝?，输入交点桩号：54115.210。

g. 按[EXE]，显示：W＝?，输入交点 X 坐标：2491972.8。

h. 按[EXE]，显示：K＝?，输入交点 Y 坐标：519658.430。

i. 按EXE，显示：F＝?，输入前切线正方位角：65°56′11.6″。

j. 按EXE，显示：G＝?，输入转角控制条件，－1(左转角)。

以上输入常量：即XY程序中不变的量：JD12的起算数据。以下输入变量，即XY程序中要计算的所求点的桩号：H；中一边桩距离：S；夹角E，开始计算所求点的XY值。

k. 按EXE，显示：H＝?，输入要核算点(Z157号-1)的桩号：54＋119.5。

l. 按EXE，显示：S＝?，输入－5，(Z157号-1桩位于设计线左侧5m，相当于线路中线左边桩；下同)。

m. 按EXE，显示：E＝?，输入夹角90°(此例用边桩正负控制左、右，所以夹角输入90°)。

n. 按EXE，显示：XY＝2491976.687；桩号54119.5位于左设计线中点的X值，即相当于线路中桩X值；“XY”说明此点位于圆曲上(下同)。

o. 按EXE，显示：YY＝519661.373；桩号54119.5中点Y值。

p. 按EXE，显示：MY＝2491981.206；Z157号-1的X值。

q. 按EXE，显示：NY＝519659.234；Z157号-1的Y值。

以下计算Z157号-2桩的X、Y值：

r. 按EXE，显示：H＝?，保留原输入54119.5不变。

s. 按EXE，显示：S＝?，输入－9；Z157号-2至设计线距离。

t. 按EXE，显示：E＝?，输入90°。

u. 按EXE，显示：XY＝2491976.687
v. 按EXE，显示：XY＝519661.373 } 第二次显示中桩XY值。

w. 按EXE，显示：MY＝2491984.822
x. 按EXE，显示：NY＝519657.523 } Z157号-2的XY值。

至此桩中心桩号ZK54＋119.5即桩基Z157号-1和Z157号-2的XY值已经算出，与“桩位坐标表”X和Y值相等，说明设计值正确。其余桩基核算仿上进行。

②采用“XL-XY-TS程序”计算的操作方法步骤

由于“XL-XY-TS程序”中已经把交点JD11、JD12和JD13的起算数据：R、V、N、Q、W、K、F和G储存在计算器数据库中，所以在执行“XL-XY-TS”程序时更简捷便利。它在开机，选择文件名后，不需输入上述常量，而是按EXE键，直接输入变量进行计算。下面仍以核算Z157号-1和Z157号-2桩基为例，说明“XL-XY-TS”程序计算线路所求点中边桩坐标的操作方法步骤：

a. 开机：同上；

b. 选择文件名，同上；

c. 按EXE，显示：H＝?，输入Z157号-1或Z157号-2的中心桩号；

d. 按[EXE]，显示：S=？（此程序以 S 表示中一边桩距离），输入−5，或−9；

e. 按[EXE]显示：E=?，输入 90°。

以下计算部分同上。由于操作方法步骤与“XY”程序相同，所以不再详述，读者可自己操作练习。

上述算例详细介绍了核算榄横路高架桥左幅“桩位坐标表”的方法步骤，关于榄横路高架桥右幅“桩位坐标表”的核算，可仿上进行。这里需要补充的是右幅线路线形除有直线、圆曲线外，还有一个非对称缓和曲线的圆曲线（见表 1-4 的 JD13），因此，选用程序时，应选用能计算非对称曲线的程序。作者编辑的非对称曲线 XY 计算程序（FDC-XY-JS）和线路非对称曲线 XY 通算程序（XL-FDC-XY-TS）可解决这个问题。但这两个程序尚需实践检验，待计算结果完全准确可靠时，再公开。当然，读者还可用作者的 ZH-HY、HZ-YH、HY-QZ-YH 程序来计算。

另外，在核算右幅“桩位坐标表”时，还应分析表下方的“注”，应注意右幅墩桩基是位于右设计线的右侧，因此，桩基距设计线的距离是正值。

关于线路“逐桩坐标表”（线路中线每隔一定距离，一般为 20m 的中桩坐标，见表 1-9 和表 1-10）的核算方法、步骤，可参照上述“桥桩位坐标表”的核算方法、步骤进行。

第三节　核算匝道桥桩位坐标实操案例

一、核算匝道桥桩位坐标的起算数据

核算匝道桥桩位坐标的起算数据是匝道的“直线、曲线及转角表”（也叫立交曲线元素表）中交点的要素。通常情况下，高架桥的主线都设有匝道。每个匝道的线形都受各自的曲线元素控制。

作者所施工的标段，左、右线共有 6 条匝道。茂南路立交有 A、B、C、D4 条匝道，榄横路立交有 B、C2 条匝道。设计单位每条匝道都提供了曲线元素表。本节以榄横路 C 匝道为例。其余匝道桥桩位坐标的核算仿此进行。

表 4-1 是榄横路立交曲线元素表；表 4-2 是曲线主点坐标表。图 4-3 是榄横路 C 匝道“桥桩位示意图”。

由表 4-1 和表 4-2 知：榄横路 C 匝道有 3 个交点。为了方便使用，可根据表 4-1 和表 4-2，草绘“榄横路 C 匝道曲线元素示意图”（见图 4-4）

具体选用哪个交点计算 C 匝道桥桩位坐标，可根据图 4-3 桥桩位示意图上桩位的里程桩号，结合图 4-4C 匝道曲线元素示意图来分析。

榄横路立交曲线元素表 表 4-1

(a)曲线元素表(A 匝道)

交点号	交点坐标		交点桩号	转角值	曲线要素值(m)					
	x(N)	y(E)			半径	缓和曲线长度	切线长度	曲线长度	外距	校正值
BP	2492513.435	520887.862	K0+000							
JD1	2492494.376	520773.971	K0+115.474	5°49′42.6″(Z)	800		40.726	81.381	1.036	0.070
JD2	2492458.118	520641.700	K0+252.555	4°58′30.8″(Z)	2219.5		96.425	192.728	2.094	0.121
EP	2492424.659	520551.267	K0+348.858							

(b)曲线元素表(B 匝道)

交点号	交点坐标		交点桩号	转角值	曲线要素值(m)					
	X(N)	Y(E)			半径	缓和曲线长度	切线长度	曲线长度	外距	校正值
BP	2492414.815	520524.335	K0+000							
JD1	2492354.068	520366.443	K0+169.176	7°24′11.1″(Z)	2615		169.175	337.880	5.467	0.471
JD2	2492190.429	520064.386	K0+512.239	1°53′59.3″(Y)	4500		74.612	149.210	0.619	0.014
EP	2492157.083	519997.641	K0+586.837							

(c)曲线元素表(C 匝道)

交点号	交点坐标		交点桩号	转角值	曲线要素值(m)					
	X(N)	Y(E)			半径	缓和曲线长度	切线长度	曲线长度	外距	校正值
BP	2492143.920	520095.778	K0+000							
JD1	2492155.189	520119.917	K0+026.640	1°31′34.5″(Y)	2000		26.640	53.276	0.177	0.003
JD2	2492193.252	520207.467	K0+122.103	4°08′57.2″(Z)	1900		68.827	137.594	1.246	0.060
JD3	2492294.110	520400.009	K0+339.401	2°30′09.4″(Y)	6800		148.532	297.016	1.622	0.047
EP	2492357.220	520534.466	K0+487.886							

(d)曲线元素表(D 匝道)

交点号	交点坐标		交点桩号	转角值	曲线要素值(米)					
	X(N)	Y(E)			半径	缓和曲线长度	切线长度	曲线长度	外距	校正值
BP	2492372.175	520567.011	K0+000							
JD1	2492404.544	520638.429	K0+078.411	5°36′49.4″(Y)	1599.3		78.411	156.696	1.921	0.125
JD2	2492439.691	520741.861	K0+187.526	0°10′35.9″(Z)	20000		30.830	61.659	0.024	0.000
JD3	2492481.906	520864.847	K0+317.556	8°39′39.5″(Y)	13100		99.200	198.023	3.751	0.378
EP	2492499.616	520962.454	K0+416.379							

立交曲线主点坐标表　　表 4-2

(a)A 匝道主点坐标表

匝道名称	点　名	桩　号	坐　标		方位角
			X(N)	Y(E)	
A 匝道	BP	K0＋000	2492513.435	520887.862	260°29′58.3″
	ZY	K0＋074.749	2492501.098	520814.138	260°29′58.3″
	IP0		2492494.376	520773.971	254°40′15.7″
	GQ	K0＋156.130	2492483.609	520734.694	254°40′15.7″
	IP1		2492458.118	520641.700	249°41′44.9″
	EP	K0＋348.858	2492424.659	520551.267	

(b)B 匝道主点坐标表

匝道名称	点　名	桩　号	坐　标		方位角
			X(N)	Y(E)	
B 匝道	BP	K0＋000	2492414.815	520524.335	248°57′23.1″
	IP0		2492354.068	520366.443	241°33′12″
	YZ	K0＋337.880	2492273.483	520217.693	241°33′12.1″
	ZY	K0＋437.628	2492225.969	520129.989	241°33′12.1″
	IP1		2492190.429	520064.386	243°27′11.3″
	EP	K0＋586.837	2492157.083	519997.641	

(c)C 匝道主点坐标表

匝道名称	点　名	桩　号	坐　标		方位角
			X(N)	Y(E)	
C 匝道	BP	K0＋000	2492143.920	520095.778	64°58′35.1″
	IP0		2492155.189	520119.917	66°30′09.6″
	GQ	K0＋053.276	2492165.810	520144.347	66°30′09.6″
	IP1		2492193.252	520207.467	62°21′12.4″
	GQ	K0＋190.870	2492225.189	520268.436	62°21′12.4″
	IP2		2492294.110	520400.009	64°51′21.8″
	EP	K0＋487.886	2492357.220	520534.466	

续上表

(d)D匝道主点坐标表					
匝道名称	点　　名	桩　　号	坐　　标		方　位　角
			X(N)	Y(E)	
D匝道	BP	K0+000	2492372.175	520567.011	
					65°37′05.2″
	IP0		2492404.544	520638.429	
					71°13′54.6″
	GQ	K0+156.696	2492429.772	520712.670	
					71°13′54.6″
	IP1		2492439.691	520741.861	
					71°03′18.7″
	GQ	K0+218.356	2492449.700	520771.021	
					71°03′18.7″
	IP2		2492481.906	520364.847	
					79°42′58.2″
	EP	K0+416.379	2492499.616	520962.454	

注：1.本图尺寸单位均以 m 计。

2.本图坐标采用中山独立坐标系，高程采用1985年国家高程基准。

3.本图比例为 1∶2000。

图 4-3CK0+162.68 和 CK0+187.68，在图 4-4 交点 JD2 的计算范围，因此选用 JD2 的元素：Q、W、K、R、N、V、F、G 来计算 1 号、2 号、3 号、4 号桩的坐标。

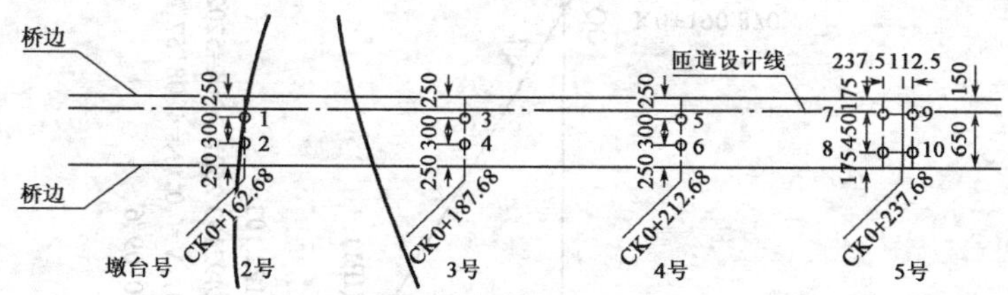

图 4-3　C 匝道桥桩位示意图

图 4-3CK0+212.68 和 CK0+237.68，在图 4-4 交点 JD3 的计算范围，因此选用 JD3 的元素：Q、W、K、R、N、V、F、G 来计算 5 号、6 号、7 号、8 号、9 号、10 号桩的坐标。

二、核算匝道桥桩位坐标的计算工具和程序

核算匝道桥桩位坐标的计算工具和程序见本章第二节“二”和“三”，本节不再介绍。

三、核算匝道桥桩位坐标的方法步骤

(一)分析匝道桥桩位与设计线的关系

分析图 4-3 知：

(1)C 匝道桥桩位位于“匝道设计线”右侧；

(2)C 匝道桥桩柱中心连线与“匝道设计线”是垂直径向关系，其夹角是 90°。

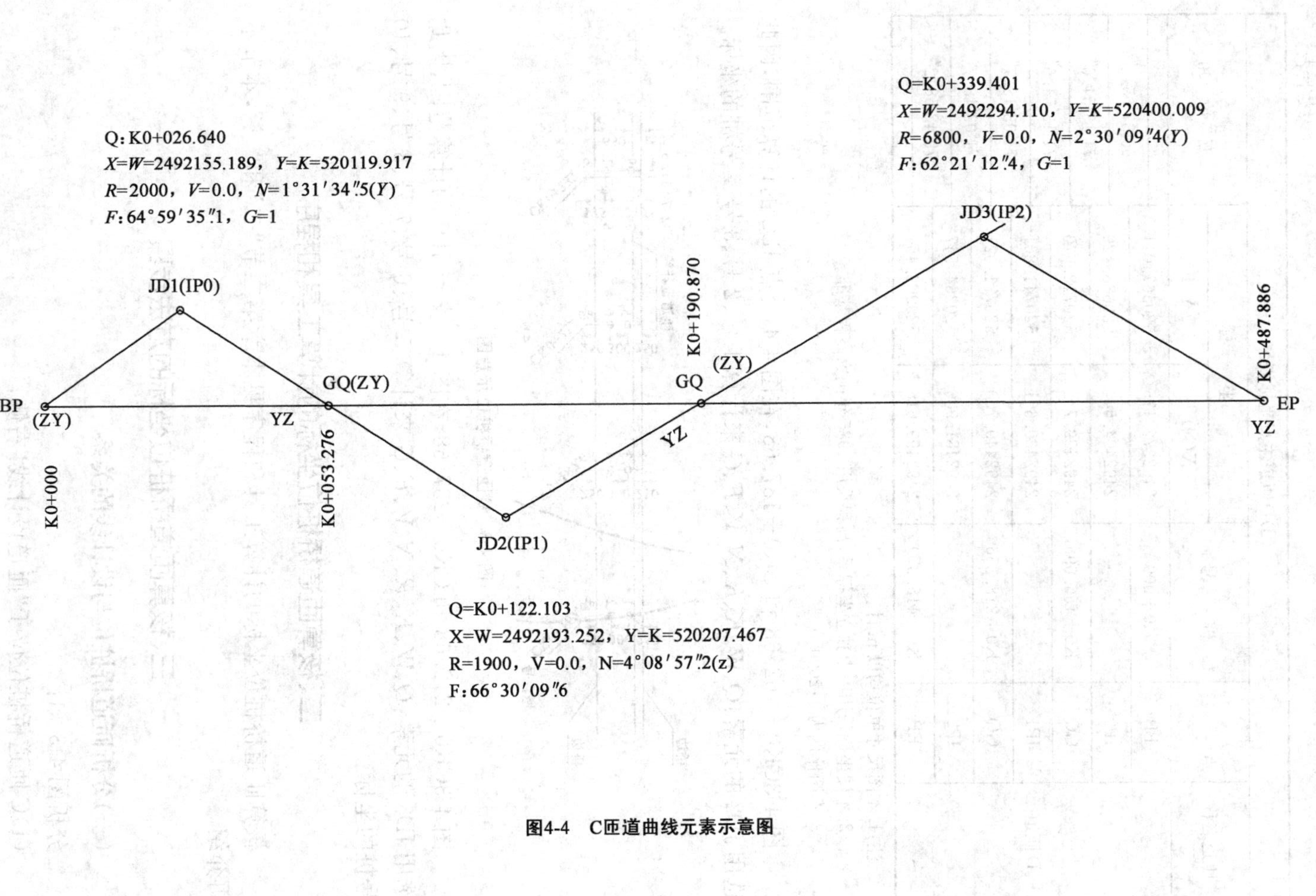

图4-4　C匝道曲线元素示意图

(二)分清匝道桥每个墩台的里程桩号

分析图 4-3 知：

2 号墩台 1 号和 2 号桩的里程桩号是:CK0＋162.68。

3 号墩台 3 号和 4 号桩的里程桩号是:CK0＋187.68。

4 号墩台 5 号和 6 号桩的里程桩号是:CK0＋212.68。

5 号墩台 7 号和 8 号桩的里程桩号是:CK0＋235.305,即 237.68－2.375＝235.305。(也叫前排桩号)。

5 号墩台 9 号和 10 号桩的里程桩号是:CK0＋238.805,即 237.68＋1.125＝238.805。(也叫后排桩号)。

(三)计算桥桩柱距设计线距离

由图 4-3 知：

(1)1 号、3 号、5 号距设计线距离：

2.5－1.5＝1.0(其中 2.5m 是桥边至桩柱中心距离,1.5m 是桥边至设计线距离)。

(2)2 号、4 号、6 号距设计线距离：

1.0＋3.0＝4.0(其中 3.0m 是桩柱间距)。

3.7 号、9 号距设计线距离：

1.75－1.5＝0.25(其中 1.75 是桥边至桩柱中心距离)。

4.8 号、10 号距设计线距离：

0.25＋4.50＝4.75(其中 4.50 是桥桩柱间距离)。

为方便计算,可将 C 匝道桥墩台里程桩号和桥桩柱距设计线距离写在表 4-3 左侧相应位置。

将选用的交点号及要素写在表 4-3 右侧相应位置。

实践中,熟练的现场测量员并不把上述数据写出,而是直接根据图 4-3 和图 4-4(或是表 4-1 和表 4-2)来计算桥桩位坐标的。这样虽然省事,但下次(或今后)再算时,又要查阅有关图表。所以作者还是推荐前述做法,这样方便今后放样再算。

四、核算匝道桥桩位坐标实操算例

以核算榄横路高架桥 C 匝道为例。设计单位提供的 C 匝道桥桩位示意图见图 4-3,C 匝道桥桩位坐标见表 4-3。关于核算采用工具、程序清单和程序执行操作方法步骤,可参阅本章第二节“五”。本节不再重述。

读者可根据上述数据自己练习。为了提高读者独立核算能力,可以榄横路 B 匝道为例(见图 4-5B 匝道桥桩位示意图及图下方坐标表),在表 4-1 和表 4-2

自己选用交点要素来核算。

C匝道桥桩位坐标表　　　表 4-3

桩　　号	距设计线距离	点号	坐标(X)	坐标(Y)	备　　注
CK0＋162.68	1.0	1号	2492211.401	520243.819	用 JD2：Q＝K0＋122.103；W＝2492193.252；K＝520207.467；R＝1900；N＝4°08′57.2″(Z)；Y＝0.0，G＝－1；F＝66°30′09.6″
CK0＋162.68	4.0	2号	2492208.723	520245.172	
CK0＋187.68	1.0	3号	2492222.824	520266.071	
CK0＋187.68	4.0	4号	2492220.164	520267.459	
CK0＋212.68	1.0	5号	2492234.391	520288.233	用 JD3：Q＝K0＋339.401；W＝2492294.110，K＝520400.009；R＝6800；N＝2°30′09.″4；V＝0.00，G＝1；F＝62°21′12.4″
CK0＋212.68	4.0	6号	2492231.729	520289.617	
CK0＋235.305	0.25	7号	2492245.456	520307.979	
CK0＋235.305	4.75	8号	2492241.456	520310.040	
CK0＋238.805	0.25	9号	2492247.059	520311.091	
CK0＋238.805	4.75	10号	2492243.059	520313.151	

注：1.设计采用坐标系统为中山独立坐标系。

2.本桥墩台桩基采用径向布置。

B匝道桥桩位示意图

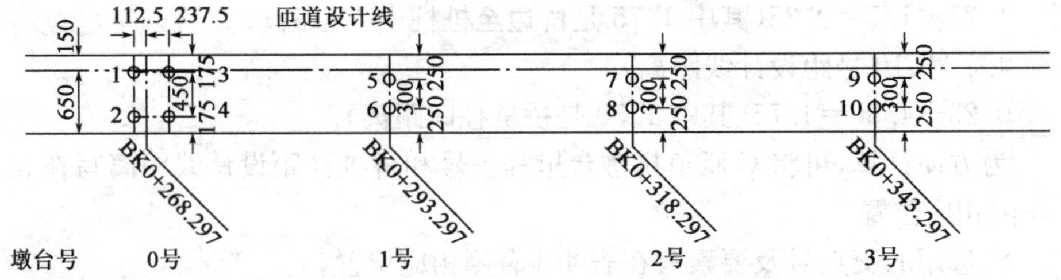

墩台号　　0号　　1号　　2号　　3号

点号	坐标(X)	坐标(Y)
1号	2492306.542	520280.199
2号	2492310.555	520278.161
3号	2492304.957	520277.078
4号	2492308.969	520275.041
5号	2492295.272	520256.611
6号	2492297.933	520255.227
7号	2492283.629	520234.477
8号	2492286.278	520233.068
9号	2492271.782	520212.454
10号	2492274.420	520211.025

注：1.设计采用坐标系统为中山独立坐标系。

2.本桥墩台桩基采用径向布置。

图 4-5　榄横路立交 BK0＋318.297 匝道桥桩位坐标表

第四节　核算路（桥）面纵向逐桩设计高程实操案例

一、核算路（桥）面纵向逐桩设计高程的起算数据

路面（含桥面，下同）纵向逐桩设计高程是控制路线纵向高低起伏（即纵坡）的依据，施工前现场施工测量应认真核算，确认正确无误后方可放样。

设计单位提供的路面设计高程，通常是写在路线纵断面图下方“设计高程”栏内，或是写在“路基设计表”中“设计高程”栏内。（见图 1-3）。

计算路面纵向设计高程的起算数据，是路线纵向的竖曲线的要素（见表 1-5 和表 1-6）：

☆ 竖曲线变坡点的里程桩号：B；

☆ 竖曲线变坡点的高程：H；

☆ 竖曲线的半径：R；

☆ 竖曲线的前纵坡坡度：I；

☆ 竖曲线的后纵坡坡度：J。

值得再三提醒的是：在路线纵断面图下方也写有竖曲线要素，当其数据与“纵坡、竖曲线表”的数据有出入时，应以“纵坡、竖曲线表”中的数据为准。

二、核算路（桥）面纵向逐桩设计高程的方法步骤

▶▶ 第一步　绘制线路竖曲线示意图。

实践中，作者每到一个新工地，先把“纵坡、竖曲线表”复印一份，然后在自己用的“高程控制笔记本”第二页绘一幅“纵坡、竖曲线要素示意图”（见图 4-6），随身带着使用，非常方便实用。并为编辑输入“线路高程计算全线通程序”提供了很大便利。

▶▶ 第二步　根据线路里程桩号，在“纵坡、竖曲线表”或“纵坡、竖曲线要素示意图”上选用核算设计高程的竖曲线起算数据。

以“榄横路高架桥右幅”逐桩设计高程为例。例如，要核算右幅 YK54＋900 至 YK55＋340 桩号间每隔 20m 桩位（见图 1-3）的设计高程，可根据这些桩位的里程桩号在“纵坡、竖曲线要素示意图”（或纵坡、竖曲线表）上那个竖曲线的计算范围内来选用竖曲线起算数据。

由图 4-6 知：

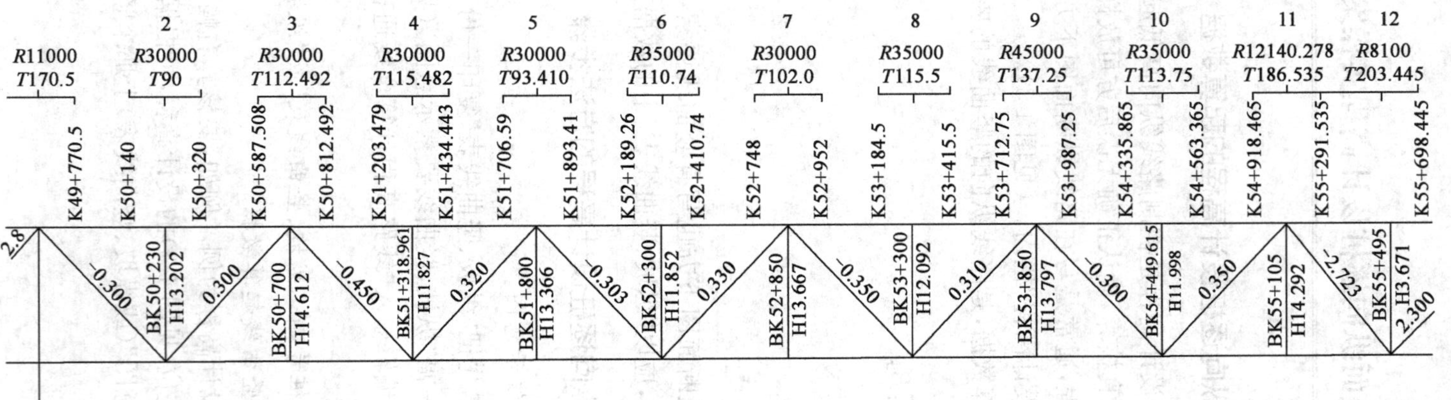

注：图上2~12是作者为了叙述方便，为竖曲线编的号。

图4-6　榄横路高架桥右线纵坡、竖曲线示意图

2 号竖曲线的计算范围是:K49＋7705 至 K50＋587.508;

3 号竖曲线的计算范围是:K50＋320 至 K51＋203.479;

4 号竖曲线的计算范围是:K50＋812.492 至 K51＋706.59;

5 号竖曲线的计算范围是:K51＋434.443 至 K52＋189.26;

6 号竖曲线的计算范围是:K51＋893.41 至 K52＋748;

7 号竖曲线的计算范围是:K52＋410.74 至 K53＋184.5;

8 号竖曲线的计算范围是:K52＋952 至 K53＋712.75;

9 号竖曲线的计算范围是:K53＋415.5 至 K54＋335.865;

10 号竖曲线的计算范围是:K53＋987.25 至 K54＋918.445;

11 号竖曲线的计算范围是:K54＋563.365 至 K55＋291.555;

12 号竖曲线的计算范围是:K55＋291.555 至 K56＋735。

这里的"计算范围"是指作者编辑的"直竖联算"(ZHLS)程序的"计算范围"。即每个竖曲线的计算范围是该竖曲线的起点桩号至终点桩号那一段以及该竖曲线前直线段和后直线段。

由上分析知:榄横路高架桥右幅(见图 1-3):

(1)K54＋900 至 K55＋280 在(11)号竖曲线计算范围内,因此,可选用(11)号竖曲线要素:B＝K55＋105;H＝14.292;R＝12140.278;I＝0.350%;J＝－2.723%来计算这一段内桩位的设计高程。

(2)K55＋300 至 K55＋340 在(12)号竖曲线计算范围内,因此,可选(12)号竖曲线要素:B＝K55＋495;H＝3.671;R＝8100;I＝－2.723%;J＝2.3%来计算这一段内桩位的设计高程。

实际上只要计算到右幅终点桩号 K55＋323.000 就可以了。K55＋323 以后的线路归下一个标段铺筑。

第三步　选用计算工具和程序清单。

作者计算线路逐桩设计高程的工具是 CASIO f_x—4800P/4850P/5800P 型计算器,使用的程序是作者编辑的线路直竖联算程序(ZFLS 程序)和线路高程计算全线通程序(XL-GC-TS 程序)。关于这两个程序详见书后附录三和附录四。

三、核算路(桥)面逐桩纵向设计高程实操算例

(一)算例

核算榄横路高架桥右幅逐桩设计高程(局部示范,见图 1-3 下部)YK54＋900 至 YK55＋340 间每隔 20m 桩位的设计高程。

(二)程序执行操作方法步骤

(1)采用 f_x—5800P 型计算器,ZFLS 程序计算的操作方法步骤:

①按[AC]键，开机；清除上次关机时屏幕上保留的内容；

②按[FILE]键，显示程序菜单，按[▼]键选择文件名；

③按[EXE]，显示：H=？，输入(11)号竖曲线(下同)变坡点高程：14.292；

④按[EXE]，显示：B=？，输入变坡点里程桩号：55105；

⑤按[EXE]，显示：R=？，输入半径：12140.278；

⑥按[EXE]，显示：I=？，输入前纵坡 0.350÷100；

⑦按[EXE]，显示：J=？，输入后纵坡－2.723÷100；

⑧按[EXE]，显示：T=186.535(切线长)；

⑨按[EXE]，显示：A=54918.465(起点桩号)；

⑩按[EXE]，显示：D=55291.535(终点桩号)；

⑪按[EXE]，显示：L=？，输入计算范围内任一桩号，例如 54900；

⑫按[EXE]，显示：M=？，此为中至边桩距离；此例不计算边桩，输入：0(下同)；

⑬按[EXE]，显示：E=？，此为横坡度；此例不计算边桩，输入：0(下同)；

⑭按[EXE]，显示：N=？，此为路面层至施工层厚度，此例计算面层输入：0(下同)；

⑮按[EXE]，显示：G=13.575，计算结果，即计算的 54900 中桩设计高程，图 1-2 设计高程是 13.575；说明设计值正确；

⑯按[EXE]，显示：U=13.575，此为边桩计算结果，此例不计算，所以显示中桩值(下同)；

⑰按[EXE]，显示：L=？，输入计算范围内另一桩号，例如 55280；

⑱按[EXE]，显示：M=？，输入 0；

⑲按[EXE]，显示：E=？，输入 0；

⑳按[EXE]，显示：N=？，输入 0；

㉑按[EXE]，显示：G=9.521，计算结果，即计算的 55280 的设计高程图 1-2 设计高程是 9.521，说明设计值正确。

以下重复按[EXE]，显示 L=？、M=？、E=？、N=？，只要输入计算范围内任一桩号，即可计算出该点的设计高程，然后与图 1-2 的设计高程比较，确定设计值是否正确。此例只能计算 K54＋900 至 K55＋280 范围内任一桩号的高程。要核算 K55＋300 至 K55＋340 范围内任一桩号高程，只要给 L=？ 输入 0，则计算器自动重头开始执行运算，这时只要输入⑫号竖曲线的起算数据就可以了。

(2)采用 f_x—5800P 型计算器，XL-GC-TS 程序计算的操作方法步骤：

由于“XL-GC-TS 程序”中已经把榄横路高架桥右线②号竖曲线至⑫号竖曲线的起算要素：H、B、R、I 和 J 储存在程序中，所以在执行“XL-GC-TS 程序”时更简捷便利。它在开机，选择文件名后，不需输入上述常量，而是按[EXE]键，直接输入变量进行计算。下面仍以核算 K54＋900 至 K55＋340 范围内每隔 20m 桩的设计高程为例，说明“XL-GC-TS 程序”计算的操作方法步骤：

①开机，同上；

②选择文件名，同上；

③按EXE，显示：L＝?，输入 54900；

④按EXE，显示：N＝?，输入 0；

⑤按EXE，显示：M＝?，输入 0；

⑥按EXE，显示：E＝?，输入 0；

⑦按EXE，显示：G＝13.575，计算结果；

⑧按EXE，显示：U＝13.575(同上)；

⑨按EXE，显示：L＝?，输入另一桩号。

以下重复③至⑧步，不再详述，读者可逐桩顺次练习。

第五节　核算桥墩柱顶设计高程实操案例

一、桥墩柱顶设计高程的核算公式

桥墩立柱施工前，现场施工测量员应对设计单位提供的柱顶设计高程进行核算，确认正确无错后方可施工。

所谓桥柱顶设计高程，是指桥桩基上立柱顶面的高程，详见图 1-6 立面 H_3、H_4、H_5；图 1-9 立面 H_1 和 H_2。图 1-6 柱顶高程形式常见于预制的小箱梁，图 1-9 柱顶高程形式常见于现浇箱梁。

桥梁施工实践中，核算柱顶设计高程，是由上往下算，即由桥面设计高程向下推算至柱顶设计高程。其计算公式尚未见于有关书面上。

作者在桥梁施工实践中，将核算柱顶设计高程计算过程，整理成如下通用公式，供读者参考使用(见图 4-7 和图 4-8)：

$$H_{柱顶} = (H_{桥中} - Di) - h \tag{4-1}$$

式中：　$H_{柱顶}$——桥柱顶设计高程；

$H_{桥中}$——桥设计线上点的高程及位于设计线右侧 1.0m 的高程；

D——桥设计线上点至桥柱中心线距离；

i——桥面横坡度；

$(H_{桥中} - Di)$——桥柱中心线上延至桥面点的高程；

h——桥面点至柱顶的高差；即桥面至柱顶间结构层的厚度。

对于预制小箱梁：

h=铺装厚度+小箱梁高度+橡胶支座高度+调平块高度+垫石高度+盖梁高度

对于现浇箱梁：

h=铺装厚度+箱梁高度+橡胶支座高度+调平块高度+垫石高度

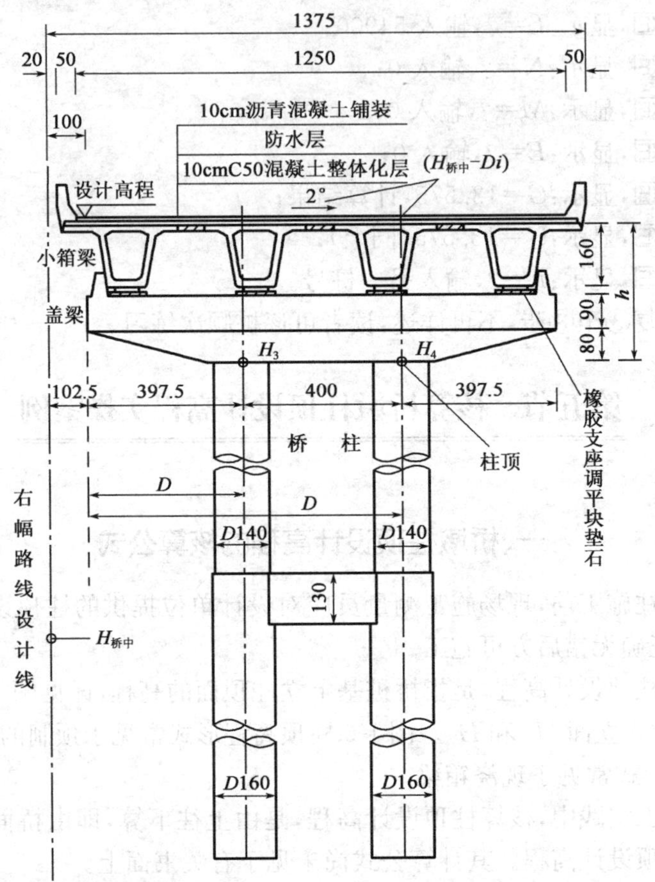

图 4-7 预制小箱梁柱顶高程计算示意图(尺寸单位:cm)

二、核算桥墩柱顶设计高程的方法步骤及实操案例

(一)分析桥墩构造参数表

分析桥墩构造参数表要结合桥墩一般构造图的立面图和侧面图。图 1-6 是榄横路高架桥 25m 小箱梁三柱式过渡墩一般构造图。图左上方是立面图、右上方是侧面图,右下角是"注",左下方是桥墩构造参数表。

分析桥墩构造参数表如下:

例如,Z176 号墩:

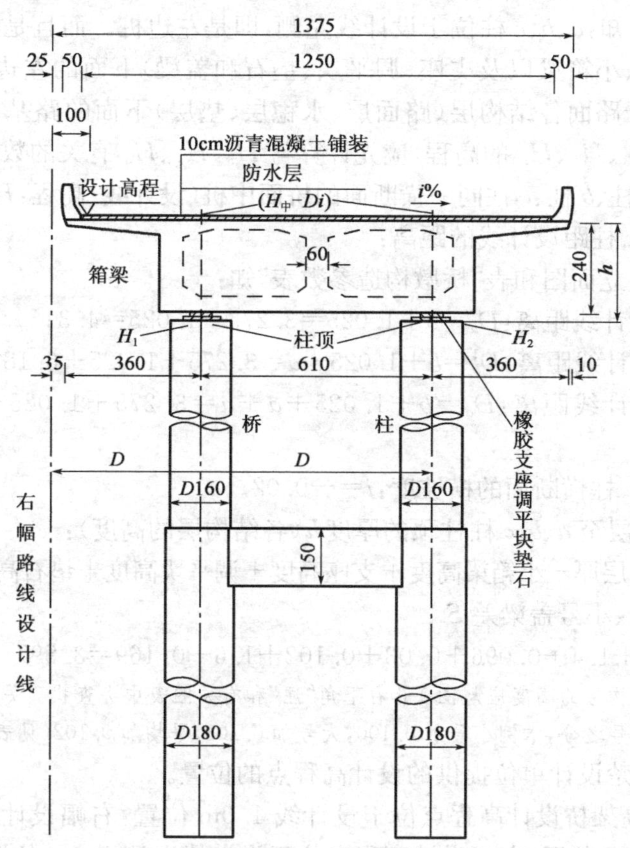

图 4-8 现浇箱梁柱顶高程计算示意图(尺寸单位:cm)

桥名:左幅;分跨线桩号:ZK54+594.5;设计高程:12.505m;墩号:Z176,伸缩缝墩;横坡(i,%):2;盖梁前端高 H_1:10.508m,盖梁后端高 H_2:10.130m;Z176 号-1 柱顶高 H_3:8.842m;Z176 号-2 柱顶高 H_4:8.719m;Z176 号-3 柱顶高 H_5:8.595m;柱底高(又叫桩顶高,又叫系梁面高)H_C:3.33m;桩底高程 H_d:−25m;a 柱柱高(也叫柱长)h_a:5.516m;b 柱柱高 h_b:5.393m;c 柱柱高 h_c:5.269m;桩长 L:28.33m;柱距 a:6.187m;柱中心线距盖梁边距 b:3.275m;盖梁长:18.924m;小号、大号支座高差 S:0.169m。

通过上述分析,应弄清设计单位所用英字母的含义及其相应的数据。

(二)计算与核算柱顶高程有关的数据

由上述分析知,设计单位提供的 Z176 号墩的 a、b、c 三根柱的柱顶高程是:

$$H_3 = 8.842;H_4 = 8.719;H_5 = 8.595。$$

我们的任务是:核算设计单位提供的这组数据的正确性。

由图 1-6 知：a、b、c 柱位于设计线左侧，即是左边桩。而且是桥面各结构层（桥面铺装层、小箱梁以及支座、调平块、垫石和盖梁）下面的左边桩（参看图 4-7）。即相当于路面各结构层（路面层、水稳层、垫层）下面的路基的左边桩。因此，要计算 H_3、H_4、H_5 的高程，应先计算与 H_3、H_4、H_5 有关的数据：

(1)与 a 柱、b 柱、c 柱同一横断面的桥面中桩（设计线）高程：$H_{桥中}=12.505$。

(2)a、b、c 柱距设计线的距离：

由图 1-6 立面图和表"桥墩构造参数表"知：

a 柱距设计线距离：$D_a=b+1.025=3.275+1.025=4.3$；

b 柱距设计线距离：$D_b=b+1.025+a=3.275+1.025+6.187=10.487$；

c 柱距设计线距离：$D_c=b+1.025+a+a=3.275+1.025+2\times6.187=16.674$。

(3)a、b、c 柱横断面的横坡度：$i=-0.02$。

(4)桥面层至 a、b、c 柱柱顶的厚度 h（各结构层的高度）：

h ＝铺装层厚＋小箱梁高度＋支座高度＋调平块高度＋垫石高度＋盖梁高＋大号、小号盖梁差 S

$=0.2+1.4+0.096+0.03+0.102+1.6+0.169=3.597$

注意：各结构层的高度应从图 1-6 右下角"注"和有关图表中去查找。另外垫石高在伸缩缝墩有小号、大号之分，本例小号加 0.100，大号加 0.103，平均加 0.102（见表 1-4）。

(5)搞清楚设计单位提供的设计高程点的位置。

榄横路高架桥设计高程点位于设计线 1.0m 位置：右幅设计高程点位于设计线右侧 1.0m 位置，左幅设计高程点位于设计线左侧 1.0m 位置。因此，前述 a、b、c 柱计算高程时，距设计线的距离，都应减 1m。即：$D_a=3.30$；$D_b=9.487$；$D_c=15.674$。

上述计算"有关数据"工作虽然很容易，但却很费精力；由于有的设计单位提供的支座、调平块、垫石等数据分散在相关图表中，要"另见相应图表"，去逐一查找，为计算者带来很大不便，因此，要耐心、细心、认真去做这项工作。

（三）计算 a、b、c 柱柱顶高程 H_3、H_4、H_5

根据前述有关数据，用公式 4-1 计算：

$$H_3=12.505-3.30\times0.02-3.597=8.842$$

$$H_4=12.505-9.487\times0.02-3.597=8.718$$

$$H_5=12.505-15.674\times0.02-3.597=8.595$$

H_4 和 H_5 也可用下述公式计算：

$$H_4=H_3-a\times0.02=8.842-6.187\times0.02=8.718$$

$$H_5=H_4-a\times0.02=8.718-6.187\times0.02=8.595$$

计算结果与设计数据相等，说明设计单位提供的柱顶高程数据正确，可用于施工放线中。若计算结果与设计单位提供数据不符，应报监理及设计单位复查。

（四）程序计算 a、b、c 柱柱顶高程 H_3、H_4、H_5 实操案例

前述手算柱顶高程，费时费力，速度慢，又易出错。一般情况下，高架桥线路都较长，桥柱数量都很大。作者所在中山东部快线工程工地，榄横路高架桥左右幅桥柱 900 多根，可见核算柱顶高程工作量之大。另外，外业要放样，内业又要核算，用手算是很难完成任务的。实践中，作者是用直竖联算程序（ZFLS 程序）或用“线路高程计算全线通程序（XL-GC-TS 程序）”来核算柱顶高程的。下面介绍其方法步骤和算例：

（1）用“ZFLS 程序”计算柱顶高程时，应先根据桥柱桩号选用竖曲线起算要素。例如上例 Z176 的桩号是 ZK54＋594.5，根据表 1-5 知，在⑩号竖曲线后直线段 ZK54＋563.365 至 ZK54＋918.6 上，同时也是在⑪号竖曲线前直线段上。因此，可选用⑩号或⑪号竖曲线的要素来计算 Z176 号的 a、b、c 柱柱顶高程。

若用“XL-GC-TS 程序”，则只要直接输入 Z176 号的桩号及前述准备的“有关数据”，就可以计算 a、b、c 柱的柱顶高程 H_3、H_4 和 H_5。

（2）程序计算实操案例

算例 1　计算 Z176 号墩 a、b、c 柱柱顶高程 H_3、H_4 和 H_5。

采用程序：f_x—5800P XL-GC-TS 程序（见附录四）。

执行程序的操作方法步骤：

①按AC键，开机，清除上次关机时屏幕上的内容。

②按FILE▼键，将光标移至“XL-GC-TS”程序。

③按EXE，显示：L＝?，输入 Z176 号墩的桩号：54594.5。

④按EXE，显示：N＝?，路面层（桥面层）至施工层（柱顶）的厚度，由于先验算桥面设计点高程，输入：0。

⑤按EXE，显示：M＝?，中桩至边桩距离，或桥墩柱至设计线距离，由于计算中桩高程，输入：0。

⑥按EXE，显示：E＝?，横坡度，输入－0.02，或 0。

⑦按EXE，显示：G＝12.505，Z176 号墩在设计线上的设计高程，计算值＝设计值，计算正确。

以上是核算 Z176 号墩在设计线上点的高程，即设计线左侧 1m 处的高程。计算值：12.505，等于“桥墩构造参数第三栏设计高程 ”：12.505，说明设计单位提供的数据正确，可往下计算柱顶高程。

⑧按EXE，显示：U＝12.505，应是边桩高程，由于只计算中桩所以 U 显示中

桩高程。

⑨按EXE，显示：L=?，继续计算柱顶高程，Z176号桩号不变仍保留：54594.5（下同）。

⑩按EXE，显示：N=?，输入桥面层至柱顶的厚度：3.597（下同）。

⑪按EXE，显示：M=?，计算a柱柱顶H_3，输入a柱到设计线左侧1m的距离：3.30。

⑫按EXE，显示：E=?，输入横坡−0.02（下同）。

⑬按EXE，显示：G=8.908（柱顶面设计线上的高程，下同）。

⑭按EXE，显示：U=8.842（a柱柱顶H_3的高程）。

⑮按EXE，显示：L=?，继续输入：54594.5。

⑯按EXE，显示：N=?，仍保留：3.597。

⑰按EXE，显示：M=?，计算b柱柱顶H_4，输入b柱到设计线左侧1m的距离：9.487。

⑱按EXE，显示：E=?，输入横坡−0.02。

⑲按EXE，显示：G=8.908（同上）。

⑳按EXE，显示：U=8.719（b柱柱顶H_4的高程）。

㉑按EXE，显示：L=?，继续输入：54594.5。

㉒按EXE，显示：N=?，仍保留3.597。

㉓按EXE，显示：M=?，计算c柱柱顶H_5，输入c柱到设计线左侧1m的距离：15.674。

㉔按EXE，显示：E=?，同上，输入−0.02。

㉕按EXE，显示：G=8.908（同上）。

㉖按EXE，显示：U=8.595（c柱柱顶H_5的高程）。

至此，Z176号墩a、b、c三柱的柱顶高程H_3、H_4、H_5计算完成，计算结果等于设计高程，说明设计单位提供数据正确，可用于施工放线。

榄横路高架桥左、右幅其余桥墩柱的柱顶高程，可仿前述方法步骤进行核算。

算例2　计算图1-6下表Y178号墩的a、b、c三柱的柱顶高程H_3、H_4、H_5。

读者可仿前述方法步骤、程序选用执行自己练习计算。

计算提示注意：

①Y176号墩的S；

②Y176号墩的a、b、c柱到设计线右侧1m处的距离。

③Y176号墩a柱与b柱间距、b柱到c柱间距。（可参看表1-8右幅桩位坐标表）。

(五)编制柱顶高程一览表

为了方便外业查用,可将核算正确的盖梁、柱顶、系梁高程编制成一览表。其表样式见表 4-4。

榄右桥盖梁、柱顶、系梁、设计高程一览表　　表 4-4

桩　　号	设计高程	墩号	盖　　梁		柱　　顶				系梁
			H_1	H_2	H_3	H_4	H_5	H_6	H_c
YK50+184.6	13.371	Y5 号	11.546	11.307	9.866	9.786			2.4
YK50+209.6	13.344	Y6 号	11.519	11.280	9.839	9.759			2.2
YK50+234.6	13.337	Y7	11.512	11.273	9.832	9.752			1.3
YK50+259.6	13.352	Y8	11.525	11.286	9.846	9.766			1.9
YK50+284.6	13.387	Y9	11.562	11.323	9.882	9.802			1.6
⋮		Y_i							
YK50+769.6	14.268	Y27	12.440	12.056	10.789	10.648	10.507		0.2
YK50+794.6	14.181	Y28	12.353	11.944	10.701	10.599	10.497	10.395	0.0

第五章　路基施工测量放样实操案例

第一节　收集路基施工设计图表并研究设计图表

作为公路工程施工现场测量员，进驻工地第一件要做的事是：收集本施工标段有关的设计图表，并认真熟悉、研究分析这些图表。公路施工实践中，路基施工的设计图表有：

1.公路平面总体设计图

通过研究分析，主要应掌握：

(1)施工公路的名称：例如京福高速公路江西境内南城段、厦昆高速公路江西境内赣州唐江段等。

(2)所修公路的线形组合：直线、圆曲线、带缓和曲线的圆曲线等。

(3)所修公路沿线地形、地物、填方段、挖方段分布情况等。

(4)主线与支线、主线与匝道关系等。

(5)主线与桥涵关系等。

2.路线纵断面图

通过研究分析，主要应掌握：

(1)线路中线纵向高低起伏情况。

(2)线路中线原地面高低起伏情况。

(3)线路中线里程桩号及相应的地面高程、设计高程、填挖高度等。

(4)线路纵向竖曲线分布情况及竖曲线凹凸形式、竖曲线要素等。

(5)线路超高段分布情况，超高方式、超高要素等。

(6)线路填方段起点、终点里程桩号、填方长度等。

(7)线路挖方段起点、终点里程桩号、挖方长度等。

3.路基横断面图

通过研究分析，主要应掌握：

(1)挖方横断面图(路堑横断面图)路面以上挖方情况：堑顶、边坡比、挖深、坡脚、碎落台、平台、面积、排水沟、横坡度等。

(2)填方横断面图(路堤横断面图)路面以下填方情况：原地面、边坡比、填高、坡脚、护坡道、平台、边沟、面积、横坡度等。

4.路面横断面结构图

通过研究分析,主要应掌握:

(1)路面层厚度。

(2)水稳层厚度。

(3)垫层厚度。

(4)路面层至路基厚度。

(5)路面层宽度:行车道、硬路肩、土路肩、中央分隔带等宽度。

(6)边坡度。

(7)路拱:路面横坡度。

5.路基设计表

通过研究分析,主要应掌握:

(1)每一横断面各里程桩号。

(2)每一横断面各里程中桩的地面高程、设计高程、填、挖高度。

(3)路面左、右幅宽度、中央分隔带宽度。

(4)路面边缘、硬路肩外边缘、行车道外边缘、中央分隔带边缘的设计高程。

(5)竖曲线变坡点桩号及高程,纵坡度及纵坡坡长、竖曲线要素等。

6.导线点成果表

通过研究分析,主要应掌握:

(1)本施工标段有哪几个导线点可用。

(2)与相邻标段连接的是哪几个导线点。

7.水准点成果

通过研究分析,主要应掌握:

(1)本施工标段有哪几个水准点可用。

(2)与相邻标段连接的是哪几个水准点。

8.直线、曲线及转角表

通过研究分析,主要应掌握:

(1)本施工标段可用的交点是哪几个。

(2)本施工标段的交点的编号、里程桩号及坐标。半径、前切线方位角、转角、切线长、曲线总长、缓和曲线长等。

(3)ZH、HY、YH、HZ 等里程桩号及坐标。

(4)是对称缓和曲线,还是非对称缓和曲线。

注意:交点要素是计算线路任一点坐标的起算数据,必须认真分析,取用正确。

9.纵坡、竖曲线表

通过研究分析,主要应掌握:

(1)本标段有哪几个竖曲线？是凸型的还是凹型的？

(2)竖曲线的要素：变坡点里程桩号、变坡点高程、前纵坡度、后纵坡度、竖曲线半径、竖曲线起、终点桩号等。

(3)竖曲线前直线段、后直线段的起、终点里程桩号。

注意：竖曲线要素是计算线路任一点高程的起算数据，必须认真分析，取用正确。

10.逐桩坐标表

通过研究分析，主要应掌握：

(1)线路纵向中线上逐桩坐标。

(2)对照“直线、曲线及转角表”，确定每个交点计算点位坐标的范围。

(3)根据导线点分布情况，确定导线点放样范围。

11.征地红线坐标

通过研究分析，主要应掌握：

(1)线路左、右两侧征地界桩的坐标。

(2)根据导线点分布情况，选用放红线坐标的导线点。

第二节　现场交验控制点

现场测量员在收集到导线点、水准点成果表后，应及时会同项目部测量工程师、监理测量工程师到施工现场实地核查控制点位。要求每点必到实地查验：

(1)核查导线点实地点位及完好程度，可否利用。

(2)核查水准点实地点位及完好程度，可否利用。

(3)核查这些控制点成果表上的点名与实地点位是否相符。

(4)相邻控制点是否通视，其密度能否满足施工现场放样需要；以及与相邻标段控制点通视情况。

(5)现场交验结束，应将交桩情况做好记录，并签字存档。

(6)现场测量员在交验控制点过程中，应注意勘察施工线路沿线地貌、地物，考虑导线复测、加密方案、考虑水准点复测、加密方案以及与相邻标段联测方案。

第三节　控制点复测和加密实操案例

一、导线点复测和加密实操案例

关于导线点复测、加密实操案例，读者可参阅本书第二章。

值得提醒注意的是，导线点加密的目的是为了方便现场放样平面位置。根据公路施工实践经验，导线点间距宜控制在300～400m(500m以上单棱镜照准较困难，影响导线测角精度)，并应考虑线路弯道影响放样点视线情况。

二、水准点复测和加密实操案例

关于水准点复测、加密实操案例，读者可参阅本书第三章。

值得提醒注意的是，水准点加密的目的是为了方便现场点的高程位置放样。根据公路施工实践经验，水准点间距宜控制在160～180m。这样水准前视法高程放样时，可一站到位不需转点，减小误差积累，提高高程放样精度。

第四节　核算逐桩坐标表

为了保证平面位置放样正确，避免放样错误，通常情况下，设计文件会要求施工单位核算"逐桩坐标表"。这一工作，应在收集资料后，便着手进行。

核算逐桩坐标表手算数量大而烦琐，速度慢且易出错。实践中，现场测量员多采用手携式可编程计算器，用程序来计算。

作者推荐卡西欧 f_x—4800P/4850P/5800P 型计算器。程序推荐作者编写的：

(1)单交点计算线路任一点中边桩坐标程序，文件名：XY。详见书后附录一。

(2)多交点计算线路任一点中边桩坐标程序(即线路坐标计算全线通程序，文件名：XL-XY-TS)。详见书后附录二。

关于前述程序执行操作方法步骤，读者可参阅本书第四章第二节"核算桩位坐标表实操案例"。

对于新手来说，作者建议在核算中桩坐标的同时，一并计算出左右边桩的坐标。这样做方便现场放样。但是，有施工经验的测量员，多是现场现算现放点位坐标的。

第五节　核算线路中桩设计高程及计算边桩设计高程

为了保证高程位置放样正确，避免放样错误，通常情况下，设计文件会要求施工单位核算线路中桩设计高程。这一工作，应在收集资料后，便着手进行。

核算线路中桩设计高程，手算数量大而烦琐，速度慢且易出错。实践中，现场测量员多采用手携式可编程计算器，用程序来计算。

作者推荐卡西欧 f_x—4800P/4580P/5800 型计算器，程序推荐作者编写的：

(1)直竖联算程序,文件名:ZFLS。详见书后附录三。

(2)线路高程计算全线通程序,文件名:XL-GC-TS。详见书后附录四。

关于前述程序执行操作方法步骤,读者可参阅本书第四章第四节“核算路面纵向设计高程实操案例”。

作者建议在核算线路纵向中桩设计高程的同时,一并算出边桩的设计高程。需要提醒注意的是,当计算到超高段时,则应事前用“超高段高程计算程序”(详见书后附录五)计算出“横坡度”。

第六节 征地红线放样

规范要求,路基施工前,应对路基用地界的具体位置标识清楚。这里的“地界”,习惯上称为红线。征地红线放样,应在现场交验导线点后,及早进行。

施工现场征地红线是路基清理地表场地的依据。现场测量员应尽早、尽快地把征地红线放到实地。

现代机械化路基施工,采用全站仪坐标法放样征地红线。它是将全站仪架置在一个已知导线点上,后视另一个已知导线点定向,然后依据征地红线点位坐标逐点放出。为了方便挖掘机师傅清理场地时搜寻目标,应在红线点位上设立醒目标志:

(1)插牢1m以上的小竹杆,其上扎彩色小旗或红塑带;

(2)插牢小树枝,其上扎红塑带或用红草绳将其串连起来;

(3)地势平坦易辨认地方,可撒石灰线。

路基施工实践经验证明,采用全站仪坐标法放样征地红线点位,速度较慢。这是由于原地面地物(树木、杂草、灌木丛,带刺荆棘、房屋等)、地貌(高低地伏、陡坎、断崖等)影响照准棱镜视线所致。遇到这种情况,应及早迁站。可用支导线法将测站支到困难地段,就近放样。

注意:当设计单位提供的是征地界距,此时应依据界距用程序算出界桩坐标,再用全站仪放线。

第七节 复核横断面图实操案例

规范及设计要求,路基施工前,应对原地面进行复测,核对或补充横断面,发现问题时,应进行处理。

关于横断面测量方法,有关书籍介绍的有:花杆皮尺法、水准仪法、经纬仪法、抬杆法、吊鱼法等。本书介绍作者在复测横断面图时,外业常用的一种实用方法，叫做“全站仪复测横断面图法”。其操作方法步骤如下：

1. 准备资料

(1)按原大小复印设计单位提供的路基横断面图；

(2)路基设计表；

(3)本标段的施工导线点；

(4)本标段的施工水准点。

2. 准备仪具

(1)全站仪、棱镜；

(2)f_x—4800P/4850P/5800P 计算器；

(3)三棱比例尺；

(4)对讲机；

(5)竹(木)桩、红塑带、油性记号笔、铁锤等。

3. 作业组织及分工

(1)观测员：负责全站仪放桩、测高；

(2)记录员：负责在横断面图量距、记录测高数据；

(3)立镜员：负责立棱镜；

(4)打桩员：负责实地钉桩及编写桩号。

4. 外业放测实操案例

案例一：填方横断面图复测

图 5-1 是××高速公路江西境内唐江段设计单位提供的 K12＋500 填方(路堤)横断面图。要复测此断面图。只要：

(1)在通视该断面图的导线点上设站，用全站仪坐标法在该断面实地放出左坡脚桩 A、左边桩 B、中桩 O、右边桩 C 和右坡脚桩 D。

(2)在放上述各点实地桩位的同时，用全站仪测高程功能测出这些点的实地高程。并将这些实测高程直接记录在断面图相应位置。

(3)将实测高程与设计图高程比较，若较差大于±(0.10～0.20)m，则应重新计算横断面面积。

一般情况下，设计单位的横断面图只提供中桩的填(或挖)高度，填(或挖)方面积。而边桩的填(或挖)的高度，则要依据比例尺从图上量取。

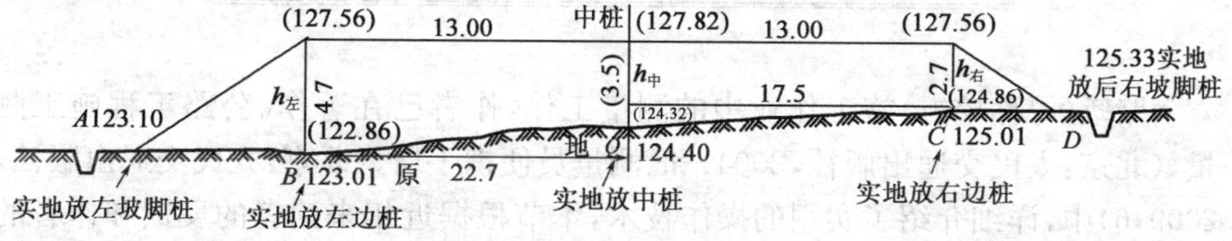

图 5-1　填方横断面图复测示意图(1∶200)

在图 5-1 中，路面中桩设计高为 127.82，从而算得左、右边桩设计高为 127.56，设计图中桩填高 $h_{中}$=3.5，原地面高是 124.32。从图量得 $h_{左}$=4.7，$h_{右}$=2.7，从而算得原地面左边桩设计高为：127.56−4.7=122.86，右边桩设计高为：127.56−2.7=124.86。这些数据都是设计图提供的。在复测横断面图时，记录员在现场应把这些数据现场算出并填写在断面图上，为示区别，把这些设计数据括起来。然后将现场放桩时测得的原地面高程：*A*：123.10、*B*：123.01、*O*：124.40、*C*：125.01、*D*：125.33 记录在断面图相应位置。将这些实测高程与图上提供的高程比较，从而判断设计单位提供的横断面正确性。

上述外业作业应注意：

(1)设站时，应注意量取仪器高、棱镜高，并将其存入仪器。

(2)计算原地面边桩坐标时，距离用中-边距 14.16，计算坡脚桩 *A*、*D* 坐标时，中-坡脚距离由记簿员现场依据比例尺在横断面图上量取；在图 5-1 中，*A-O* 虚线、*D-O* 虚线是图量距离示意。此例中：*A-O*=22.7m、*D-O*=17.5m。

(3)此法的优点是：一面复测了横断面图，一面又放出了路基中桩、边桩、坡脚实地桩位，只要在这些桩位上立杆并示以醒目标志，即可进行路基清场和填土工作。

案例二：挖方横断面图复测

图 5-2 是××高速公路江西境内唐江段设计单位提供的 K12+410 挖方(路堑)横断面图。复测此断面图的操作方法步骤仿上进行。

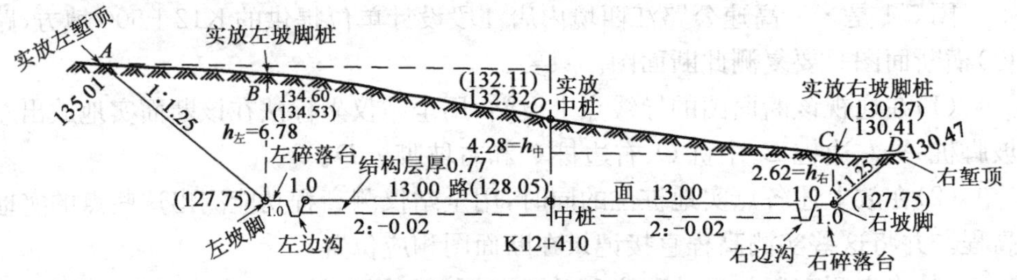

图 5-2 挖方横断面图复测示意图(1∶200)

第八节 挖方(路堑)施工测量放样实操案例

路堑(习称挖方)施工作业中的测量工作，作者已在著作《公路工程施工测量》(北京：人民交通出版社，2004)和《测量员便携手册》(北京：人民交通出版社，2009,6)中，详细介绍了实用的操作技术，本节根据近年来读者的反馈和作者的外业实践，对挖方(路堑)施工中几个重点环节中的测量工作介绍如下：

一、路堑开挖线放样实操案例

所谓路堑开挖线，即几个路堑（挖方）横断面的边坡的堑顶（坡顶）的连线。挖掘机根据此线向下开始挖方作业。

图 5-3 是××高速公路江西境内南城段设计单位提供的 K128＋850 挖方路基横断面图。图中，A 是左坡顶、D 是右坡顶。只要在实地放出挖方段每个横断面的左、右坡顶桩，这些坡顶桩的连线就是挖机开挖线。现代公路挖方施工中，多是采用先进的全站仪坐标法放出坡顶桩。采用这种方法，关键是在现场要现算坡顶桩的坐标。下面介绍计算坡顶点位坐标的一种实用方法：

(1)在挖方横断面图上，用比例尺量出坡顶至中桩的距离。

图 5-3 中虚线是图量平距和高差的方法。读者可根据自己图量经验量距。

图中，左坡顶至中桩平距图量是 31.38m，右坡顶至中桩平距图量是 19.0m。

(2)选用可编程计算器，程序计算坡顶点坐标。作者推荐 f_x—5800P 型计算器、程序采用"XY"程序（见书后附录一）。

只要能计算出坡顶点 A、D 的坐标，就可用全站仪坐标法将左、右坡顶点放到实地。

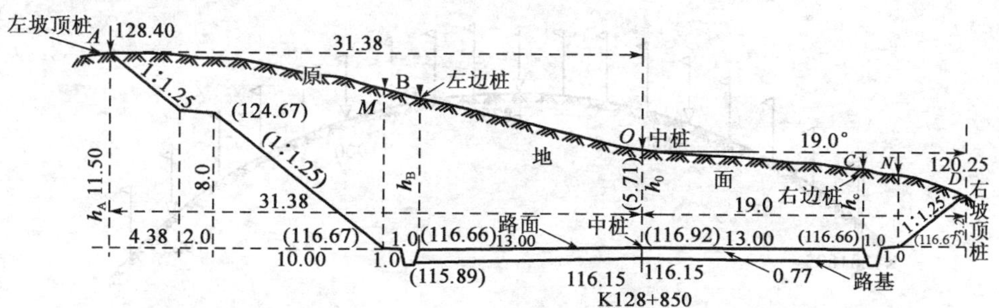

注：1.图中括号内数据是设计数据，不带括数据是图量数据。
2.图中虚线是图量方法示意。

图 5-3　路堑横断面图要素及图量数据示意图(1:200)

由于设计绘制的"路基横断面图"与实地横断面有误差，所以放出的坡顶点不可能一次到位，这就需要实地调整。实践中，用下法调整坡顶点位：

(1)在用全站仪坐标法放出坡顶 A、D 桩的同时，用全站仪测高功能，测出 A 及 D 的实地高程 H_A 及 H_D。

(2)用下式计算 A 及 D 的实际平距：

$$D_A = (H_A - H_{左坡脚}) \cdot m + B/2 + S + K \tag{5-1}$$

式中：H_A——全站仪测出的 A 坡顶点的实地高程；

$H_{左坡脚}$——A 边坡的坡脚设计高程（可事先计算出，亦可用路面边桩设计高程）；

m——挖方边坡比分母(此例中,m=1.25);

$B/2$——路面半幅宽度(此例中,$B/2$=13.00);

S——路堑边沟宽与碎落台宽度之和(此例 S=1.0+1.0=2.0);

K——边坡平台宽,此例中,K=2.00。

本例中,$H_A=128.40$,$H_{左坡脚}=116.67$,则:

$$D_A=(128.40-116.67)\times1.25+13.00+2+2$$
$$=31.66$$

(3)实地调整坡顶A点位置。

将实测计算的 D_A 与图量 D_A 比较,实测 D>图量 D,在中桩至边桩方向线上(目估方向)用小钢尺向内移,反之,向外移。本例 $D_{A实}>D_{A量}=31.66>31.38=0.28$,应向内量0.28,才是 A 坡顶正确位置。

(4)右坡顶 D 与左坡顶 A 同法处理。

上述操作只是放出了一个挖方横断面的左、右坡顶桩,当用上述方法把整个挖方段的每个横断面边坡的坡顶都在实地放出后,应在其桩点上插立小竹杆或树枝等,并在其上扎醒目彩旗,或用红草绳将这些点串连起来,或放石灰线,这样挖方开挖线便在实地放出来了,见图5-4。挖掘机根据此线开始下挖作业。

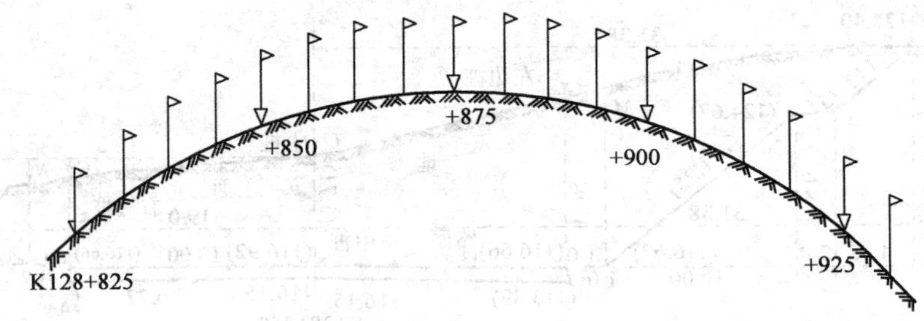

图5-4 开挖线示意图

二、下挖高程控制及边坡控制实操案例

(一)下挖高程控制实测案例

图5-5是××高速公路K128+850断面下挖控制高程及控制边坡面示意图,图中虚线部分是已挖部分,$PM'B'O'$ 是挖后现状地形。挖机继续下挖,现场测量员应在每挖3~5m深,将下挖深度通知现场施工员,为此现场测量员可按下述方法步骤操作:

(1)用全站仪坐标法复放中桩、边桩、坡脚桩。

(2)在放这些桩位的同时,用全站仪测高功能测出这些标位实地高程。

(3)按下式计算下挖深度:

$$h_{下} = H_{实} - H_{设} \quad (5\text{-}2)$$

式中：$H_{实}$——用全站仪测得的施工现场复放桩位的高程；

$H_{设}$——复放桩位在路基面上的设计高程。其中，坡脚应是路面设计高程。

此例中：$M'B'O'$实测高程为：

$$H_{M'} = 122.07$$

$$H_{B'} = 121.96$$

$$H_{O'} = 121.22$$

其相应的设计高程为：

$$H_{M''} = 116.67$$

$$H_{B''} = 115.89$$

$$H_{O''} = 116.15$$

则中桩还应下挖： $h_{中} = 121.22 - 116.15 = 5.07$

才可达到路基设计面。

边桩还应下挖：

$$h_{边} = 121.96 - 115.89 = 6.07$$

才可达到路基设计面。

坡脚桩还应下挖：

$$h_{坡脚} = 122.07 - 116.67 = 5.4$$

才可达到坡脚设计面高。

(4)将计算的下挖深度，交于现场施工员。并现场指认复放的桩位。

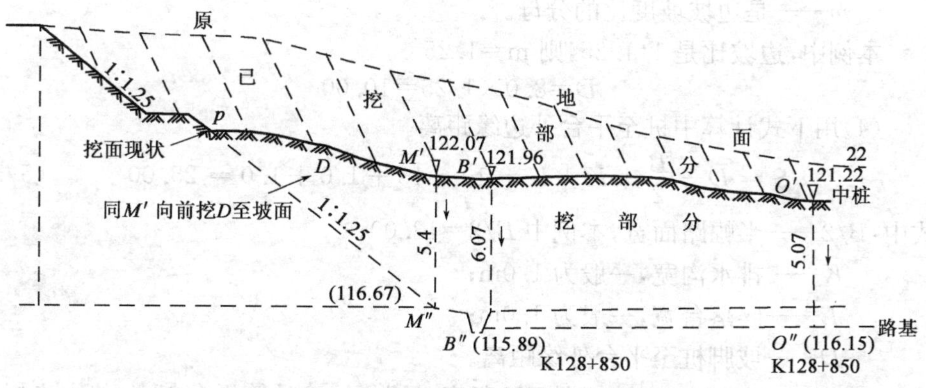

图 5-5 下挖控制标高及控制边坡面示意图(1:200)

(二)下挖边坡面控制实操案例

边坡面下挖控制，一方面可沿已挖好边坡下沿下挖，另一方面现场测量员可按下式计算的数据通知现场施工员指挥边坡下挖：

$$D = h_{坡脚} \cdot m \tag{5-3}$$

式中：$h_{坡脚}$——下挖中实测坡脚高程与设计坡脚高程之差；

m——挖方边坡坡度比的分母。

本例中：　　$h_{坡脚}=5.4, m=1.25$

则　　$D=5.4\times1.25=6.75$

即由 M′向前量 6.75m 就是边坡面。将此数据，书面通知现场施工员，由他指挥挖机下挖边坡。

三、挖方边坡平台放线实操案例

图 5-6 是××高速公路江西境内南城段 K128＋825 至 K128＋900 挖方段左侧地形图。在高程 124.50m 左右一平台。在挖机自上而下的挖土过程中，应适时的放出此平台线。下面介绍作者在平台放线中采用的实用技术的操作方法步骤：

(1)看挖方段横断面图，弄清平台起、终点里程桩号。例如本例中，平台起点桩号是 K128＋825，平台终点桩号是 K128＋900。

(2)根据规范及设计要求挖深每超过 8m 设一级平台，计算平台起点高程、终点高程。

本例中：平台起点高程：116.78＋8.0＝124.78。

平台终点高程：116.45＋8.0＝124.45，其中：116.78、116.45 是坡脚高。

(3)用下式计算坡脚桩到平台外边缘距离：

$$D = 8.0 \times m \tag{5-4}$$

式中：8.0——是坡脚到平台的高度；

m——是边坡坡度比的分母。

本例中，边坡比是 1∶1.25，则 m＝1.25

$$D=8.0\times1.25=10.00$$

(4)用下式计算中桩至平台外边缘距离。

$$S = D + \frac{B}{2} + K + L = 10 + 13 + 1.0 + 1.0 = 25.00 \tag{5-5}$$

式中：$B/2$——半幅路面宽，本例中 $B/2=13.00$；

K——排水沟宽，一般为 1.0m；

L——碎落台宽，一般为 1.0m；

D——坡脚桩至平台外缘距离。

(5)用 f_x—5800P 型计算器 XY 程序(见附录一)计算平台起点、终点坐标。

①根据平台起点、终点桩号，选用交点起算要素；

②根据平台起点桩号，中桩至平台外缘距离，夹角计算平台起点 XY 坐标值；

③根据平台终点桩号，中桩至平台外缘距离，夹角计算平台终点 XY 坐标值。

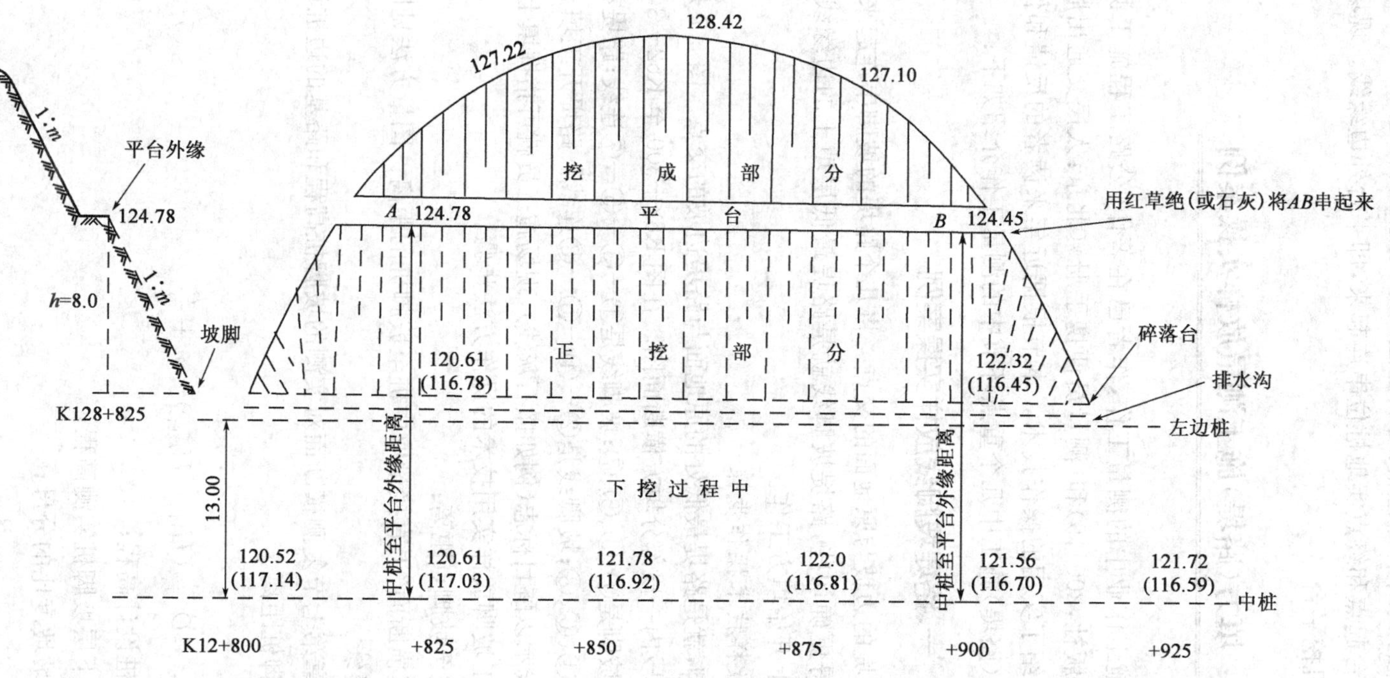

注：1.图中实线为已挖成部分，虚线为下挖部分。

2.图中括号内数据为设计高程，不带括号数字为实测高程。

3.路拱为-0.02，纵坡-0.0044。

4.中桩至坡脚15.0m。

图5-6 下挖路堑及平台放线示意图

(6)用全站仪坐标法，放出平台起点、终点桩位。并设立醒目标志。

(7)用红草绳把平台起点和终点实地桩位串连起来，即平台外边缘线。现场施工员据此线指挥挖机挖平台。

第九节　填方(路堤)施工测量放样实操案例

路堤(习称填方)施工作业中的测量工作，作者已在著作《公路工程施工测量》(北京：人民交通出版社，2004，9)和《测量员便携手册》(北京：人民交通出版社，2009，6)中，详细介绍了实用的操作技术。本节根据近年来读者的反馈和作者的外业实践，对填方(路堤)施工中几个重点环节中的测量工作介绍如下：

一、路堤坡脚线放样实操案例

路堤坡脚，就是路堤的边坡与原地面的交点。将几个路堤的坡脚串连起来，就是路堤坡脚线。说得更确切些，路堤坡脚线就是路堤最低层填土的边缘线。现场施工根据此线向上开始填方工作。

1.路堤开工坡脚放样技术操作步骤

路堤开工时的坡脚，就是路堤最低处的原地面与路堤边坡的交点。图5-7是××高速公路B4合同段内一段部分填方横断面图。在图K62+300至K62+360中，路堤左侧开工时的坡脚是①、③、⑤、⑦；坡脚线是①－③－⑤－⑦连线；路堤右侧开工时的坡脚是②、④、⑥、⑧；坡脚线是②－④－⑥－⑧连线。路堤开工填土时，只要将左、右坡脚线示以醒目标志(例如撒石灰线)，现场施工员就可指挥填土。

下面介绍路堤开工坡脚放样实用技术的操作方法步骤。

(1)计算路基中桩至坡脚点距离：

方法一　在“路基横断面”上直接量取中桩至坡脚桩的距离。图量方法见图5-7中各横断面图的虚线。

方法二　利用本章第七节复测横断面对实测的坡脚桩高程和路基的边桩设计高程计算中桩至坡脚桩距离。

计算公式：

$$D=(H_{边}-H_{坡脚})\cdot m+\frac{b}{2} \tag{5-6}$$

式中：$H_{边}$——路基边桩设计高程；

$H_{坡脚}$——路堤最下层坡脚桩实测高程；

m——路堤边坡坡度比的分母；

$b/2$——路基半幅宽：$b/2=\frac{B}{2}+N\cdot m$(N：路面至路基厚度)。

例题：图 5-7 K62＋300 中，$H_{边}$＝(53.939－0.79)－(13.00＋0.79×1.5)×0.02＝53.149－14.19×0.02＝52.865；$H_{坡脚}$＝44.01；$b/2$＝13＋0.79×1.5＝14.19，边坡比＝1∶1.5，则①号坡脚桩至中桩距离：

$$D=(52.865-44.01)\times 1.5+14.19$$
$$=13.28+14.19=27.47$$

(2)根据路堤横断面图里程桩号，选用交点法计算坐标起算要素。

(3)选用 f_x—5800P 型计算器 XY 程序计算①号坡脚桩 XY 坐标值。

(4)采用全站仪坐标法实地放出①号坡脚桩。

(5)同法计算其余各坡脚桩至中桩距离，采用交点法，用 f_x—5800P 型计算器 XY 程序（见书后附录一）计算出各坡脚桩坐标，用全站仪坐标法实地放出各坡脚点，然后将相邻坡脚点串连起来，示以醒目标志（撒石灰线等）指导填土作业进行。

2. 路堤上填过程中的坡脚放样技术操作步骤

填方路堤的坡脚，随着填土工程进度，填土高度逐渐降低而路基宽向内收紧。当填至路基设计高程，填方高度为零时，坡脚亦为零。因此，在填方施工中，应随着工程进度而控制填方的坡脚。

实践中，常采用全站仪坐标测高法控制填方施工中的坡脚。下面介绍这种方法的操作步骤（见图 5-8）：

(1)当最低层坡脚放样后，每填高 2～3m，用全站仪坐标法复放路堤中桩和左、右边桩。以此控制填方段纵向路线线形和路基横向宽度（见图 5-8 中 A'、O'、B'）。

(2)在用全站仪坐标法复放路堤中桩和左、右边桩的同时，用全站仪测高功能测出填筑面中桩和左、右边桩实地高程（见图 5-8 中 $H_{A'}$、$H_{O'}$、$H_{B'}$）。

(3)用下式计算中桩至坡脚桩的平距：

$$D=(H_{边设}-H_{边测})\cdot m+\frac{b}{2} \tag{5-7}$$

式中：$H_{边设}$——路基边桩的设计高程；

$H_{边测}$——同一边桩的实测高程（即填筑面实地高程）；

m——路堤坡坡度比分母；

$b/2$——路基中桩—边桩距离。

(4)根据路基横断面里程桩号，中桩至坡脚桩平距 D，夹角 90°，选用 f_x—5800P 型计算器交点法计算坐标程序（XY 程序），现场计算坡脚桩坐标。

(5)用全站仪坐标法放出左、右坡脚桩 E、F。

(6)当把整个正在填的每个横断面边坡的坡脚都放出后，用醒目的白石灰线将其串连起来，方便现场施工员指挥填土。

例如图 5-8 中，K62＋300 中桩，左、右边桩路基设计高程为（图中 OAB）：

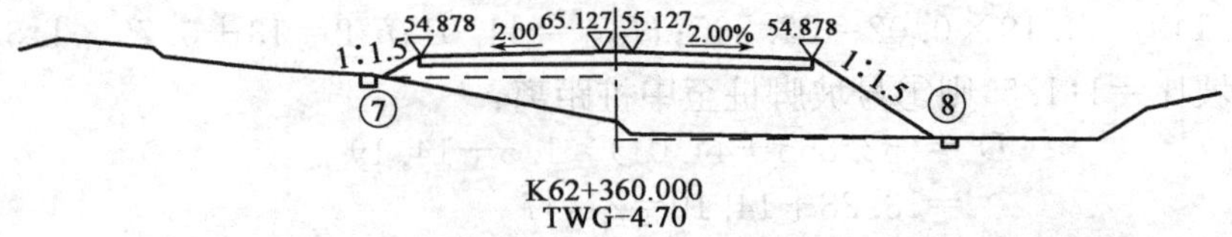

AW-1.4　AT-137.3
ZLJK-13.00　YLJK-13.00
ZYDK-16.27　YYDK-22.13

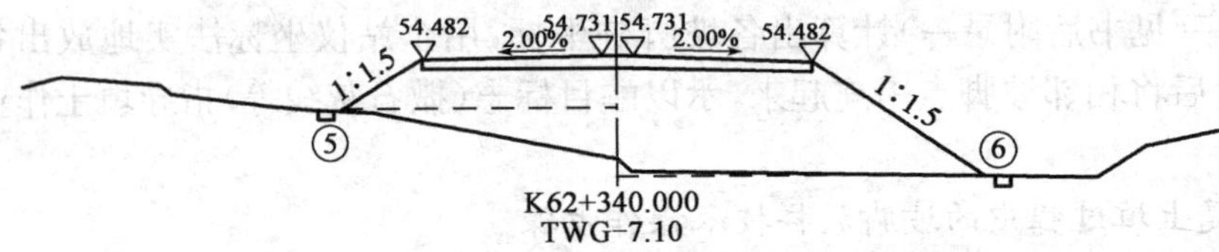

AW-1.3　AT-236.4
ZLJK-13.00　YLJK-13.00
ZYDK-19.46　YYDK-25.77

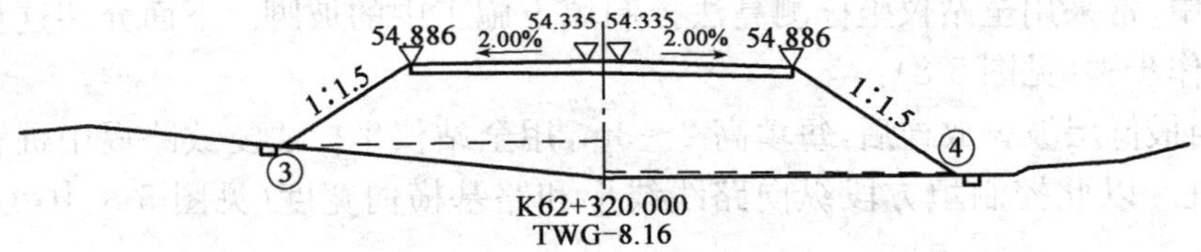

AT-1.4　AT-276.3
ZLJK-13.00　YLJK-13.00
ZYDK-22.83　YYDK-25.29

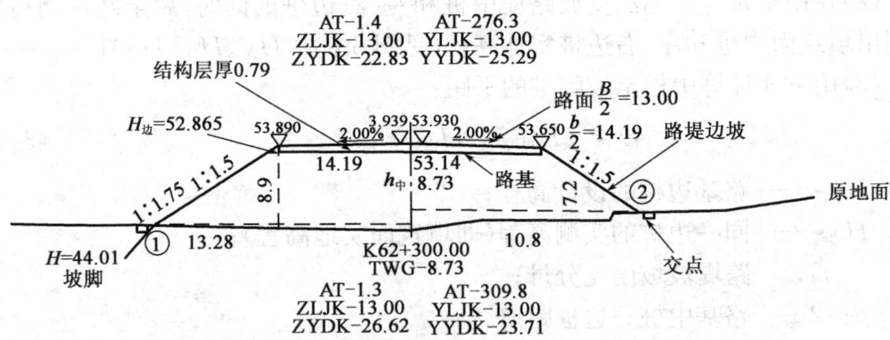

AT-1.3　AT-309.8
ZLJK-13.00　YLJK-13.00
ZYDK-26.62　YYDK-23.71

注：1.本图中填挖方边沟仅为示意，具本型式详见路基排水设计。
　　2.桥梁段落断面亦为示意，详见桥梁设计。

图 5-7　路堤开工坡脚放样示意图

$$H_{中}=53.149$$
$$H_{左}=H_{右}=52.865$$

该断面上填 2～3m 后，复放的中桩，左及右边桩实测的高程为(图中 $O'A'B'$)：

$$H_{O'}=47.219$$
$$H_{左'}=46.892$$
$$H_{右'}=48.425$$

则该断面还应继续上填：

$$h_{中}=53.149-47.219=5.93$$
$$h_{左}=52.865-46.892=5.973$$
$$h_{右}=52.865-48.425=4.44$$

则，填筑面上中桩至坡脚桩平距(见图 5-8$O'E$ 和 $O'F$)：

$$O'E=14.19+5.973\times1.5=23.15$$
$$O'F=14.19+4.44\times1.5=20.85$$

据此平距，选用 f_x—5800P 型计算器 XY 程序计算 E、F 坡脚的 XY 坐标进行放样。

这里应提醒注意的是，为了保证路基压实宽度，每次放左、右边桩时加宽 0.3～0.5m。在施工过程中，应及时测量路堤碾压成型的宽度，严防路堤压实后宽度不够。

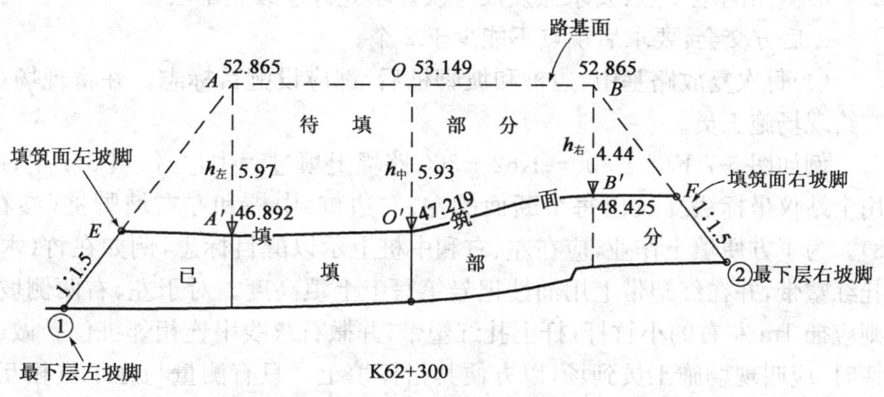

图 5-8 路堤上填中坡脚放样示意比例尺

二、路堤纵向线形控制实操案例

规范规定："对深挖高填路段，每挖填 3～5m 或者一个边坡平台(碎落台)应复测中线和横断面"[《公路路基施工技术规范》(JTG F10—2006 3.2.6.3]。这样要求的目的是为了控制路堤上填作业中路基纵向线形走向、横向路基宽度，竖向路基填土高度。

为了保证路堤段线路纵向走向线形正确，现场测量员应按下述步骤适时地进行路堤施工放线：

(1)路堤施工前应核算设计单位提供的“逐桩坐标表”。

(2)通常情况下，设计单位只提供中桩坐标。左、右边桩坐标或线路临时增设新断面的坐标，都要现场测量员自己计算；实践中，有的测量员，习惯于现场现放现算；有的测量员，则把线路左、中、右逐桩坐标打印装订。供放样时取用。作者推荐后一种做法，但是建议在第一次放线路左、中、右桩位时，应在测站上用 f_x—5800P 型计算器 XY 程序放哪个点，就核算哪个点，确保放样点坐标正确无误。这样在第二次或以后每次复放桩位时，就可大胆使用表中数据。公路施工实践证明，线路中、边桩复放，在路基施工全过程中，是项重复多次的作业，一个点重复放 10 次、20 次的不少见。因此只有确保第一次使用的 XY 数据正确，才能保证以后多次都不会出错。

(3)现代机械化公路路基施工，都是采用全站仪坐标法复放路基中、边桩点位的。这就要求现场测量员：

①能熟练地操作各种型号的全站仪。

②能根据施工段地形，通视情况，灵活地用以下方法设站：

a. 坐标法支点：要求只发展一次。不允许连续支下去。

b. 测角测距支点：要求只发展一次。不允许连续支下去。

c. 后方交会：要求后视点不能少于 2 个。

(4)每次复放路基中、边桩和坡脚桩后，都应设醒目标志。并将现场点位移交给现场施工员。

例如图 5-7 K62＋300～K62＋360 路堤上填过程中，当每填 3m 左右，就应用全站仪坐标法复放出每个断面的左、右边桩、中桩和左右坡脚桩(参看图 5-8)。为了方便填土作业，应在左、右和中桩上示以醒目标志，例如在竹(木)签上扎红塑带，并在红塑带上用油性记号笔写上上填高度。对于左、右两侧坡脚桩，则应插 1m 左右的小竹杆，杆上扎红塑带，并撒石灰线串连相邻桩位。做这些事情时，应叫现场施工员到场，以方便其指挥填土。只有测量与施工员相互配合，才能确保路基线形、宽度、高度满足规范和设计要求。那种只管放桩、图清闲走人，不顾其他的做法是不负责任的行为。这种行为，应坚决纠正。

第六章 公路平交口施工测量放样实操案例

第一节 看图分析设计单位提供的平交口类型及数据

平交口(也叫平面交叉)是公路常见线形之一,亦是公路施工的一个重要部分。对公路施工测量来说,是重要的放线任务之一。

关于平交口放线技术,不管是理论上,还是实践操作上,现行出版的有关公路施工测量的书籍和教材,都未述及。

本节是作者在公路多年施工测量实践中,现场放样平交口技术方法的经验总结。

现场测量员放样平交口的依据是设计单位提供的"平面交叉平面设计图"。测量员用智慧和技术,把平交口设计图形放样到实地,供现场施工员指挥施工。

这里关键的问题是看图、识图,熟悉设计图上平交口的各种形式以及图中提供的"数据"。

图 6-1 是广东省中山市东部快线工程 ZK55+100.139(YK55+097.073)沿江路平面交叉平面设计图。

图 6-2 是泉州至南宁高速公路兴国连接线 K10+819.112 处平面交叉平面设计图。

认真读图 6-1,仔细分析知该图中设计单位提供的平面交叉形式(四种类型)及数据。

1. I 型

设计单位提供的数据是:

(1)平交曲线 A、B 两端点(即 AB 弦两端点)的 XY 坐标值。

(2)半径 R。

(3)圆心 O 的 XY 坐标值。

2. II 型

设计单位提供的数据是:

(1)平交曲线 A 端点(即弦的 A 端点)的 XY 坐标值。

(2)平交曲线 B 端点(即弦的 B 端点)的 XY 坐标未知,但从图知,B 端点的 XY 值可以算出。

(3)半径 $OA(R)$ 已知。

(4)半径 $OB(R)$ 未知,但提供了 OB 半径连线上 P 点的 XY 坐标值。

(5)圆心 O 的 XY 坐标值。

3. III 型

设计单位提供的数据是:

(1)平交曲线 AB 两端点(即 AB 弦两端点)的 XY 坐标值。

(2)平交曲线前直线段上 C 点的 XY 坐标值。

(3)平交曲线后直线段上 D 点的 XY 坐标值。

4. IV 型

设计单位提供的数据是:

平交曲线 AB 两端点(即 AB 弦两端点)的 XY 坐标值。

认真读图 6-2,仔细分析知该图中设计单位提供的平面交叉形式(两种类型)及数据。

5. V 型

设计单位提供的数据是:

(1)半径 $R=87.50$m。

(2)平面交叉起点 A 在主设计线的里程桩号:K10+749.526。

(3)平面交叉终点 B 在支线设计线的桩号:K0+080。

(4)平交曲线起点 A 到设计中线的距离:$D=7.0/2+1.75+0.75=6.0$m。

(5)平交曲线终点 B 到支线设计线的距离:$D=7.0/2+1.75+0.75=6.0$m。

6. VI 型

设计单位提供的数据是:

(1)半径 R。

(2)平交曲线 B 端点在主设计线上的里程桩号。

(3)平交曲线的另一端与直线相交点 A;分析 A:图中 AC 或 AD 可以比例尺图量取得。C 及 D 是平面交叉终点 K10+880 横断面右左两点,其坐标可计算。

上述六种平面交叉类型,虽然不是公路平交口类型全部,但却是公路平交口施工常见的基本类型,只要掌握了这几种类型的放样技术,就基本上能够胜任公路平交口施工中的放样工作。

第二节 平交口放样实用技术

作者在公路施工平交口作业中，常采用下述4种技术，在现场放出平面交叉线形：

(1)现场几何作图法。

(2)弦线垂距法。

(3)全站仪坐标法。

(4)弦线垂距坐标法。

一、现场几何作图法(见图6-3)

1.已知条件

(1)半径已知，要求半径小于50m。

(2)圆心坐标已知。

(3)平交曲线两端点坐标已知。

(4)现场较平坦、开阔。

2.适用图型

适用图6-1中I型和II型。

II型平交曲线 B 端点坐标未知，但 OIB 三点在同一条半径上，且 O、I 坐标已知，IB 距离已知，这样，可用直线坐标程序计算出 B 端点坐标。关于直线坐标计算程序，读者可参阅作者著作《测量员便携手册》(北京:人民交通出版社，2009,6)。

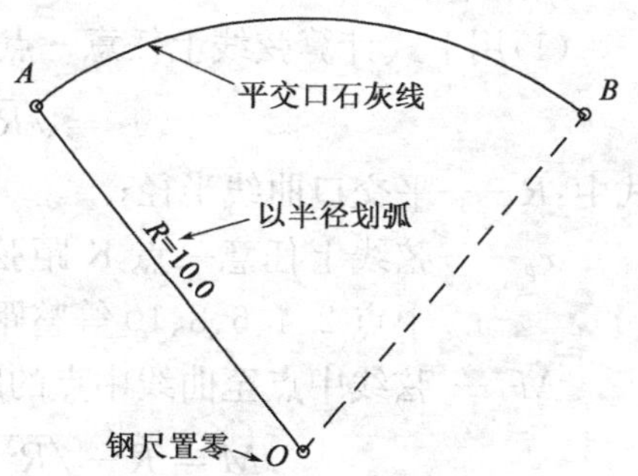

图6-3 现场划平交口示意图

3.操作技术

(1)用全站仪坐标法或用经纬仪钢尺极坐标法或用经纬仪标尺极坐标法等方法把圆心 O、曲线两端点 A 和 B 放到实地打桩标志。

(2)用钢尺以实地圆心 O、半径 R 为长度画过 A、B 端点的圆弧，即平交曲线。

(3)在画出的圆弧上撒石灰线，醒目标志。现场施工员以此线为据，指挥平交口施工。

二、弦线垂距法

1.已知条件

(1)半径已知。

(2)弦长已知。

(3)现场较平坦开阔。

2. 适用图型

(1)适用图 6-1I 型、II 型;此两图半径已知,弦长可用平交曲线两端点坐标反算。

(2)适用图 6-1III 型;此图弦长可用平交曲线两端点坐标反算;半径可图量取得,亦可用计算方法求得。图量半径或计算半径方法详见本章第三节。

(3)适用图 6-1IV 型。此图弦长可用平交曲线两端点坐标反算;半径可图量或计算求得,其方法详见本章第三节。

(4)适用图 6-2V 型、VI 型;此两图半径已知,平交曲线两端点坐标可计算求得,然后再用两端点坐标反算弦长。其方法详见本章第三节。

综上分析知,只要平交口曲线半径、弦长已知,就可用弦线垂距法放样。

3. 操作方法

(1)用下式计算弦线上任意一点 K 距弦中点距离 X_p 的支距 Y_p

$$y_p=\sqrt{R^2-x_p^2}+M-R \tag{6-1}$$

式中:R——平交口曲线半径;

x_p——弦线上任意一点 K 距弦线中点之距离。实践中 x_p 常取用 K 点距中点 2、4、6、8、10 等整距离;

M——弦线中点至曲线中点的距离,术语叫该弦线的中央纵距。

$$M=R-\sqrt{R^2-(C/2)^2}\ (C\text{:弦长}) \tag{6-2}$$

(2)弦线垂距法放平交口曲线方法(见图 6-4)

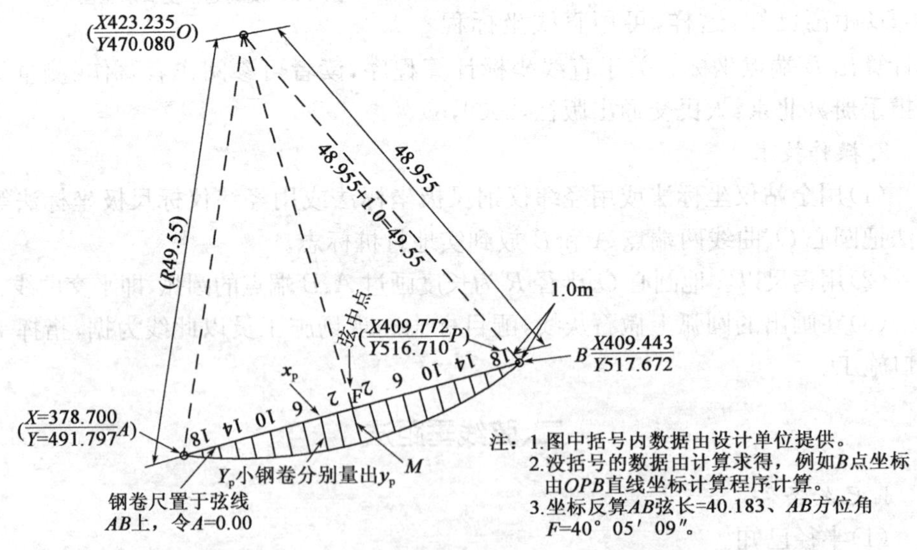

图 6-4 弦线垂距法放平交口示意图

操作方法：把钢卷尺置于弦线 AB 上，令弦中点 $F=0$m，然后在 0、2、4、6、8、10……20m 处用小钢尺分别量出垂距 $M=4.26$，$Y_p=4.22$、4.09、3.89、3.61、3.24……0.87、0.04（Y_p 计算值见表 6-1）打桩标志。

弦线垂距法放平交口数据计算　　表 6-1

平交口已知要素	半径 R (m)	A		B		弦长 C (m)	AB 方位角		圆心 O		
		X(m)	Y(m)	X(m)	Y(m)				X(m)	Y(m)	
放样数据	49.55	378.700	491.797	409.443	517.672	40.183	40°05′09″		423.235	470.080	
X_p(m)	0	2	4	6	8	10	12	14	16	18	20
Y_p(m)	4.26	4.22	4.09	3.89	3.61	3.24	2.78	2.24	1.60	0.87	0.04
计算公式	$M=R-\sqrt{R^2-(C/2)^2}$ $Y_p=\sqrt{R^2-X_p{}^2}+M-R$										

注：1. 由于弦中两侧对称，只需计算弦中点至 A 点的 Y_p。

2. 弦长 C、AB 方位角 F 为计算值。

由于弦中点距平交口两端点 A、B 等距，所以用弦线垂距法放样平交口曲线时，是把一条曲线分成两个半曲线来操作的，即从弦中点放到 A 点；再从弦中点放到 B。

三、全站仪坐标法

1. 已知条件

平交口曲线（圆弧）上任一点的 XY 坐标值已知。此坐标值设计单位没有提供。要求测量员现场放样时，现算现放。为了计算圆弧上任意一点的坐标，必须已知：

（1）平交口曲线的半径；

（2）平交口曲线起点的 X、Y 坐标值；

（3）平交口曲线终点的 X、Y 坐标值；

（4）平交口曲线上任意一点至曲线起（终点）距离；

（5）平交口曲线偏转方向：左偏，还是右偏；

（6）平交口曲线切线方向角。

2. 适用图型

无论什么图型的平面交叉曲线，只要曲线上任意一点的 XY 坐标值已知，都可选用全站仪坐标法放样。

3. 操作技术

（1）在平交口曲线附近导线点（或临时发展的测站点）上设置全站仪（对中、整平）；

(2)后视已知导线点定向；

(3)现场现算放样点坐标；用全站仪坐标法放样功能，逐点放出平交口曲线上各点，打桩标志。(关于计算平交口曲线上任意一点坐标的方法，详见本章第四节)；

(4)在现场交桩给现场平交口施工员，由其指挥平交口施工。

四、弦线垂距坐标法

所谓弦线垂距坐标法，就是在前述"弦线垂距法"基础上，再计算出垂距与平交口曲线交点的坐标，然后利用全站仪坐标法放样功能，把平交口曲线放样到实地。

关于弦线垂距与平交口曲线交点坐标计算，详见本章第四节。

第三节　平交口曲线的要素计算

一、平交口曲线两端点间直线距离(弦长)计算

平交口曲线放样中，有时需要计算弦长，计算弦长的目的：

(1)用弦长可计算圆心角；

(2)用弦长可进行"弦线垂距法放样"及"弦线垂距坐标法放样"。

通常情况下，平交口设计图中提供了平交口曲线两端点的 XY 坐标值，而不是直接提供平交口曲线两端点间的距离。在这种情况下，可用 f_x—5800P 型计算器"坐标反算"程序计算。

程序清单：

文件名：ZFS

```
"A="? A:"B="? B↵
Lbl 0 ↵
"C="? C:"D="? D↵
While C>0 ↵
C−A→X:D−B→Y↵
POl(X,Y)↵
I→S↵
"S=":S◢
J→F↵
If J<0:Then J+360→F:Else J→F:IfEnd↵
"F=":F▶DMS◢
"LI"? L:"K"? K↵
```

```
Abs(K−L)→p ↵
"X=":A+P cos(F)→X ◢
"Y=":B+P sin(F)→Y ◢
"W"? W:"E"? E ↵
"M=":X+W cos(F+E) ◢
"N=":Y+W sin(F+E) ◢
Goto o ↵
WhileEnd
```

程序中:A、B——平交口曲线 A 端点的 X、Y 坐标值;

C、D——平交口曲线 B 端点的 X、Y 坐标值;

S——平交口曲线 AB 两端点间距离,即弦长;

F——AB 的方位角;

L——平交口曲线 A 端点的距离,令 $L=0.00\text{m}$;

K——平交口弦长上任意一点的距离;

X、Y——位于弦上的 K 点的坐标值;

W——垂直于 K 点的边距;

E——边距与弦线的夹角:左 −E,右 E;

M、N——垂直于 K 点的边桩坐标值。

程序功能及注意事项:

(1)本程序有个特点,它不但可反算平交口曲线两端点间距离和方位角,而且又可以计算平交口曲线两端点连线(弦长)上任意一点的坐标和该点左、右两边桩的坐标。这一功能,为弦线垂距法计算曲线坐标提供很大方便,亦为线路构造物(例如圆管涵、通道等)放样计算坐标提供很大方便。

(2)注意方位角方向:例如 A 点坐标 A、B,B 点坐标 C、D,前进方向是 A→B,则本程序方位角是 AB 边的方位角。

程序执行操作方法步骤:略。

二、平交口曲线的半径计算

平交口曲线的半径,在计算平交口曲线放样数据时至关重要,但是,平交口设计图纸上却经常出现不提供曲线半径的现象,这就为用图者带来很大麻烦和不便。

根据平交口曲线设计图纸提供的数据,例如图 6-1 中 IV 型平交口只提供 A、B 两端点坐标,据其计算曲线半径,搜寻不到计算公式。这种给用户带来困难的设计图纸,建议设计者注意改进。

对于没有提供半径的设计图纸，作者在实践中，用下述两种方法求取半径：

(一)电脑二维绘图法量取半径 *R*

对于备有电脑的项目部，可依据平交口曲线两端点坐标展绘出平交口曲线，直接量出半径 R 和曲线上各放样的坐标，打印成图，供外业放线使用。本例中，电脑作图，量得 R=30.605m。

(二)绘图法量取半径 *R*(见图 6-5)

案例：图 6-1IV 型

图中，A、B 为平交口曲线两端点，已知 A 点的 X=450.371，Y=594.996；B 点的 X=476.880、Y=555.166；半径 R 未知。要求：求取 R 值。

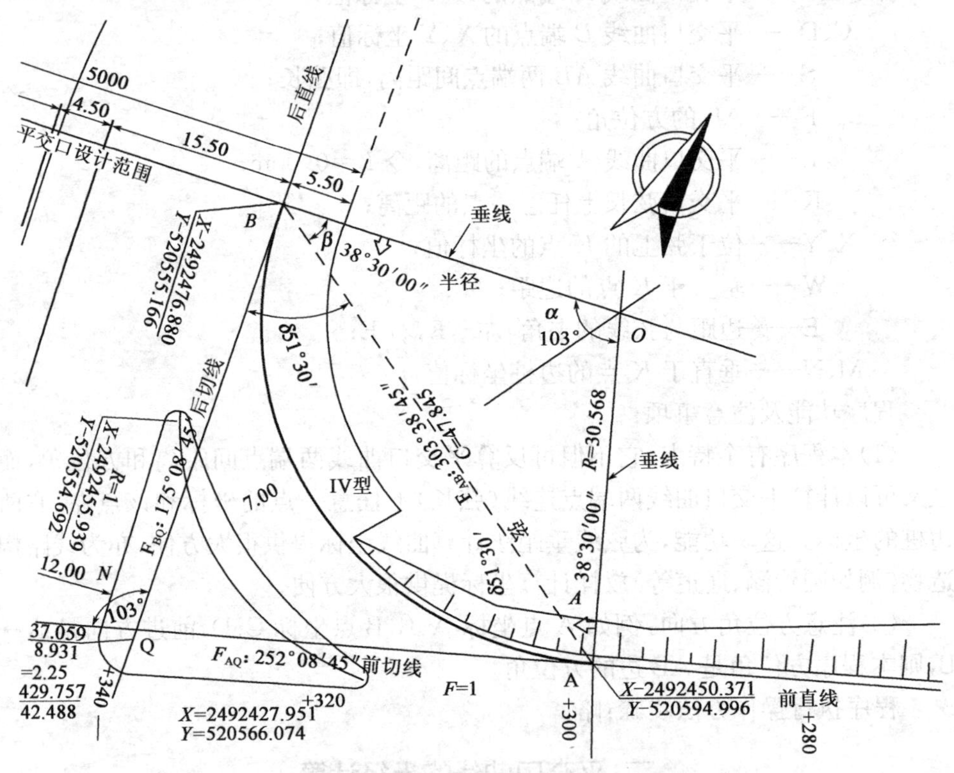

图 6-5　图解法求取平交口曲线半径示意图

在这种情况下，按下述方法步骤作图(要求用设计单位提供的原图纸)：

第一步　延长前直线过 A 作前切线；延长后直线过 B 作后切线；前、后切线相交于 Q 点。

第二步　求取圆心 O：

方法：过 A 作 AQ 垂线 AO；过 B 作 BQ 垂线 BO，则 AO 与 BO 相交于 O

点，O 点即是平交口曲线圆心。

第三步 图量半径 R。

前述作图后，AO、BO 即是平交口曲线半径，可用比例尺图量其长度。本例中，设计图比例尺为：1∶500，量得 $AO=30.6\text{m}$，$BO=30.5\text{m}$，中数 $R=30.55\text{m}$。为了检核其正确性，可用下述图解计算法核算：

(1)用量角器（要求量角器最小刻划为 $30'$），量出线路转角 N 和圆心角 α，则：

$$N=\alpha$$

若两者校差小于 $30'$，取其中数。本例中，N 量取值为 $103°$，α 量取值为 $103°$，则取用 $103°$。

(2)连接平交口曲线 AB 两端点，用前述坐标反算程序（文件名：ZFS）计算弦长 $AB=C=47.845\text{m}$；AB 方位角 $F_{AB}=303°38'45.22''$。

(3)求取平交口曲线半径 R。

方法一 用公式(6-3)计算半径 R。

$$R=C\div 2\sin(N\div 2) \tag{6-3}$$

式中：C——弦长，本例中 $C=47.845$；

N——线路转角，本例中 $N=103°$。

则：

$$R=47.845\div[2\sin(103°\div 2)]=30.568$$

检查计算：用公式(6-4)计算圆心角，与图量圆心角比较：

$$\alpha=2\sin^{-1}[C/(2R)] \tag{6-4}$$

式中：C——弦长，本例中 $C=47.845$；

R——用公式(6-3)计算的平交口曲线半径值，本例中 $R=30.568(\text{m})$。

则：

$$\alpha=2\cdot\sin^{-1}[47.845\div(2\times 30.568)]=102.9983973=102°59'54.2''$$

检查计算与图量值比较相差 $6''$，说明图量角值正确。

方法二 用公式(6-5)计算半径 R。

$$R=\frac{C}{\sin O}\cdot\sin A=\frac{C}{\sin O}\cdot\sin B \tag{6-5}$$

式中：C——弦长，本例中 $C=47.845$；

O——图量圆心角，本例中 $O=103°$；

A、B——图 6-5 中等腰△ABO 中的∠A 和∠B，且∠A=∠B=$(180°-103°)\div 2=83°30'00''$。

则：

$$R=\frac{47.845}{\sin 103}\cdot\sin 83°30'00''=30.568(\text{m})$$

上述电脑作图与绘图法求取的半径 R 值，较差为：$R_{电}-R_{绘}=0.042\text{m}$。由此可知，在施工工地没有电脑绘图软件情况下，在大比例尺设计图上（例如 1∶600、1∶500、1∶400 等）用图解法求取的半径，完全可以满足平交口曲线施工放样精度。

（三）解析法计算半径 *R*（见图 6-6）

案例：图 6-1III 型

图中，A、B 为平交口两端点，已知 A 的 $X=408.523$、$Y=486.452$；B 点的 $X=459.907$、$Y=517.582$。C 点为前直线段上一点，$X=402.840$、$Y=472.410$；D 点为后直线段上一点，$X=473.514$、$Y=516.312$。半径 R 未知。要求：求取半径 R 值。

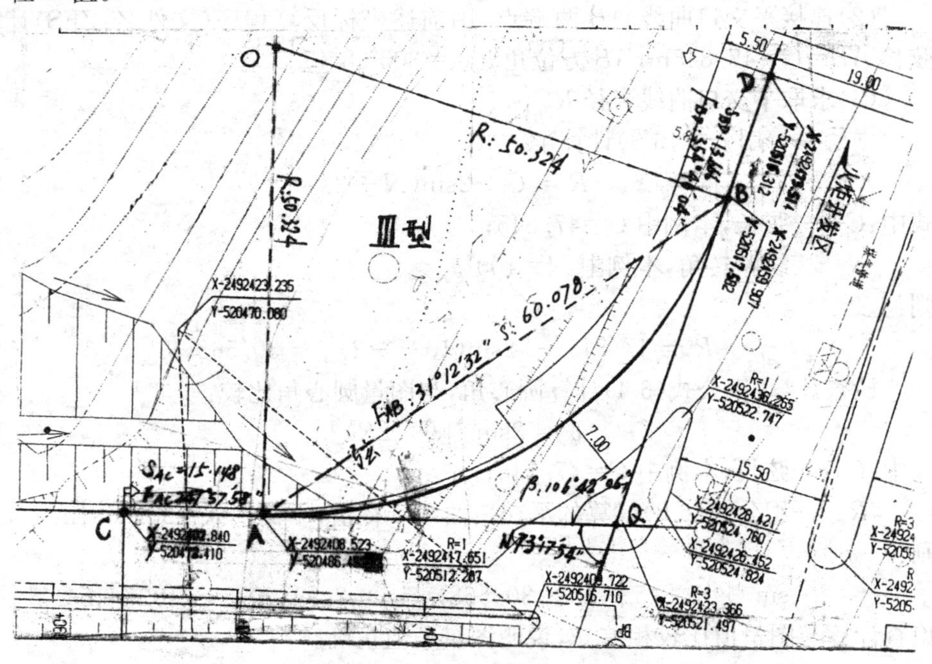

图 6-6 解析法计算平交口曲线半径示意图

比较图 6-5（平交口 IV 型）和图 6-6（平交口 III 型）知：平交口 III 型多提供了 C 和 D 的 X、Y 坐标值，而且这两点分别位于前、后切线的延伸直线上。这就为计算转角提供了方便，只要计算出前、后切线的方位角，就可计算转角 N（即圆心角），不需要作图用量角器量出转角。

在这种情况下，可按下述方法步骤计算半径 R 值：

（1）用前述坐标反算程序（文件名：ZFS）计算 AC 方位角：$F_{AC}=247°57'58''$。

（2）用前述坐标反算程序（文件名：ZFS）计算 BD 方位角：$F_{BD}=354°40'04''$。

（3）计算转角 N（即圆心角）。

①计算两切线夹角 β：

$$\beta = F_{BD} - F_{AC} = 354°40'04'' - 247°57'58'' = 106°42'06''$$

②计算线路转角 N(即圆心角)：

$$N = 180° - 106°42'06'' = 73°17'54''$$

(4)用前述坐标反算程序(文件名:ZFS)计算 AB 弦长和 AB 方位角：

$$C = 60.078(\mathrm{m})$$

$$F_{AB} = 31°12'32''$$

(5)用公式(6-3)计算半径 R：

$$R = 60.078 \div 2\sin(73°17'54'' \div 2)$$

$$= 50.324(\mathrm{m})$$

三、平交口曲线端点切线方位角计算

平交口曲线端点切线方位角是下述程序计算平交口曲线上任一点坐标的要素之一。但是,通常情况下,平交口曲线设计图都不提供这个数据。例如图 6-1 中,I 型、II 型、IV 型;图 6-2 中 VI 型平交口设计图。图 6-1 中 III 型设计图,由于设计图提供了前、后切线两组(4 个点)已知坐标,所以能很方便地通过坐标反算求得切线方位角。除此之外,只要平交口设计图提供了一组坐标数据(通常只提供曲线两端点的坐标),都要按本节二介绍的方法,先求出圆心角 O,然后按公式(6-6)计算出平交口曲线前,后切线方位角：

$$F_{切} = F_{弦} \pm \delta \tag{6-6}$$

式中:$F_{切}$——平交口曲线前、后切线方位角;

$F_{弦}$——平交口曲线两端点连线(弦)的方位角;

δ——偏角:即弦线与切线之夹角;等于 1/2 圆心角,即 $\delta = \frac{1}{2}\alpha$。线路左转偏角取+,右转用-。

案例见图 6-5。

图中,$F_{弦} = F_{AB} = 303°38'45''$;圆心角 $\alpha = 103°$则,偏角 δ:

$$\delta = \frac{1}{2} \cdot 103° = 51°30'00''$$

则,前切线方位角 $F_{前}$：

$$F_{前} = F_{AQ} = F_{AB} - \delta = 303°38'45'' - 51°30'00'' = 252°08'45''$$

后切线方位角 $F_{后}$：

$$F_{后} = F_{BQ} + F_{BA} + \delta = (303°38'45'' - 180°) + 51°30'00''$$

$$= 175°08'45''$$

检查计算:用公式(6-7)

$$F_{后} = F_{前} \pm N \tag{6-7}$$

式中：N——线路转角，左转$+N$，右转$-N$。

则，本例中：

$$F_{后} = F_{QB} = 252°08'45'' + 103° = 355°08'45''$$

则：

$$F_{BQ} = F_{QB} - 180° = 175°08'45''$$

第四节　平交口曲线上任一点坐标计算技术

一、弦线垂距与平交口曲线交点的坐标计算技术

1. 选用弦线垂距与平交口曲线交点坐标计算方法

已知条件：

(1)已知平交口曲线的半径 R。

(2)已知平交口曲线两端点 A、B 的坐标。根据这两点坐标可用坐标反算程序(ZFS)计算：

①弦长 C；

②AB 方位角 F。

2. 弦线垂距与平交口曲线交点坐标计算技术的操作方法步骤(以图 6-1II 型平交口曲线为例)

1)计算弦线垂距 Y_p

用公式(6-1)计算弦线垂距 Y_p 的方法，详见本章第二节“二”。

计算数据见图 6-7：$X=0$，$Y=4.26$；$X=10.046$，$Y=3.23$。

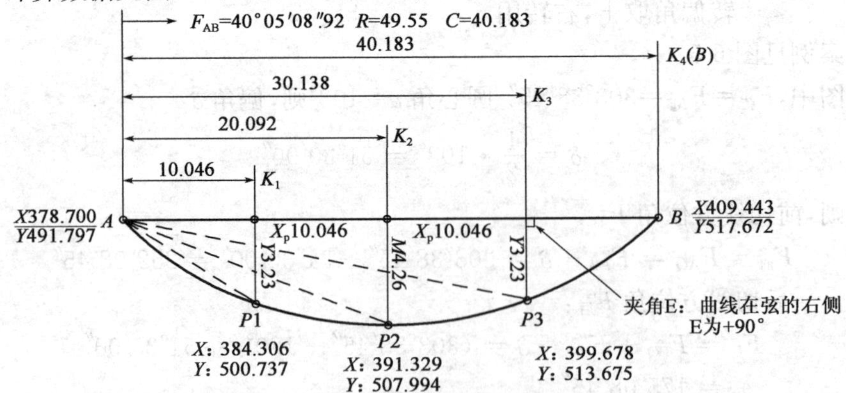

图 6-7　弦线垂距与平交曲线交点 P 的坐标计算示意图

为了在现场放样时方便、快速、准确地计算出 Y_p 值，我们将公式(6-1)用 f_x—5800P 型计算器编写成程序计算。其程序清单如下：

文件名：DXZG

```
"R="? R:"C="? C ↵
R－√(R²－(C/2)²)→M ↵
"M=":M ◢
Lbl 0 ↵
"X"? X ↵
√(R²－X²)＋M－R→Y ↵
"Y=":Y ◢
Goto 0
```

程序中：R——平交口曲线半径；

C——弦长，即平交口曲线两端点之连线；

M——弦线中点至曲线中点的距离；

X——弦线上任意一点 K 距弦中点的距离。实践中，X 常取用 K 点距弦中点 2m、4m、6m、8m、10m 等整距离；

Y——弦线支距，即垂直于 X 的垂距。

程序执行操作方法步骤：略。

2)计算弦线垂距与平交口曲线交点 P 的 XY 坐标值

(1)计算弦线上任一点 K 距弦端点 A 的距离，见图 6-7：$AK_1=10.046$、$AK_2=20.092$、$AK_3=30.138$、$AK_4(B)=40.183$。

(2)计算弦线上 K 点的垂距与平交曲线交点 P 的 XY 坐标值：

用 f_x—5800P 型计算器坐标反算程序(文件名：ZFS)计算 P 点坐标的程序清单，详见本章第三节"一"。

(3)程序操作方法步骤：

①按[AC]键，开机，清除上次关机时屏幕上保留的内容；

②按[FILE][▼]键，选择文件名：ZFS；

③按[EXE]键，显示：$A=$？输入 A 端点 $X=378.700$；

④按[EXE]键，显示：$B=$？输入 A 端点 $Y=491.797$；

⑤按[EXE]键，显示：$C=$？输入 B 端点 $X=409.443$；

⑥按[EXE]键，显示：$D=$？输入 B 端点 $Y=517.672$；

⑦按[EXE]键，显示：$S=40.183$(AB 弦长)；

⑧按[EXE]键，显示：$F=40°05'08.''92$(AB 方位角 F)；

⑨按[EXE]键，显示：$L=$？输入 A 端点桩号：令 $L=0.000$；

⑩按EXE键,显示:K? 输入 $K1$ 距离:$K1=10.046$;

⑪按EXE键,显示:$X=386.386$(弦上 $K1$ 点 X 坐标值);

⑫按EXE键,显示:$Y=498.266$(弦上 $K1$ 点 Y 值);

⑬按EXE键,显示:W? 输入 $K1$ 点垂距 $Y=3.23$;

⑭按EXE键,显示:E? 曲线在弦的右侧,输入 90°(下同);

⑮按EXE键,显示:$M=384.306$(弦垂距与曲线交点 P_1 的 X 值);

⑯按EXE键,显示:$N=500.737$(弦垂距与曲线交点 P_1 的 Y 值);

⑰按EXE键,显示:$C=$? 至㉑按键 EXE 显示 $L=$?,重复上述⑤至⑨步;

⑱按EXE键,显示:K? 输入 $K2$ 距离:$K2=20.092$;

⑲按EXE键,显示:$X=394.072$,
⑳按EXE键,显示:$Y=504.735$, }(弦上 $K2$ 点的 X、Y 坐标值);

㉑按EXE键,显示:W? 输入 $K2$ 点垂距 $Y=4.26$;

㉒按EXE键,显示:E? 夹角同上输入 90;

㉓按EXE键,显示:$M=391.329$;
㉔按EXE键,显示:$N=507.994$ }($P2$ 点的 X、Y 值)

㉕以下重复计算:略。

需要说明的是,弦线垂距与平交口曲线交点 P 的坐标,还可用线路直线段点位坐标计算程序(文件名:ZXY)来计算。关于线路直线段点位坐标计算程序清单及操作方法步骤,可参阅作者《公路工程施工测量现场实用程序计算技术》(北京:人民交通出版社,2010 年 5 月)等著作。

二、程序计算平交口曲线上任一点的 XY 坐标技术

公路平交口曲线放样实践中方法各异。经作者多年实践,认为采用 f_x—5800P 可编程计算器在现场现算现放平交口曲线于实地的方法较为实用。下面将我在实践中应用的几个计算平交口曲线上任一点坐标的程序公布于社会,供读者检验应用。

(一)程序清单一

这个程序是陕西榆林马轮友工程师的 f_x—4800—4850P 计算器用的,我将它修改成 f_x—5800P 型计算器程序:

文件名:PJK-XYJS1

```
"A="? A:"B="? B:"C="? C:"D="? D:"R="? R↵
PoI(A-C,B-D):I→S:J+180→F:
S÷2→U:cos⁻¹(U÷R)→E↵
Rec(R,F-E)+A→M↵
```

```
B+J→N ↵
Lbl 0 ↵
"L"? L ↵
(F−E+180)−L÷R×180÷π→Z ↵
"X=":Rec(R,Z)+M→X ◢
"Y=":N+J→Y ◢
Goto 0
```

程序中：A、B——平交口曲线起点 XY 坐标值；

C、D——平交口曲终终点 XY 坐标值；

R——平交口曲线半径；

L——平交口曲线上任意一点距起点的弧长；

X、Y——前述 L 点的 XY 坐标值。

程序功能及注意事项：

(1)本程序可计算平交口曲线上任意一点的坐标。

(2)本程序平交口曲线点、终点的判定，必须是左偏方向。其判定方法见图 6-8。

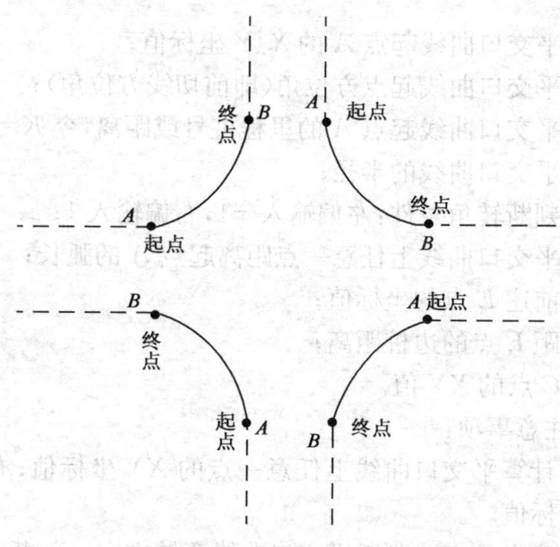

图 6-8　平交口曲线起点终点判定方法示意图

(3)选用本程序的已知条件：

①已知平交口曲线的半径；

②已知平交口曲线起点、终点的 XY 坐标值。

(二)程序清单二

这个程序是广东湛江蔡本龙技工提供,原只能在 f_x—4800P/4850P 型计算器使用,且不能计算平交口曲线两侧边桩点的坐标,我将其修改成 f_x—5800P 型计算器程序,并增加了计算曲线两侧边桩坐标的功能。

文件名:PJK－XYJS2

```
"A="? A:"B="? B:"T="? T:"K="? K:
"R="? R:"V="? V↵
LbI 0↵
"L"? L↵
L−K→O:90O÷(Rπ)→Q↵
"X=":A+2R sin(Q)×cos(T+VQ)→X◢
"Y=":B+2R sin(Q)×sin(T+VQ)→Y◢
"C"? C↵
90→P:T+2VQ→E
Rec(C+E+P)↵
"M=":X+I◢
"N=":Y+J◢
Goto 0
```

程序中:A、B——平交口曲线起点 A 的 X、Y 坐标值;

T——平交口曲线起点方位角(即前切线方位角);

K——平交口曲线起点 A 的里程桩号或距离,令 $K=0.000$;

R——平交口曲线的半径;

V——判断转角条件:左偏输入－1,右偏输入 1;

L——平交口曲线上任意一点距离起点 A 的弧长;

X、Y——前述 L 点的坐标值;

C——距 L 点的边桩距离;

M、N——C 点的 XY 值。

程序功能及注意事项:

(1)本程序可计算平交口曲线上任意一点的 XY 坐标值;亦可计算该点左、右边桩的 X、Y 坐标值。

(2)使用本程序必须正确判断平交口曲线弯转方向。判断方法:面对线路前进方向,左手侧为左弯 V 输入－1,右手侧为右弯,V 输入 1。

(3)平交口曲线起点的判定:面对线路前进方向,小号侧为起点 A,大号侧为终点 B。

选用本程序的已知条件:

①已知平交口曲线的半径；

②已知平交口曲线起点或终点的 *XY* 坐标值；

③已知曲线起点或终点的方位角：方位角计算详见本章第三节“三”。

(三)程序清单三

本程序是作者编写的，适用于 f_x—5800P 型计算器。经多年实践，非常实用。

文件名：PJK-XYJS

```
"R="? R:"A="? A:"P="? P:"Q="? Q:"F="? F:"G="? G↵
Lbl 0↵
DO↵
"H"? H↵
If H≤0: Then Goto 1:IfEnd↵
Abs (H-A)→K↵
180K÷(Rπ)→O↵
Rsin(O)→Z↵
R(1-cos(O))→U↵
Rec(Z,F)↵
P+I→X:Q+J→Y↵
Rec(U,F+90G)↵
X+I→X:Y+J→Y↵
"X=":X◢
"Y=":Y◢
"S"? S:"E"? E↵
X+S cos(F+OG+E)→M↵
Y+S sin(F+OG+E)→N↵
"M=":M◢
"N=":N◢
Goto 0↵
Lbl 1↵
"R="? R:"A="? A:"P="? P:"Q="? Q:"F="? F:"G="? G↵
Goto 0↵
Lp While
```

程序中：R——平交口曲线半径；

P、Q——平交口曲线起点的 *XY* 坐标值；

F——平交口曲线前切线方位角；

G——判断曲线转向：左转 *G*=−1，右转 *G*=1；

H——平交口曲线上任意一点距起点距离；

X、Y——H 点的 XY 坐标值；

S——H 点的边桩距离；

E——夹角：左偏，输入 $-E$，右偏输入 E；

M、N——S 边桩的 X、Y 坐标值。

程序功能及注意事项：

(1)本程序可计算平交口曲线上任意一点的 X、Y 坐标值，亦可计算曲线两侧边桩点的 X、Y 坐标值。

(2)本程序还可计算主线路圆曲线中，边桩的 X、Y 坐标值。

(3)使用本程序必须正确判断平交口曲线弯转方向。判断方法：面对线路前进方向，左手侧为左弯，G 输入 -1，右手侧为右弯，G 输入 1。

(4)平交口曲线起点的判定：面对线路前进方向，小号侧为曲线起点 A，大号侧为曲线终点 B。

(5)选用本程序的已知条件：

①已知平交口曲线的半径；

②已知平交口曲线起点的 X、Y 坐标值；

③已知平交口曲线起点的桩号、距离为 0；

④已知平交口曲线起点的方位角，即前切线方位角。方位角计算详见本章第三节“三”。

第五节　平交口曲线实地放样实操案例

本案例是广东省中山市东部快线工程延江路平交口曲线设计图。设计图原样见图 6-1。图中设计单位提供的平面交叉形式有四种类型。下面以 II 型平交口曲线(见图 6-9)实地放样为例，说明现场现算现放平交口曲线的方法操作步骤：

一、放样前熟悉图纸，掌握设计图上提供的数据

放样前，测量员应全面熟悉平交口曲线设计图，了解：

(1)平交口设计范围内各平交口间的关系。

(2)各平交口与主线路的几何关系。

(3)各平交口设计单位提供的要素；本例中，II 型平交口设计图上提供的数据是：

①A 端点坐标：$X=397.700$m、$Y=491.797$m；

②圆心坐标：$X=423.235$m、$Y=470.080$m；

③I 点坐标：X=409.722m、Y=516.710m；且 I 点在 OB 半径上；

④B 端点坐标未知，但 O、I、B 在同一直线上。用 O、I 坐标可计算出 B 点的坐标；

⑤半径 R：R=49.5m；(根据 OA 坐标反算，R 应为 49.55m)。

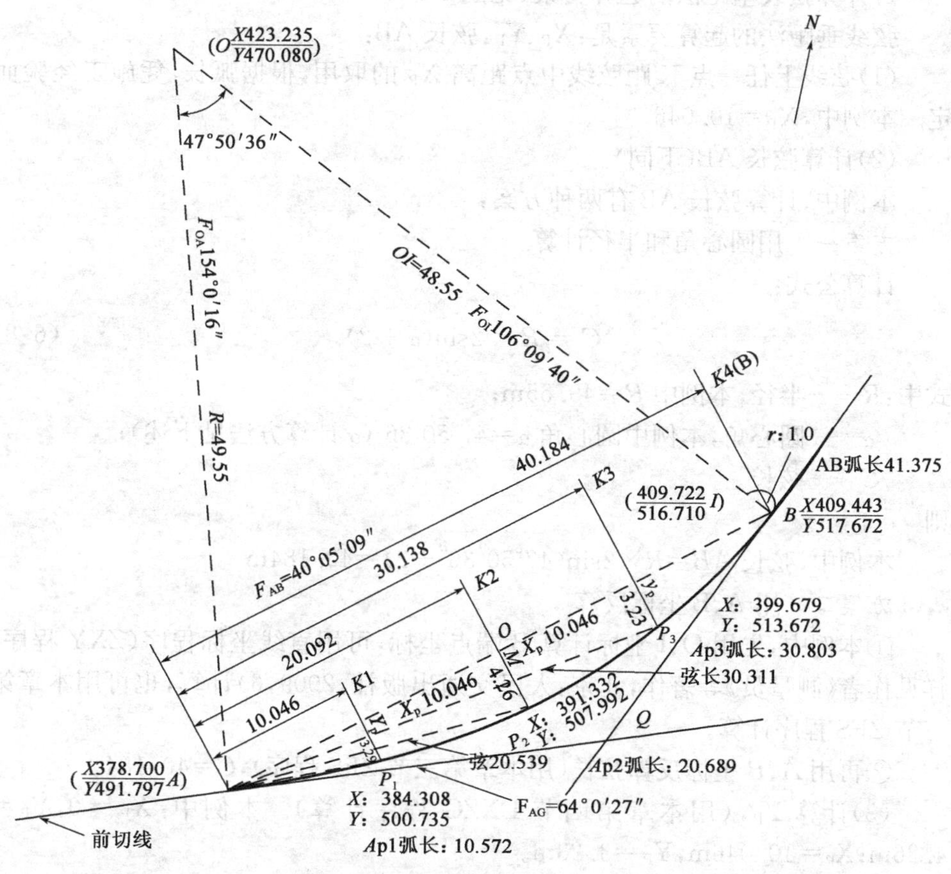

图 6-9 平交口曲线放样数据计算草图

二、分析研究设计图上数据间的关系，准备程序计算的起算要素

1. 设计图上数据间的关系

(1)圆心 O 和端点 A 的坐标，可反算半径 R 和 OA 方向的方位角。

(2)圆心 O 和 I 点的坐标，可反算 OA 距离和 OI 方向的方位角，且可计算端点 B 的坐标。

(3)圆心角可用 OA 方位角和 OI 方位角计算。

(4)弦长计算，本例有两种方案：

①用圆心角和半径计算;

②用A、B坐标反算。

(5)弧长可用圆心角、半径计算。

2.计算程序计算的起算要素

1)计算弦线垂距法的起算要素(见图6-9)

弦线垂距法的起算要素是:X_P、Y_P,弦长AB:

(1)弦线上任一点K距弦线中点距离X_P的取用,根据弧长,凭施工经验而定。本例中,$X_P=10.046$。

(2)计算弦长AB(下同)。

本例中,计算弦长AB有两种方案:

方案一　用圆心角和半径计算

计算公式:

$$C = R \times 2\sin(\alpha \div 2) \tag{6-8}$$

式中:R——半径,本例中$R=49.55$m;

α——圆心角,本例中圆心角$\alpha=47°50'36''$(α计算方法见下述);

C——弦长。

则

本例中,弦长$AB=R\times 2\sin(47°50'36''\div 2)=40.184$m

方案二　用A、B坐标反算

①本例中,先用O、I坐标计算B端点坐标,可用直线坐标程序(ZXY程序:详见作者《测量员》等著作,北京:人民交通出版社,2009,6)计算,也可用本章第三节ZFS程序计算。

②再用A、B坐标反算弦长(用本章第三节ZFS程序),$C=40.184$。

(3)计算Y_P,(用本章第四节DXZG程序计算)。本例中:$X_P=0$,$Y_P=4.26$m;$X_P=10.046$m,$Y_P=3.23$m。

2)计算前述程序清单一:PJK-XYJS1程序的起算要素(见图6-9)

PJK-XYJS1程序的起算要素是:弦线两端点(圆曲线两端点)A和B的X、Y坐标值;半径R;曲线上任一点距曲线起点的弧长。

(1)本例中,曲线起点A的XY坐标值已知、半径R已知。

(2)B点坐标可用前述方法算出。

(3)平交口曲线上弧长可用下式计算:

$$L = R \cdot (\alpha \div 57.29578) \tag{6-9}$$

式中:R——半径,本例中$R=49.55$m。

α——圆心角:本例中圆心角α未知,可用下述两种方案计算:

方案1　用本章第三节公式(6-4)计算：

$$\alpha = 2 \cdot \sin^{-1}[40.184 \div (2R)]$$
$$=47°50'37''$$

方案2　计算 OA 和 OI 方位角，则

$$\alpha = F_{OA} - F_{OI} = 154°00'16'' - 106°09'40''$$
$$=47°50'36''$$

L——平交口曲线长弧长：本例中：(下同)

AP_1 弧长＝10.572m

AP_2 弧长＝20.689m

AP_3 弧长＝30.803m

AB 弧长＝41.375m

3)计算前述程序清单二：PJK-XYJS2 程序的起算要素(见图 6-9)

PJK-XYJS2 程序的起算要素是：平交口曲线起点 A 的 X、Y 坐标值；半径 R；前切线方位角 T；平交口曲线上任一点 P 距曲线起点 A 的弧长。

(1)本例中，曲线起点 A 的 XY 值已知；半径 R 已知。

(2)平交口曲线上任一点 P 距曲线起点 A 的弧长同上。

(3)平交口曲线起点方位角，即前切线方位角计算，用公式(6-10)(下同)：

$$F_{切} = F_{弦} \pm \delta \tag{6-10}$$

本例中，$F_{弦}$ 是弦线 AB 的方位角，可用 ZFS 程序反算，求得 $F_{AB}=40°05'09''$。

δ 是偏角，即 $\delta=1/2\alpha$，本例中，$\alpha=47°50'36''$，则 $\delta=23°55'18''$。

所以：

$$F_{AQ} = 40°05'09'' + 23°55'18'' = 64°00'27''$$

4)计算前述程序清单三：PJK－XYJS3 程序的起算要素(见图 6-9)

PJK－XYJS3 程序的起算要素：

(1)平交口曲线起点 A 的 X、Y 坐标已知：即 X＝378.700、YS＝91.797m。

(2)曲线半径已知：即 R＝49.55m。

(3)前切线方位角 $F_{前}$ 的计算方法同上：即 $F_{前}=64°0'27''$。

5)计算弦线垂距与平交口曲线交点 P 的坐标的起算要素

(1)计算弦线垂距的起算要素(见图 6-9)。

计算弦线垂距的起算要素是 AB 弦长，半径 R；X_P：

①半径 R 已知；

②计算 AB 弦长，用 A、B 点坐标反算，但 B 点坐标未知，应用 OIB 直线坐标程序先计算出 B 点坐标：

$$X_B = 409.443; Y_B = 517.672$$

然后再用 ZFS 程序计算 AB 弦长：C=40.184；

③弦线上任一点 K 距弦中点距离 X_P，凭施工经验自己设定，本例中，令 X_P=10.046。

(2)计算弦线垂距与平交口曲线交点 P 的坐标的起算要素(见图 6-9)。

计算弦线垂距与平交口曲线交点 P 坐标的起算要素是：弦两端点：A 和 B 的坐标，弦线垂距 Y_P，弦起点至点垂足的距离：

①弦起点 A 坐标已知；终点 B 坐标已算出；

②弦线垂距 Y_P 已算出：$X_P=0$，$Y_P=4.26$；$X_P=10.046$，$Y_P=3.23$；

③计算弦起点到 P 点垂足的距离。

因 P_1 垂足 K_1 的 $X_P=10.046$

故 $AK1=S/2-X_P=20.092-10.046=10.046$

$AK2=AK1+10.046=20.092$

$AK3=AK2+10.046=30.138$

$AK4=AK3+10.046=40.184$

需要说明的是，上述介绍了四种程序计算的起算要素准备工作；现场作业中，可根据自己的经验和习惯，任选上述其中一个程序来计算，选另一个程序来验算。

另外，应把准备好的程序起算要素，写在平交口曲线放样草图上，以方便现场查用。

对于有经验的测量员，上述程序的起算要素都是现场计算的。

三、现场现算现放平交口曲线操作方法步骤

要把图 6-1II 型平交口曲线放到实地，现场测量员可按下述步骤操作：

(1)在通视 II 型平交口曲线的导线点上设置全站仪、对中、整平。

(2)选用全站仪坐标法放样功能“建站”：输入测站坐标、后视点坐标，照准后视点检查导线点精度并定向。

(3)“建站”完成，用全站仪坐标法放样功能先放已知坐标的 A 点，并用扎红塑带的竹(木)杆标志。

(4)再放 P1 点时，用 f_x—5800P 计算器选用平交口曲线上点位坐标计算程序，依据前述准备好的起算要素，计算 $P1$ 点的 XY 坐标值进行放样。

(5)同 4 逐次放出 P_2、P_3、B 点的实地位置，并用扎红塑带的竹(木)杆醒目标志。

(6)现场将放出的 A、P_1、P_2、P_3 点移交给现场施工员。由其指挥撒石灰线并施工。

对于新手来说，应在准备程序起算要素的同时，计算出平交口曲线上放样点

的坐标。计算结果见表 6-2。表中，P_1、P_2、P_3 的 XY 坐标，采用 f_x—5800P 计算器前述四种程序互相验算，供参考。

为了方便现场查用坐标，可将计算结果写在点位旁。

f_x—5800P 计算器程序计算平交口曲线上点位坐标表 表 6-2

程序文件名	P_1		P_2		P_3	
	X(m)	Y(m)	X(m)	Y(m)	X(m)	Y(m)
ZFS	384.306	500.737	391.329	507.994	399.678	513.675
PJK-XY1	384.308	500.735	391.332	507.992	399.679	513.672
PJK-XY2	384.308	500.735	391.332	507.992	399.679	513.672
PJK-XY3	384.308	500.735	391.332	507.992	399.679	513.672

第七章　公路匝道施工测量放样实操案例

第一节　看图分析设计单位提供的匝道类型及数据

匝道是公路常见线形之一，亦是公路施工的一个重要部分。对公路施工测量来说是重要的放线任务之一。

关于匝道放样技术，现行出版的有关公路施工测量的书籍和教材上都无述及。

本节是作者在公路多年施工测量实践中，现场放样匝道技术方法的经验总结。

现场测量员放样匝道的依据是设计单位提供的"匝道线位数据图"。测量员用自己的智慧和技术，把匝道设计图形放样到实地，供现场施工员指挥匝道的施工。

这里关键的问题是看图、识图、熟悉设计图上匝道的各种线形形式以及图中提供的数据。

通常情况下，设计单位在匝道设计图上，提供的信息有：

(1)匝道的线形组合：直线、缓和曲线、圆曲线等；

(2)每条匝道的编号：A、B、C、D、E、F 等；

(3)每条匝道上各主点(特征点)的名称：QD、ZH、HY、YH、GQ、HZ、ZD 等；

(4)匝道线形要素：无穷大缓和曲线参数 A、半径 R 等；

(5)每条匝道线位特征点数据(坐标)表。

图 7-1、图 7-2 分别是江西省德兴至南昌高速公路第 134 合同段匝道设计图：U 形转弯立交线位数据图：A 型和 B 型。

图 7-3 是四川省罗定高速公路 LD－2 合同段匝道设计图：王村停车区线位数据图。

图 7-4 是四川省罗定高速公路 LD－2 合同段匝道设计图：白水互通式立体交叉线位图。

图 7-5 是湖南省永蓝高速公路(湘粤界)段第 2 合同段匝道设计图：宁远东互通式立交线位图。

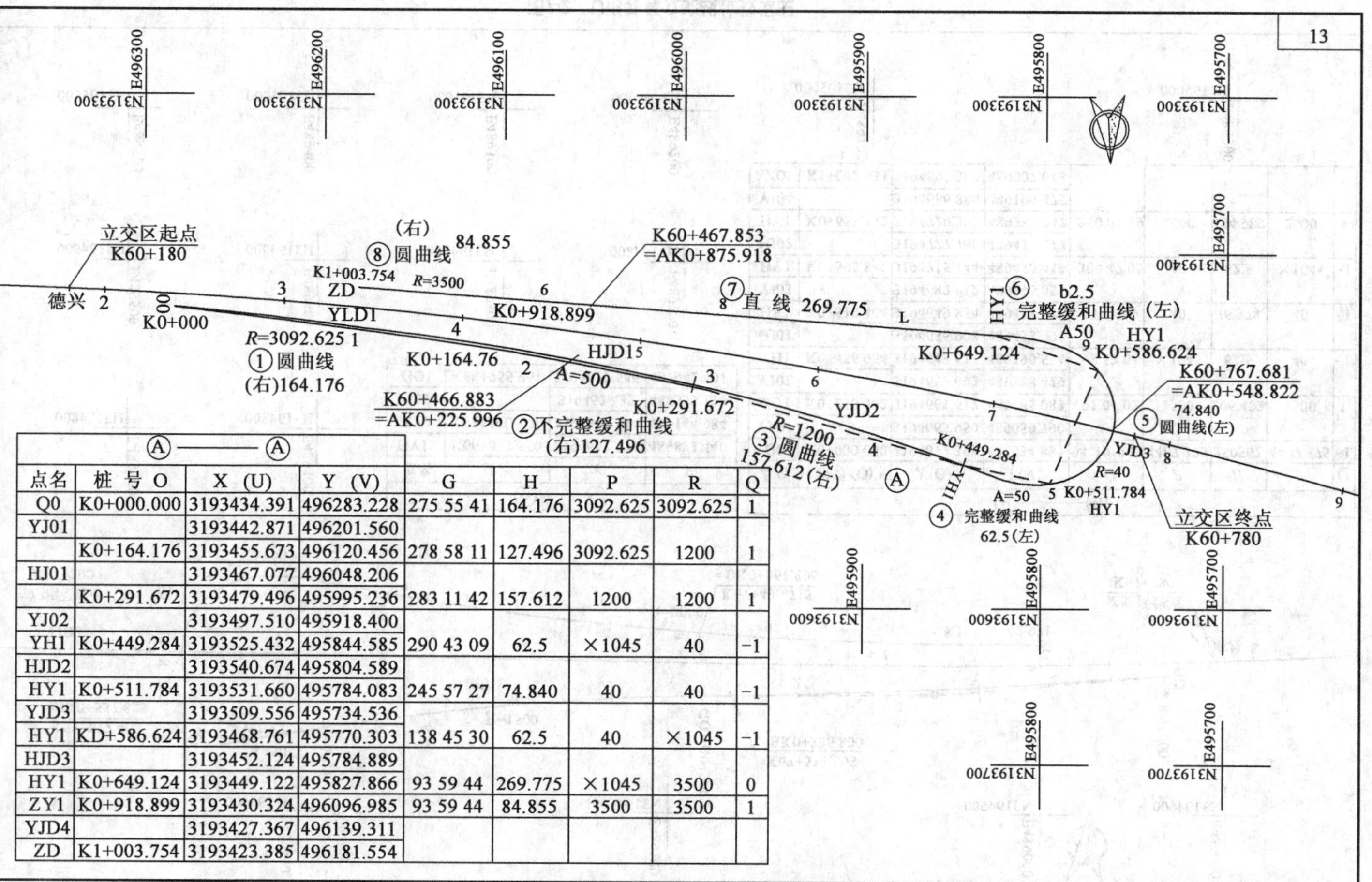

Ⓐ —— Ⓐ								
点名	桩号O	X (U)	Y (V)	G	H	P	R	Q
Q0	K0+000.000	3193434.391	496283.228	275 55 41	164.176	3092.625	3092.625	1
YJ01		3193442.871	496201.560					
	K0+164.176	3193455.673	496120.456	278 58 11	127.496	3092.625	1200	1
HJ01		3193467.077	496048.206					
	K0+291.672	3193479.496	495995.236	283 11 42	157.612	1200	1200	1
YJ02		3193497.510	495918.400					
YH1	K0+449.284	3193525.432	495844.585	290 43 09	62.5	×1045	40	−1
HJD2		3193540.674	495804.589					
HY1	K0+511.784	3193531.660	495784.083	245 57 27	74.840	40	40	−1
YJD3		3193509.556	495734.536					
HY1	KD+586.624	3193468.761	495770.303	138 45 30	62.5	40	×1045	−1
HJD3		3193452.124	495784.889					
HY1	K0+649.124	3193449.122	495827.866	93 59 44	269.775	×1045	3500	0
ZY1	K0+918.899	3193430.324	496096.985	93 59 44	84.855	3500	3500	1
YJD4		3193427.367	496139.311					
ZD	K1+003.754	3193423.385	496181.554					

图7-1 U形转弯立交线位数据图(示意)

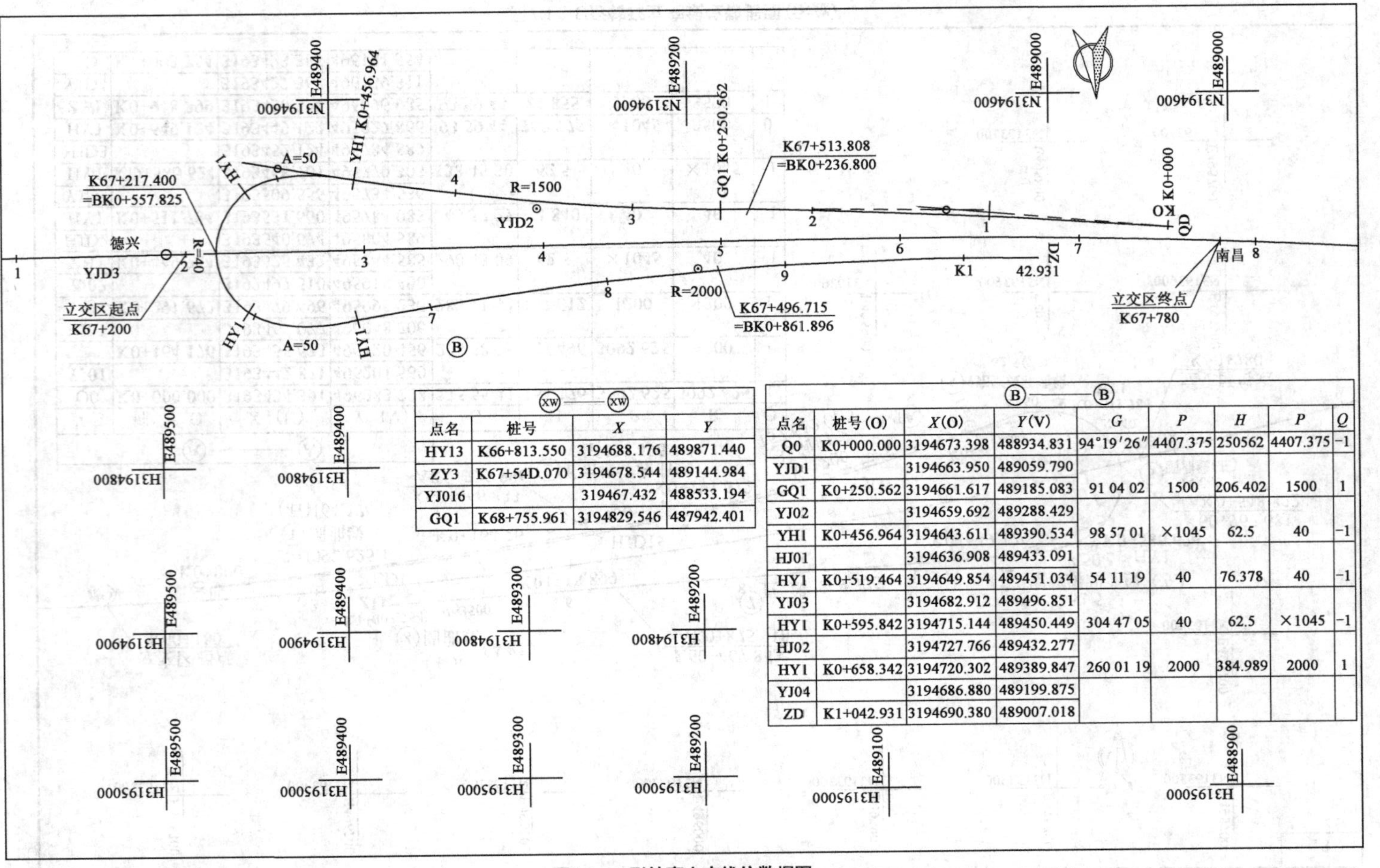

点名	桩号	X	Y
HY13	K66+813.550	3194688.176	489871.440
ZY3	K67+54D.070	3194678.544	489144.984
YJ016		319467.432	488533.194
GQ1	K68+755.961	3194829.546	487942.401

点名	桩号(O)	X(O)	Y(V)	G	P	H	P	Q
Q0	K0+000.000	3194673.398	488934.831	94°19′26″	4407.375	250562	4407.375	-1
YJD1		3194663.950	489059.790					
GQ1	K0+250.562	3194661.617	489185.083	91 04 02	1500	206.402	1500	1
YJ02		3194659.692	489288.429					
YH1	K0+456.964	3194643.611	489390.534	98 57 01	×1045	62.5	40	-1
HJ01		3194636.908	489433.091					
HY1	K0+519.464	3194649.854	489451.034	54 11 19	40	76.378	40	-1
YJ03		3194682.912	489496.851					
HY1	K0+595.842	3194715.144	489450.449	304 47 05	40	62.5	×1045	-1
HJ02		3194727.766	489432.277					
HY1	K0+658.342	3194720.302	489389.847	260 01 19	2000	384.989	2000	1
YJ04		3194686.880	489199.875					
ZD	K1+042.931	3194690.380	489007.018					

图7-2　U形转弯立交线位数据图

Z匝道线位数据表

P	R	序号	要素桩	桩号(O)	X(U)	Y(V)	方位角(G)	长度(H)	线元参数	Q
×1045	×1045	1	ZQD	ZK0+000	15973.085	85380.812	115°46′15.5″	108.476	R=∞	0
800	800	2	ZY	ZK0+108.476	15925.923	85478.499	115°46′15.5″	121.694	R=800	-1
×1045	×1045	3	YZ	ZK0+230.170	15881.536	85591.684	107°03′19.0″	111.081	R=∞	0
800	800	4	ZY	ZK0+341.251	15848.957	85697.879	107°03′19.0″	145.477	R=800	-1
800	800	5	GQ	ZK0+486.728	15819.135	85840.062	96°38′10.5″	133.565	R=800	1
		6	ZZD	ZK0+620.294	15792.721	85970.832	106°12′07.8″			

Y匝道线位数据表

序号	要素桩	桩号(O)	X(U)	Y(V)	方位角(G)	长度(H)	线元参数	P	R	Q
1	YQD	YK0+000	15813.193	85981.015	289°12′07.8″	116.368	R=800	800	800	1
2	GQ	YK0+116.368	15859.310	85874.287	297°32′11.0″	153.910	R=600	600	600	-1
3	YZ	YK0+270.278	15912.279	85730.228	282°50′20.6″	82.085	R=∞	×1045	×1045	0
4	ZY	YK0+352.363	15930.519	85650.195	282°50′20.6″	80.540	R=795	795	795	-1
5	GQ	YK0+432.903	154.411	85570.897	277°02′04.3″	50	A=150	×1045	450	1
6	HY	YK0+482.903	15951.451	85521.402	280°13′03.4″	51.718	R=450	450	450	1
7	YH	YK0+534.621	15963.527	85471.143	286°48′09.4″	44.744	A=180	450	1188.729	1
8	YZD	YK0+579.366	15978.137	85428.860	290°43′46.0″					

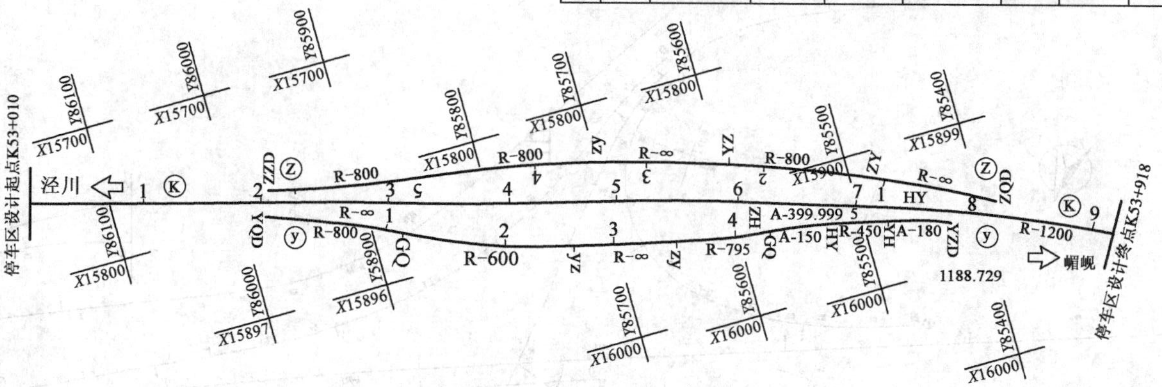

主线线位数据表

序号	要素桩	桩号	X	Y	方位角	长度	线元参数
1	YZ	K52+940.388	15729.951	86227.176	286°12′07.8″	675.368	R=∞
2	ZH	K53+615.757	15918.397	85578.631	286°12′07.8″	133.333	A=399.999
3	HY	K53+749.090	15957.960	85451.322	286°23′06.9″	224.101	R=1200
4	YH	K53+973.191	16051.594	85248.078	300°05′07.1″		

图7-3 王村停车区线位数据图

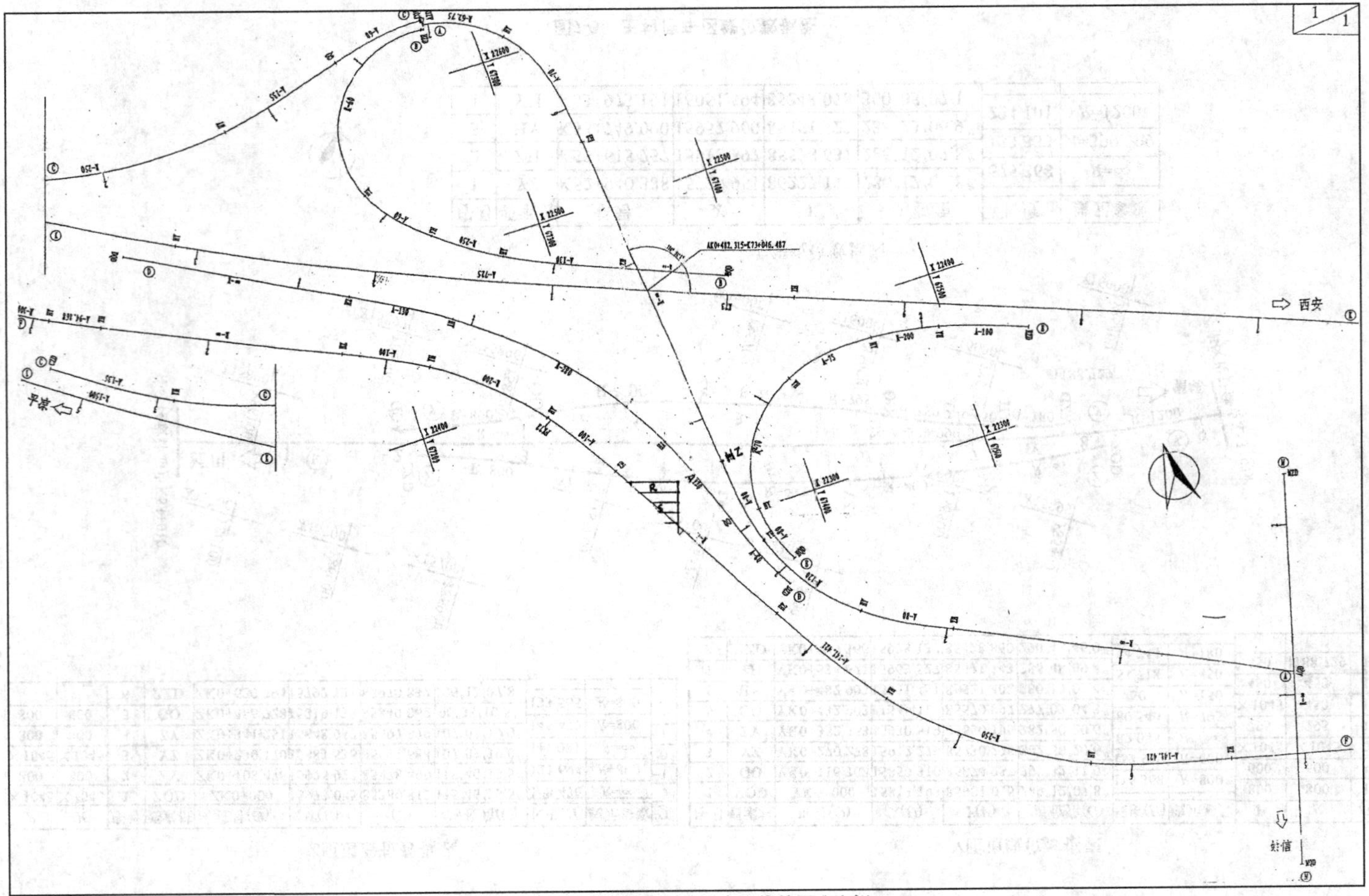

图7-4 白水互通式立体交叉线位图(示意)

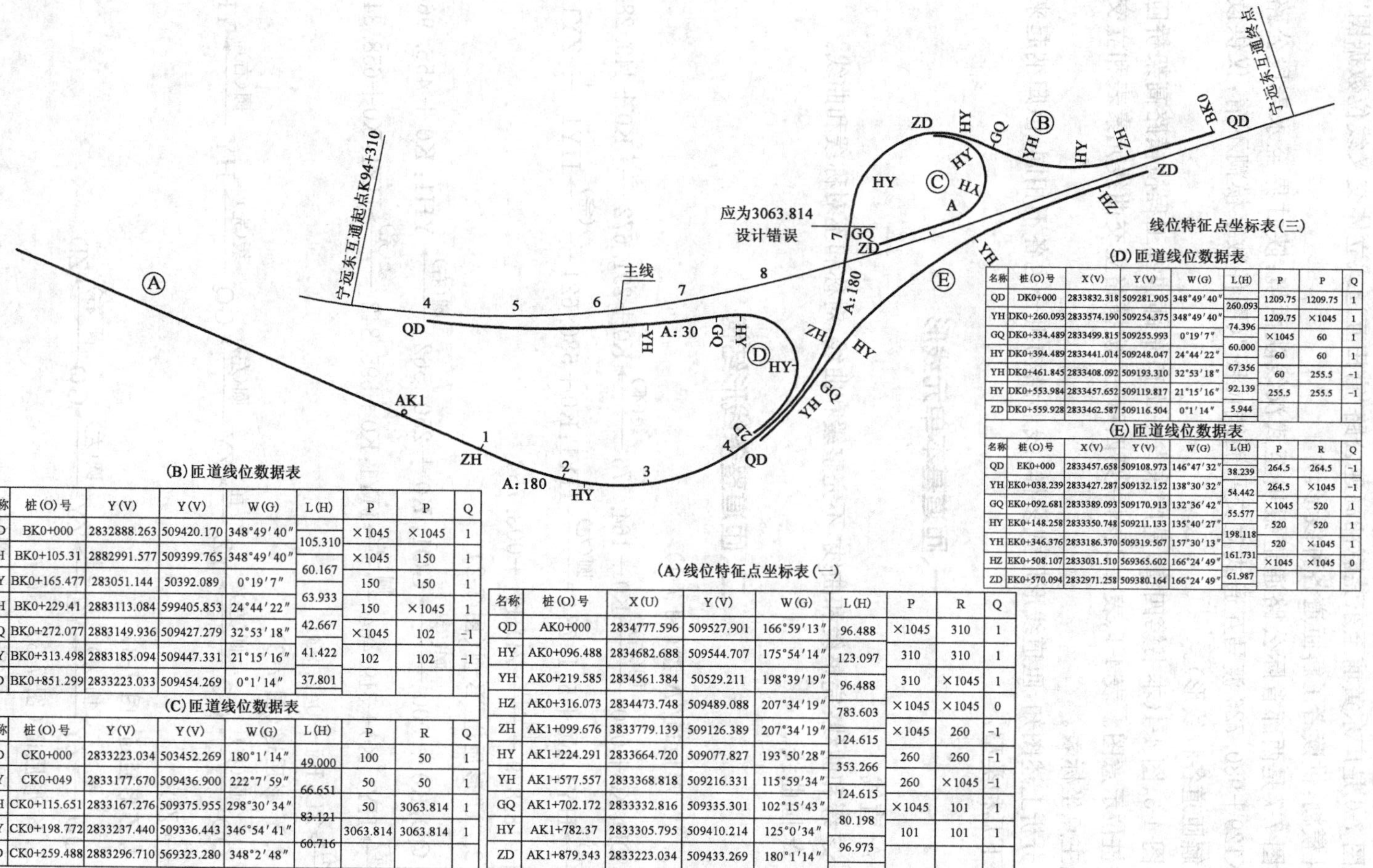

(A)线位特征点坐标表(一)

名称	桩(O)号	X(U)	Y(V)	W(G)	L(H)	P	R	Q
QD	AK0+000	2834777.596	509527.901	166°59′13″	96.488	×1045	310	1
HY	AK0+096.488	2834682.688	509544.707	175°54′14″	123.097	310	310	1
YH	AK0+219.585	2834561.384	50529.211	198°39′19″	96.488	310	×1045	1
HZ	AK0+316.073	2834473.748	509489.088	207°34′19″	783.603	×1045	×1045	0
ZH	AK1+099.676	3833779.139	509126.389	207°34′19″	124.615	×1045	260	-1
HY	AK1+224.291	2833664.720	509077.827	193°50′28″	353.266	260	260	-1
YH	AK1+577.557	2833368.818	509216.331	115°59′34″	124.615	260	×1045	-1
GQ	AK1+702.172	2833332.816	509335.301	102°15′43″	80.198	×1045	101	1
HY	AK1+782.37	2833305.795	509410.214	125°0′34″	96.973	101	101	1
ZD	AK1+879.343	2833223.034	509433.269	180°1′14″				

(B)匝道线位数据表

名称	桩(O)号	Y(V)	Y(V)	W(G)	L(H)	P	P	Q
QD	BK0+000	2832888.263	509420.170	348°49′40″	105.310	×1045	×1045	1
ZH	BK0+105.31	2882991.577	509399.765	348°49′40″	60.167	×1045	150	1
HY	BK0+165.477	283051.144	50392.089	0°19′7″	63.933	150	150	1
YH	BK0+229.41	2883113.084	599405.853	24°44′22″	42.667	150	×1045	1
GQ	BK0+272.077	2883149.936	509427.279	32°53′18″	41.422	×1045	102	-1
HY	BK0+313.498	2883185.094	509447.331	21°15′16″	37.801	102	102	-1
ZD	BK0+851.299	2833223.033	509454.269	0°1′14″				

(C)匝道线位数据表

名称	桩(O)号	Y(V)	Y(V)	W(G)	L(H)	P	R	Q
QD	CK0+000	2833223.034	503452.269	180°1′14″	49.000	100	50	1
HY	CK0+049	2833177.670	509436.900	222°7′59″	66.651	50	50	1
YH	CK0+115.651	2833167.276	509375.955	298°30′34″	83.121	50	3063.814	1
HY	CK0+198.772	2833237.440	509336.443	346°54′41″	60.716	3063.814	3063.814	1
ZD	CK0+259.488	2883296.710	569323.280	348°2′48″				

线位特征点坐标表(三)

(D)匝道线位数据表

名称	桩(O)号	X(V)	Y(V)	W(G)	L(H)	P	P	Q
QD	DK0+000	2833832.318	509281.905	348°49′40″	260.093	1209.75	1209.75	1
YH	DK0+260.093	2833574.190	509254.375	348°49′40″	74.396	1209.75	×1045	1
GQ	DK0+334.489	2833499.815	509255.993	0°19′7″	60.000	×1045	60	1
HY	DK0+394.489	2833441.014	509248.047	24°44′22″	67.356	60	60	1
YH	DK0+461.845	2833408.092	509193.310	32°53′18″	92.139	60	255.5	-1
HY	DK0+553.984	2833457.652	509119.817	21°15′16″	5.944	255.5	255.5	-1
ZD	DK0+559.928	2833462.587	509116.504	0°1′14″				

(E)匝道线位数据表

名称	桩(O)号	X(V)	Y(V)	W(G)	L(H)	P	R	Q
QD	EK0+000	2833457.658	509108.973	146°47′32″	38.239	264.5	264.5	-1
YH	EK0+038.239	2833427.287	509132.152	138°30′32″	54.442	264.5	×1045	-1
GQ	EK0+092.681	2833389.093	509170.913	132°36′42″	55.577	×1045	520	1
HY	EK0+148.258	2833350.748	509211.133	135°40′27″	198.118	520	520	1
YH	EK0+346.376	2833186.370	509319.567	157°30′13″	161.731	520	×1045	1
HZ	EK0+508.107	2833031.510	569365.602	166°24′49″	61.987	×1045	×1045	0
ZD	EK0+570.094	2832971.258	509380.164	166°24′49″				

图7-5 宁远东互通式立交线位图

图 7-6 是广东黄埔至东莞麻涌高速公路“官田互通式立体交叉线位数据图”(图件模糊,供读者了解匝道各种线形。)

图 7-7 是西部省际公路通道银川至武汉线陕西境:陕甘界至永寿段公路“S4K129+980.726 渡马互通式立交平面线位图”(图件数字模糊不清,仅供读者了解匝道各种线形)。

图 4-3、图 4-4(本书第四章)是广东省中山市东部快线工程榄横路高架桥匝道桥桩位示意图。表 4-1、表 4-2(本书第四章)是榄横路立交曲线元素表和立交曲线主点坐标表。

分析上述图知,匝道线形形式多样,线形结构组合也各不相同,但归纳起来有以下几种类型:

一、匝道基本单元线形

☆ 直线。

☆ 缓和曲线:完整缓和曲线,不完整缓和曲线,对称和不对称缓和曲线。

☆ 圆曲线。

二、匝道整条线形结构

1.“U 形匝道”A 型(图 7-1)

QD:K0+000 $\xrightarrow{\text{圆(右)}}$ K0+164.176 $\xrightarrow{\text{缓(不)}}$ K0+291.672 $\xrightarrow{\text{圆右}}$ K0+449.284 $\xrightarrow{\text{缓(完)}}$ HY1:K0+511.784 $\xrightarrow{\text{圆(左)}}$ HY1:K0+586.624 $\xrightarrow{\text{缓(完)}}$ HY1 $\xrightarrow{\text{直}}$ ZY1:K0+918.879 $\xrightarrow{\text{圆(右)}}$ ZD:K1+003.754

2.“U 形匝道”B 型(图 7-2)

QD:K0+000 $\xrightarrow{\text{圆(左)}}$ GQ1:K0+250.562 $\xrightarrow{\text{圆(右)}}$ YH1:K0+456.964 $\xrightarrow{\text{缓(完)}}$ HY1:K0+519.464 $\xrightarrow{\text{圆(左)}}$ HY1:K0+595.842 $\xrightarrow{\text{缓(完)}}$ HY1:K0+658.342 $\xrightarrow{\text{圆(右)}}$ ZD:K1+042.931

3. Y 形匝道(图 7-3)

QD $\xrightarrow{\text{圆(右)}}$ GQ $\xrightarrow{\text{圆(左)}}$ YZ $\xrightarrow{\text{直}}$ ZY $\xrightarrow{\text{圆(左)}}$ GQ $\xrightarrow{\text{缓(完)}}$ HY $\xrightarrow{\text{圆(右)}}$ YH $\xrightarrow{\text{缓(不)}}$ ZD

4. Z 形匝道(图 7-3)

QD $\xrightarrow{\text{直}}$ ZY $\xrightarrow{\text{圆(左)}}$ YZ $\xrightarrow{\text{直}}$ ZY $\xrightarrow{\text{圆(左)}}$ GQ $\xrightarrow{\text{圆(右)}}$ ZD

5. K 形匝道(图 7-3)

起点 $\xrightarrow{\text{直}}$ ZH $\xrightarrow{\text{缓(完)}}$ HY $\xrightarrow{\text{圆(右)}}$ 终点

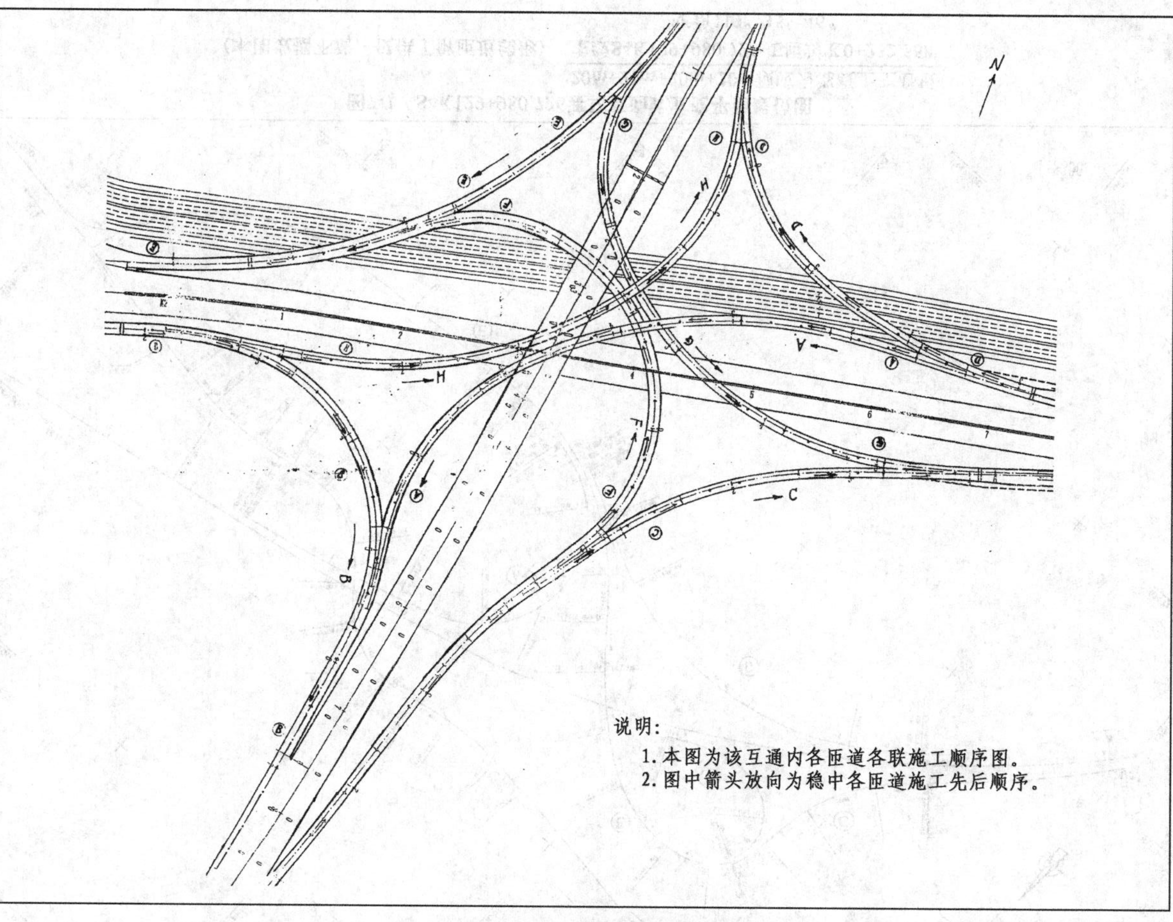

图7-6　官田互通式立体交叉线位数据图

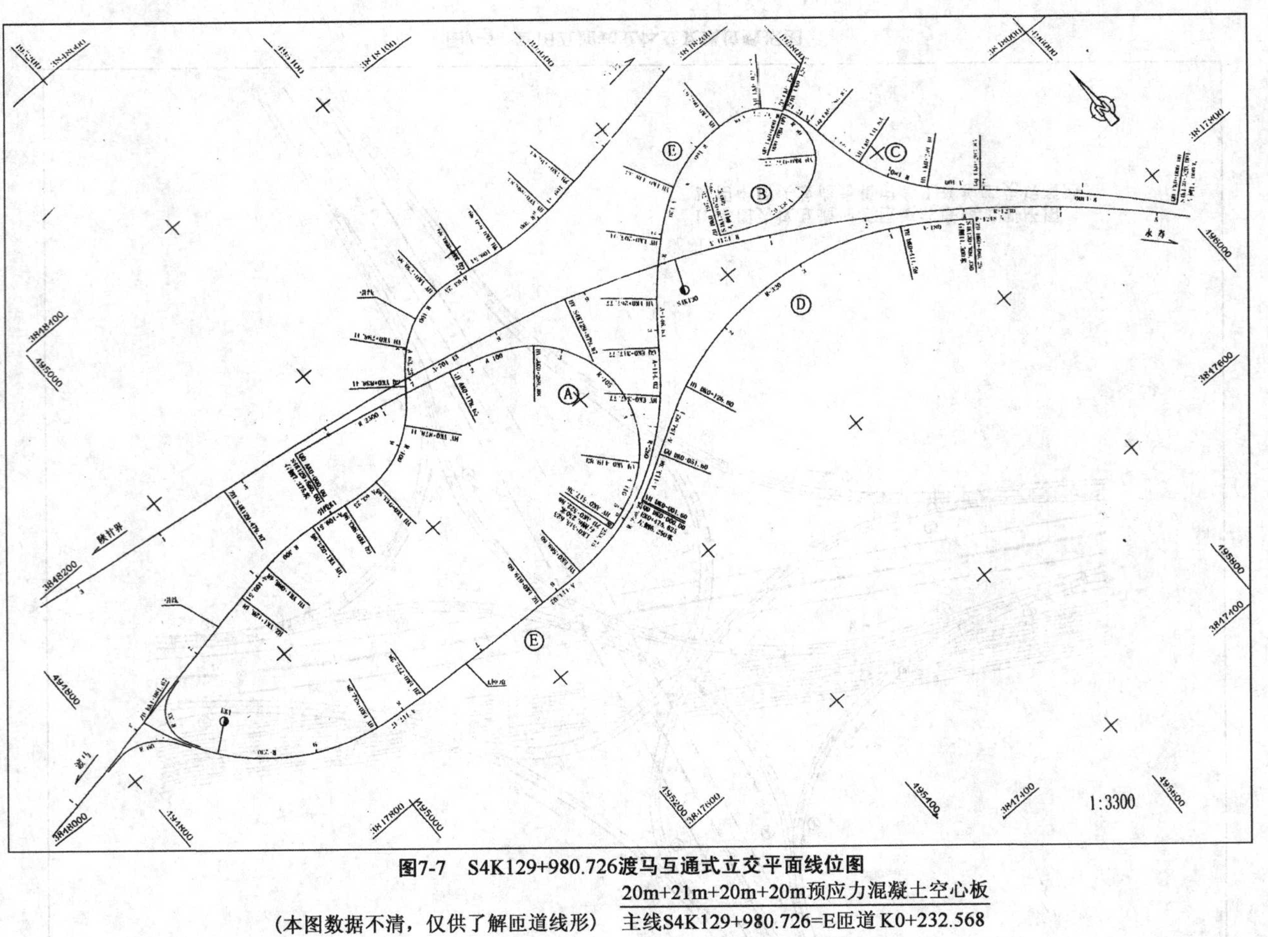

图7-7　S4K129+980.726渡马互通式立交平面线位图
20m+21m+20m+20m预应力混凝土空心板
（本图数据不清，仅供了解匝道线形）　主线S4K129+980.726=E匝道 K0+232.568
交角113°35′46″

6. A 型匝道(图 7-4)

AQD $\xrightarrow{\text{直}}$ ZH $\xrightarrow{\text{缓(完)}}$ HY $\xrightarrow{\text{圆(右)}}$ YH $\xrightarrow{\text{缓(完)}}$ HZ $\xrightarrow{\text{直}}$ ZH $\xrightarrow{\text{缓(完)}}$ HY $\xrightarrow{\text{圆(左)}}$ ZD

7. B 型匝道(图 7-4)

BQD $\xrightarrow{\text{直}}$ ZH $\xrightarrow{\text{缓(完)}}$ HY $\xrightarrow{\text{圆(右)}}$ YH $\xrightarrow{\text{缓(不)}}$ HY $\xrightarrow{\text{圆(右)}}$ BZD

8. C 型匝道(图 7-4)

QD $\xrightarrow{\text{缓(不)}}$ GQ $\xrightarrow{\text{缓(完)}}$ HY $\xrightarrow{\text{圆(右)}}$ YH $\xrightarrow{\text{直}}$ ZD

9. D 型匝道(图 7-4)

DQD $\xrightarrow{\text{直}}$ ZH $\xrightarrow{\text{缓(完)}}$ HY $\xrightarrow{\text{圆(右)}}$ YH $\xrightarrow{\text{缓完}}$ GQ $\xrightarrow{\text{缓(不)}}$ DZD

10. E 匝道(图 7-4)

EQD $\xrightarrow{\text{缓(不)}}$ HY $\xrightarrow{\text{圆(右)}}$ YH $\xrightarrow{\text{缓(不)}}$ HY $\xrightarrow{\text{圆(右)}}$ YH $\xrightarrow{\text{缓(完)}}$ EZD

11. A 型匝道(图 7-5)

QD $\xrightarrow{\text{缓(完)}}$ HY $\xrightarrow{\text{圆(右)}}$ YH $\xrightarrow{\text{缓(完)}}$ HZ $\xrightarrow{\text{直}}$ ZH $\xrightarrow{\text{缓(完)}}$ HY $\xrightarrow{\text{圆(右)}}$ YH $\xrightarrow{\text{缓(完)}}$ GQ $\xrightarrow{\text{缓(完)}}$ HY $\xrightarrow{\text{圆(右)}}$ ZD

12. B 型匝道(图 7-5)

QD $\xrightarrow{\text{直}}$ ZH $\xrightarrow{\text{缓(完)}}$ HY $\xrightarrow{\text{圆(右)}}$ YH $\xrightarrow{\text{缓(完)}}$ GQ $\xrightarrow{\text{缓(完)}}$ HY $\xrightarrow{\text{圆(左)}}$ ZD

13. C 型匝道(图 7-5)

QD $\xrightarrow{\text{缓(不)}}$ HY $\xrightarrow{\text{圆(右)}}$ YH $\xrightarrow{\text{缓(完)}}$ HY $\xrightarrow{\text{圆(右)}}$ ZD

14. D 型匝道(图 7-5)

QD $\xrightarrow{\text{圆(左)}}$ YH $\xrightarrow{\text{缓(完)}}$ GQ $\xrightarrow{\text{缓(完)}}$ HY $\xrightarrow{\text{圆(右)}}$ YH $\xrightarrow{\text{缓(不)}}$ HY $\xrightarrow{\text{圆(右)}}$ ZD

15. E 型匝道(图 7-5)

QD $\xrightarrow{\text{圆(左)}}$ YH $\xrightarrow{\text{缓(完)}}$ GQ $\xrightarrow{\text{缓(完)}}$ HY $\xrightarrow{\text{圆(右)}}$ YH $\xrightarrow{\text{缓(完)}}$ HZ $\xrightarrow{\text{直}}$ ZD

三、匝道线形走向

(1)单一右转;

(2)左、右转交替;

(3)直线。

四、匝道线形上字符术语

(1)QD:匝道起点;

(2)YQD:Y 匝道起点,其余类同;

(3)ZD:匝道止点;

(4)YZD:Y 匝道止点,其余类同;

(5)ZY:直圆点,即圆曲线起点;

(6)YZ:圆直点,即圆曲线止点;

(7)ZH:直缓点,即缓和曲线起点;

(8)HZ:缓直点,即缓和曲线止点;

(9)HY:缓圆点,即带缓和曲线的圆曲线的起点;

(10)YH:圆缓点,即带缓和曲线的圆曲线的止点;

(11)GQ:公切点;

(12)∞:无穷大;

(13)R:半径;

(14)A:缓和曲线参数。

前述“二”中:

(1)圆(右):表示右转弯的圆曲线;

(2)圆(左):表示左转弯的圆曲线;

(3)缓(完):表示完整的缓和曲线;

(4)缓(不):表示不完整的缓和曲线。

五、匝道线位数据表(或叫匝道线位特征点坐标表)

通常情况下,设计单位在匝道线位图上都会提供“匝道线位数据表,该表的样式见图 7-1 至图 7-5。由于图 7-5 上此表模糊不清,故将其放大汇编成表 7-1。

匝道线位数据表中,设计单位提供的信息是:

(1)第 1 列,名称:线位特征点的点名,例如 QD、ZH、HY 等;

(2)第 2 列,线位特征点的里程桩号;

(3)第 3、4 列,线位特征点的坐标 X、Y 值;

(4)第 5 列,方位角:线位上各特征点的切线方位角;

(5)第 6 列,长度:线位特征点间的距离。

这些数据和匝道线位图上的数据:∞、$R=$、$A=$是计算匝道上任一点的中、边桩坐标的重要起算数据,必须搞清楚弄明白。

但也有些设计单位,在线位数据表中只提供了线位特征点的坐标 X、Y 值、没提供方位角,但却提供了缓和曲线交点和圆曲线交点(例如图 7-1 和图 7-2 中的 HJD1、YHJD1 等)的坐标 X、Y 值。这就要求现场测量员自己计算方位角和特征点间距。

匝道线位特征点坐标表 表 7-1

(A)匝道线位数据表

名称	桩(O)号	X(U)	Y(V)	W(G)	L(H)	P	R	Q
QD	AK0+000	2834777.596	509527.901	166°59′13″	96.488	X1045	310	1
HY	AK0+096.488	2834682.688	509544.707	175°54′14″	123.097	310	310	1
YH	AK0+219.585	2834561.384	509529.211	198°39′19″	96.488	310	X1045	1
HZ	AK0+316.073	2834473.748	509489.088	207°34′19″	783.603	X1045	X1045	0
ZH	AK1+099.676	2833779.139	509126.389	207°34′19″	124.615	X1045	260	−1
HY	AK1+224.291	2833664.720	509077.827	193°50′28″	353.266	260	260	−1
YH	AK1+577.557	2833368.818	509216.331	115°59′34″	124.615	260	X1045	−1
GQ	AK1+702.172	2833332.816	509335.301	102°15′43″	80.198	X1045	101	1
HY	AK1+782.37	2833305.795	509410.214	125°0′34″	96.973	101	101	1
ZD	AK1+879.343	2833223.034	509453.269	180°1′14″				

(B)匝道线位数据表

名称	桩(O)号	X(U)	Y(V)	W(G)	L(H)	P	R	Q
QD	BK0+000	2832888.263	509420.170	348°49′40″	105.310	X1045	X1045	1
ZH	BK0+105.31	2832991.577	509399.765	348°49′40″	60.167	X1045	150	1
HY	BK0+165.477	2833051.144	509392.089	0°19′7″	63.933	150	150	1
YH	BK0+229.41	2833113.084	509405.853	24°44′22″	42.667	150	X1045	1
GQ	BK0+272.077	2833149.936	509427.279	32°53′18″	41.422	X1045	102	−1
HY	BK0+313.498	2833186.094	509447.331	21°15′16″	37.801	102	102	−1
ZD	BK0+351.299	2833223.033	509454.269	0°1′14″				

(C)匝道线位数据表

名称	桩(O)号	X(U)	Y(V)	W(G)	L(H)	P	R	Q
LQD	CK0+000	2833223.034	509452.269	180°1′14″	49.000	100	50	1
YHY	CK0+049	2833177.670	509436.900	222°7′59″	66.651	50	50	1
HYH	CK0+115.651	2833167.276	509375.955	298°30′34″	83.121	50	3063.814	1
YHY	CK0+198.772	2833237.440	509336.443	346°54′41″	60.716	3063.814	3063.814	1
DZD	CK0+259.488	2833296.710	509323.280	348°2′48″				

续上表

(D)匝道线位数据表

名称	桩(O)号	$X(U)$	$Y(V)$	$W(G)$	$L(H)$	P	R	Q
QD	DK0+000	2833832.318	509281.905	192°14′49″	260.093	1209.75	1209.751	−1
YH	DK0+260.093	2833574.190	509254.375	179°55′42″	74.396	1209.75	×1045	−1
GQ	DK0+334.489	2833499.815	509255.993	178°9′60″	60.000	×1045	60	1
HY	DK0+394.489	2833441.014	509248.047	206°48′52″	67.356	60	60	1
YH	DK0+461.845	2833408.092	509193.310	271°8′6″	92.139	60	255.5	1
HY	DK0+553.984	2833457.652	509119.817	325°27′33″	5.944	255.5	255.5	1
ZD	DK0+559.928	2833462.587	509116.504	326°47′32″				

(E)匝道线位数据表

名称	桩(O)号	$X(U)$	$Y(V)$	$W(G)$	$L(H)$	P	R	Q
QD	DK0+000	2833467.658	509108.973	146°47′32″	38.239	264.5	264.5	−1
YH	EK0+038.239	2833427.287	509132.152	138°30′32″	54.442	264.5	×1049	−1
GQ	EK0+092.681	2833389.093	509170.913	132°36′44″	55.577	×1045	520	1
HY	EK0+148.258	2833350.748	509211.133	135°40′27″	198.118	520	520	1
YH	EK0+346.376	2833186.370	509319.567	157°30′13″	161.731	520	×1045	1
HZ	EK0+508.107	2833031.510	509365.602	166°24′49″	61.987	×1045	×1045	0
ZD	EK0+570.094	2832971.258	509380.164	166°24′49″				

注：表中U、V、O、G、H、P、R、Q英字母是ZD-XYJS程序中的符号，其含义见程序清单。

第二节　匝道放样数据计算技术

现代公路匝道施工放样，有经验的测量员多是在现场测站上，用可编程式计算器，例如f_x—5800P型计算器，现算出匝道上任一点的中、边桩坐标，然后采用全站仪坐标法放样功能，逐点把设计图上的匝道线形放到实地。这就要求现场测量员，熟练地掌握匝道放样数据计算技术。

目前匝道上任一点中、边桩坐标计算，实践作业中，多采用“线元法”。下面将作者改编的适用f_x—5800P型计算器的“线元法程序”公布于社会。

这个程序是江西赣州通威集团测量工程师张铮提供的f_x—4800计算器程

序，我将其改编成 f_x—5800P 型程序，并经多年实践检验，完全可满足现场匝道施工放线的精度要求。

一、匝道坐标计算程序清单

文件名：主程序：ZD-XYJS

```
"1·SZ→XY":"2·XY→JS:
"N="? N:"U="? U:"V="? V:
"O="? O:"G="? G:"H="? H:
"P="? P:"R="? R:"Q—"? Q↵
1÷P→C:(P—R)÷(2HPR)→D:180÷π→E↵
If 1=N:Then Goto 1:Else If 2=N:Then Goto 2:
If End:IfEnd↵
LbI 1↵
"S"? S:"Z"? Z↵
Abs(S—O)→W:Prog"ZDJS1":"X=":X◢
"Y=":Y◢
Goto 1↵
LbI 2↵
"X"? X:"Y"? Y↵
X→I:Y→J:Prog "ZDJS2":O+W→S:"S=":S◢
"Z=":Z◢
Goto 2
```

子程序：

文件名：ZDJS1

```
0.1739274226→A:0.3260725774→B:
0.0694318442→K:0.3300094782→L↵
1—L→F:1—K→M↵
U+W(A cos(G+QEKW(C+KWD))+B cos(G+QELW(C+LWD))+B cos(G+QEFW(C+FWD))+A cos(G+QEMW(C+MWD)))→X↵
V+W(A sin(G+QEKW(C+KWD))+B sin(G+QELW((C+LWD))+B sin(G+QEFW(C+FWD))+A sin(G+QEMW(C+MWD)))→Y↵
G+QEW(C+WD)+90→F↵
X=Z cos(F)→X:Y+Z sin(F)→Y
```

文件名：ZDJS2

```
G—90→T: Abs((Y—V)cos(T)—(X—U)sin(T)
→W:0→Z↵
```

```
Lbl 0:Prog "ZDJS1":T+QEW(C+WD)→L:
(J−Y)cos(L)−(I−X)sin(L)→Z ↵
If Abs(Z)<0.000001:Then Goto 1:Else If Abs(Z)>0.000001:Then W+Z→W:
Goto 0:IfEnd:
IfEnd ↵
Lbl 1:0→Z:Prog"ZDTS1":(J−Y)÷sin(F)→Z
```

程序中:1・SZ→XY——由所求点里程桩号及中边距离计算坐标;

2・XY→SZ——由计算的所求点的坐标反算所求点的里程桩号;

N=? ——输入1,由里程、边距计算坐标;输入2,由坐标反算里程桩号及边距;

U=? ——线段起点的 X 坐标;

V=? ——线段起点的 Y 坐标;

O=? ——线段起点的里程桩号;

G=? ——线段起点切线方位角;

H=? ——计算线段的长度;

P=? ——线段起点的半径;

R=? ——线段止点的半径;

Q=? ——线路转向控制条件,左偏−1;右偏1;直线0;

S? ——正算时所求点桩号;

Z? ——与 S 同一横断面的中、边桩距离,计算左边桩,Z 输入负值,计算右边桩,Z 输入正值;计算中桩,Z 输入0;

X=、Y=——所求点坐标;

S=——所求点里程桩号;

Z——所求点中一边桩距离。

二、程序功能及注意事项

(1)本程序可计算线路上任意曲线各段任意点的中、边桩坐标。通常情况下,常用此程序计算匝道上任意一点中、边桩坐标。

(2)本程序可由线路上任一点的坐标,反算该点的里程桩号和中、边距离。

(3)计算时应将线路按线形结构单元分段,例如:直线段、缓和曲线段、圆曲线段。

(4)计算时线路各段的起算要素是线元每分段的:

①起点的里程桩号及坐标 X、Y;

②起点的切线方位角；

③计算段的长度；

④起点的半径；

⑤止点的半径；

⑥线路转向。

(5)用本程序计算线路各段任意所求点中，边桩坐标时，应注意：

①正确判断线路转向方法：面向线路前进方向则左手边为左弯，$Q=-1$；右手边为右弯，$Q=1$，直线：$Q=0$。

②当计算线段为直线时，其起点、止点的半径为无穷大，输入 $X1045$。当直线起、止点为缓和曲线时，半径无穷大，输入 $X1045$；当直线段起、止点为圆曲线时，半径是圆曲线的半径。

③当计算段为圆曲线时，其起、止点半径是圆曲线的半径。

④当计算段为完整缓和曲线时，起点与直线相接，半径为无穷大；输入 X1045；与圆曲线相接时，半径等于圆曲线的半径；止点与直线相接时，半径为无穷大，输入 X1045；与圆曲线相接时，半径为圆曲线的半径。

⑤当计算段为非完整缓和曲线时，起点与直线相接时，半径等于设计规定的值；与圆曲线相接，半径等于圆曲线的半径。止点与直线相接，半径等于设计规定的值；与圆曲线相接，半径等于圆曲线的半径。

⑥当线路线形结构如图 7-8，其起、止点半径按示意图处理：

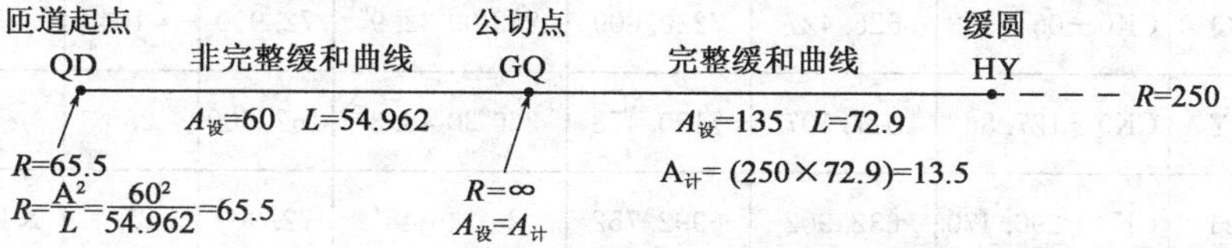

匝道起点 QD　非完整缓和曲线　公切点 GQ　完整缓和曲线　缓圆 HY　$R=250$

$A_{设}=60$　$L=54.962$　$A_{设}=135$　$L=72.9$

$R=65.5$　$R=\dfrac{A^2}{L}=\dfrac{60^2}{54.962}=65.5$　$R=\infty$　$A_{设}=A_{计}$　$A_{计}=(250\times72.9)=13.5$

a)图7-4　C匝道不完整缓和曲线与完整缓和曲线相接子GQ时半径的取用

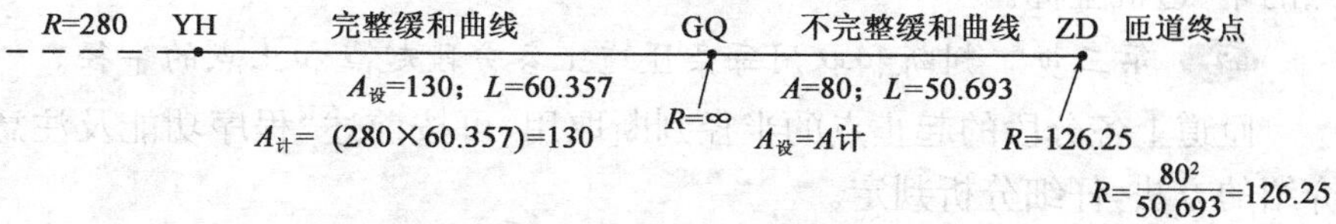

$R=280$　YH　完整缓和曲线　GQ　不完整缓和曲线　ZD　匝道终点

$A_{设}=130$；$L=60.357$　$A=80$；$L=50.693$

$A_{计}=(280\times60.357)=130$　$R=\infty$　$A_{设}=A_{计}$　$R=126.25$

$R=\dfrac{80^2}{50.693}=126.25$

b)图7-4　D匝道完整缓和曲线与不完整缓和曲线相接于GQ时半径的取用

图 7-8　不完整缓和曲线的一端是线形起(止点)另一端与完整缓和曲线相交于公切点

三、程序计算匝道上任意点中、边桩坐标的方法步骤

▶▶ 第一步　熟悉匝道设计图，弄清每条匝道的类型及线形结构组合、掌握每条匝道各结构单元的有关数据：

(1)每段起、止点的名称；

(2)线位特征点数据：桩号、坐标、方位角、长度等；

(3)线位图上半径、缓和曲线参数 A 等。

如果发现“线位特征点数据”，设计单位只提供了特征点的桩号和坐标，没有提供特征点的方位角，并没有提供方位角计算的途径，则这种匝道设计图纸是不完善的设计。出现这种情况应与设计单位联系解决。

▶▶ 第二步　分段，根据每条匝道的线形结构单元分段，取用各段要素：桩号、坐标、方位角、长度、起点半径、止点半径、线路转向等。

要求：分段必须正确，取用的数据必须正确！

分段可在表格上进行，分段的样表见表 7-2。为了省事，分段可在匝道设计图上的线位数据表上进行。样式见图 7-1～图 7-5 上各线位特征点数据表。

图 7-1C 匝道坐标计算起算数据表　　表 7-2

名称	桩号	X	Y	G	H	P	R	Q
CQD	CK0+000	635.746	7274.540	276°11′52.5″	54.962	65.5	×1045	−1
GQ	CK0+054.962	626.427	7220.809	252°09′32.9″	72.900	×1045	250	1
HY	CK0+127.862	607.507	7150.478	260°30′46.3″	162.609	250	250	1
YH	CK0+290.470	632.902	6992.752	297°46′48″	72.900	250	×1045	1
CZD	CK0+363.370	672.941	6931.914	306°08′01.4″				

准备好了表 7-2，在匝道放样现场，可很方便地用 ZD-XYJS 程序计算任一点的中、边桩坐标。

▶▶ 第三步　判断和取用每条匝道上各分段起点和止点的半径。

匝道上各分段的起止点的半径判断取用，可按前述“程序功能及注意事项”介绍的方法，仔细分析判定。

匝道上缓和曲线起、止点半径的判断取用，可按下述方法进行。

1. 匝道上缓和曲线的类型

匝道上常见的缓和曲线类型有：

(1)完整缓和曲线(含对称缓和曲线)；

(2)不完整缓和曲线(含非对称缓和曲线)。

完整缓和曲线起、止点的半径，必定是一端为无穷大，另一端为圆曲线(含带有缓和曲线的圆曲线。下同)的半径。

不完整的缓和曲线起、止点的半径，一端应是小于无穷大，而大于另一端所接圆曲线半径的值。另一端为圆曲线的半径。

归纳起来，缓和曲线起、止点的半径的类型：

(1)缓和曲线的起点和直线相接，止点与圆曲线相接，即：

$$\xrightarrow{直}\mathrm{ZH}\frac{缓}{\mathrm{A}}\mathrm{HY}\xrightarrow{圆}\mathrm{YH}$$

(2)缓和曲线的起点与圆曲线相接，止点与直线相接，即：

$$\mathrm{HY}\xrightarrow{圆}\mathrm{YH}\frac{缓}{\mathrm{A}}\mathrm{HZ}\xrightarrow{直}$$

(3)缓和曲线的起点与圆曲线相接，止点与另一个圆曲线相接，即：

$$\mathrm{HY}\xrightarrow{圆}\mathrm{YH}\frac{缓(不)}{\mathrm{A}}\mathrm{HY}\xrightarrow{圆}\mathrm{YH}$$

(4)不完整缓和的一端是匝道的起点(或终点)，另一端与完整缓和曲线相交于公切点(GQ)，而完整缓和曲线另一端与圆曲线相接，即：

①$\underset{起点}{\mathrm{QD}}\frac{缓(不)}{\mathrm{A}}\mathrm{GQ}\frac{缓(完)}{\mathrm{A}}\mathrm{HY}\xrightarrow{圆}\mathrm{YH}$；

②$\mathrm{HY}\xrightarrow{圆}\mathrm{YH}\frac{缓(完)}{\mathrm{A}}\mathrm{GQ}\frac{缓(不)}{\mathrm{A}}\mathrm{ZD}_{止点}$。

2.判断完整缓和曲线和不完整缓和曲线的方法

(1)用公式(7-1)计算缓和曲线(即回旋线，下同)参数$A_{计}$：

$$A_{计}=\sqrt{(R\cdot L)} \tag{7-1}$$

式中：R——缓和曲线一端点连接的圆曲线的半径；

L——缓和曲线长度。

(2)比较$A_{计}$与$A_{设}$(匝道设计图上的A)，若：

$$A_{计}=A_{设}$$

则，该缓和曲线是完整缓和曲线。可以确定：该缓和曲线接圆曲线那一端点的半径就是圆曲线的半径，另一端点的半径，则是无穷大。

若：

$$A_{计}\neq A_{设}$$

则，该缓和曲线是不完整缓和曲线。可以确定：该不完整缓和曲线接圆曲线那一端点的半径,就是圆曲线的半径;另一端点的半径,则是小于无穷大,大于所接圆曲线半径的值。

3.计算不完整缓和曲线另一端点半径的方法

公式:

$$R_{缓(不)} = (R_{圆} \times A^2)/(A^2 - R_{圆} \times L) \qquad (7\text{-}2)$$

式中:$R_{缓(不)}$——不完整缓和曲线另一端点的半径;

$R_{圆}$——不完整缓和曲线那一端所接圆曲线的半径;

A——设计图上不完整缓和曲线的曲线参数;

L——不完整缓和曲线的曲线长度。

四、匝道坐标计算起算数据准备案例

图 7-9 是湖南省永蓝高速公路(湘粤界)2 标宁远东互通式立交 C 匝道。要将该匝道放到实地,则在放样前应事先准备好 C 匝道点位坐标计算的起算要素。

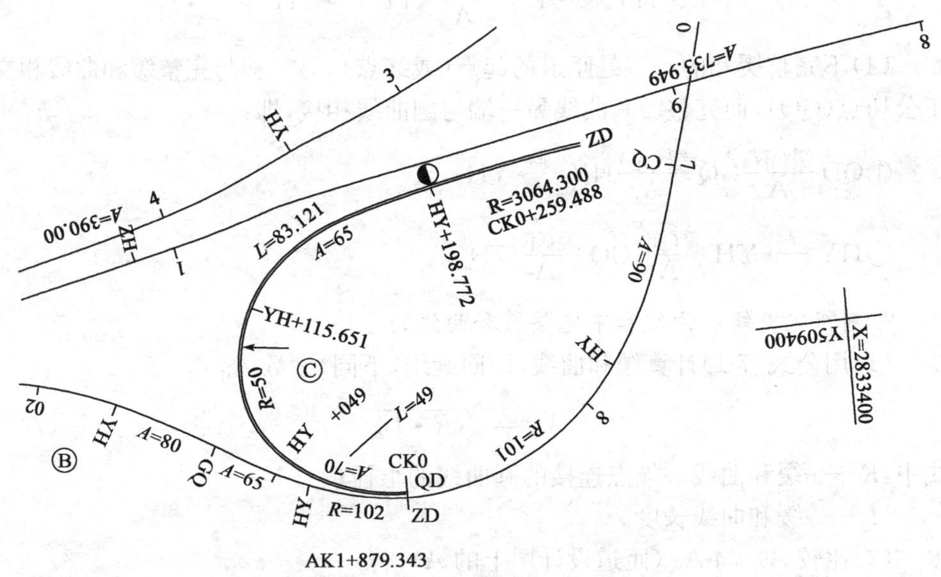

图 7-9 匝道数据准备示意图

分析该图知,C 匝道各段情况:

(1)第一段:QD-HY 段;桩号:CK0+000-CK0+049;前缓和曲线、$A_{设}=70$,用公式(7-1)计算得 $A_{计}=49.5$($R_{圆}=50$,$L=49$);则 $A_{设}$ 70≠$A_{计}$ 49.5,为不完整缓和曲线。用公式(7-2)计算 $R_{缓(不)}=100$,则该段起点半径 $P=100$,止点半径 $R=50$;右转。

(2)第二段：HY－YH 段，桩号：CK0＋049～CK0＋115.651；圆曲线，半径50，则 $P=R=50$；右转。

(3)第三段：YH－HY 段；桩号：CK0＋115.651～CK0＋198.772；后缓和曲线，$A_{设}=65$，用公式(7-1)计算得 $A_{计}=64.467$，($R_{圆}=50$，$L=83.121$)，则 $A_{设}$ 65 $\neq A_{计}$ 64.467，为不完整缓和曲线。用公式(7-2)计算 $R_{缓(不)}=3063.814$(设计图上为 3064.300，设计有误)；则该段起点半径 $P=50$，止点半径 $R=3063.814$；右转。

(4)第四段：HY－ZD 段；桩号：CK0＋198.772～CK0＋259.488；圆曲线，半径＝3063.814，则 $P=R=3063.813$；右转。

经上分析，将 C 匝道有关数据整理成表 7-3，方便现场放样时取用。

C 匝道线位数据表

表 7-3

名称	桩(O)号	X(U)	Y(V)	W(G)	H	P	R	Q
QD	CK0＋000	2833223.034	509452.269	180°1′14″	49.000	100	50	1
HY	CK0＋049	2833177.670	509436.900	222°7′59″	66.651	50	50	1
YH	CK0＋115.651	2833167.276	509375.955	298°30′34″	83.121	50	3063.814	1
HY	CK0＋198.772	2833237.440	509336.443	346°54′41″	60.716	3063.814	3063.814	1
ZD	CK0＋259.488	2833296.710	509323.280	348°2′48″				

值得再次强调的是：

(1)采用 f_x—5800P 型计算器“线元法”程序计算匝道上任一点的中、边桩坐标的起算数据是线元每分段的：

①起点的桩号及坐标：英字母符号 O 及 $X(U)$、$Y(V)$。

②起点的切线方位角：英字母符号 G。

③计算段起点至止点的长度，英字母符号 H。

④起点的半径：英字母符号 P。

⑤止点的半径：英字母符号 R。

⑥线路该段的转向：英字母符号 Q。

这几个要素中，桩号、坐标、方位角、长度，是设计图中提供的是已知的。圆曲线段的半径亦是已知的。只有不与圆曲线相接的缓和曲线的另一端点的半径是未知的(有的设计图也会提供)，但设计图中，一般都提供了缓和曲线参数 A，在这种情况下，应根据 A、R、L 三者关系，用公式(7-1)判断该段缓缓和曲线是完整的缓和曲线，则该端点半径是无穷大，输入×1045。是不完整缓和曲线，用公式(7-2)计算出该端点半径。

(2)像本章第二节图7-8“不完整缓和曲线的一端是线元起(或止)点,另一端与完整缓和曲线相交于公切点“GQ”线段两端的半径,通常情况下,公切点(GQ)处的半径是无穷大,而另一端点(起或止点)的半径则要用公式:$R=A^2\div L$来计算。

(3)像本章第一节图7-1“A型U形匝道”和图7-2“B型U形匝道”设计图,图中只给出了点名、桩号、坐标,半径R、∞缓和曲线参数A。还有圆曲线交点:YJD1、YJD2、YJD3、YJD4和缓和曲线交点:HJD1、HJD2、HJD3。在这种情况下,要计算此类U型匝道上任意一点的坐标,可用“线元法ZD-XYJS程序”,或用“交点法XY程序”来计算。

1.线元法

用ZD-XYJS程序计算U形匝道上任意一点的中、边桩坐标以AU型匝道为例,见图7-1。

(1)把桩号写在匝道图相应点旁。

(2)图上分段:

①K0+000~K0+164.176段,圆曲线段;R=3092.625。

②K0+164.176~K0+291.672段,不完整缓和曲线段;A=500。

③K0+291.672~K0+449.284段,圆曲线段,R=1200。

④K0+449.284~K0+511.784段完整,缓和曲线段,A=50。

⑤K0+511.784~K0+586.624段,圆曲线段,R=40。

⑥K0+586.624~K0+649.124段,完整缓和曲线段,A=50。

⑦K0+649.124~K0+918.899段,直线段,$R=\infty$。

⑧K0+918.899~K1+033.754段,圆曲线段,R=3500。

(3)用弦线把每段端点连起来,作用:

①可判断交点位置;

②可帮助判断该曲线转向:面向前进方向,弦在曲线右侧,则该段曲线右转;弦在曲线左侧,则该段曲线左转。

(4)用坐标反算程序(文件名:ZFS)计算每段起点和交点的方位角,即该段起点的方位角。例如第①段,K0+000的方位角,用K0+000的坐标X=434.391、Y=283.228和YJD1的坐标X=442.871、Y=201.560反算的方位角G=275°55′41″。其余各段起点的方位角,同理。

关于“ZFS程序”可参阅作者《公路工程施工测量现场实用程序计算技术》(北京:人民交通出版社,2010,下同)。

(5)在匝道图上分析取用每段匝道曲线起、止点半径。

例如第二段不完整缓和曲线,起点与①圆曲线相接,半径应是P=3092.625;止点与③圆曲线相接,半径应是R=1200。其余半径分析,同理。

(6)该匝道④、⑥两段的起、止点半径取用较困难，正确分析应是：

①应把④、⑥两段缓和曲线看作圆曲线⑤两边前、后缓和曲线。

②用公式(7-1)计算④、⑥两端的曲线参数 $A_{计}$ 与 $A_{设}$ 比较：

$$A_{计④}=\sqrt{(40\times62.5)}=50,则\ A_{计④}=A_{设}=50$$

$$A_{计⑤}=\sqrt{(40\times62.5)}=50,则\ A_{计⑤}=A_{设}=50$$

说明该两段缓和曲线是完整缓和曲线。

③从上分析知：

第④段 P 是无穷大，即是×1045，$R=40$；

第⑤段 $P=40$，R 是无穷大，即是×1045。

(7)综上分析，将有关数据整理在图 7-1Ⓐ－Ⓐ表上，方便现场查用。

2. 交点法

用 XY 程序计算 U 形匝道上任意一点的中、边桩坐标。

以 BU 形匝道为例，见图 7-2。

(1)分析图 7-2 知，BU 形匝道由 4 段圆曲线和 2 段和曲线组成。由于设计图提供了圆曲线交点的坐标 X、Y 值，这就为交点法程序计算该匝道上点位坐标提供了条件。

(2)准备交点法 XY 程序计算匝道上点位坐标的起算数据(以 YJD1 为例)：

R——圆曲线半径，本例 R 设计图提供数据为 $R=4407.375$

Q——交点桩号，未知；

P、W——交点 X、Y 坐标，本例设计图提供：$X=4663.950$，$Y=9059.750$；

F——前切线方位角，未知；

N——转角，未知；

V——缓和曲线长，本例 $V=0$；

G——控制线路转向，本例左转，$G=-1$。

(3)计算交点桩号 Q，前切线方位角 F。

用 K0＋000 坐标和 YJD1 坐标用坐标反算程序(ZFS 程序)反算求得：K0＋000－YJD1 间距离(切线长)$T=125.316$，方位角 $F=94°19'26''$即前切线方位角。则交点桩号 $Q=$K0＋000＋125.316＝K0＋125.316。

(4)计算转角 N

用交点坐标和 K0＋250.562 坐标反算求得：$F=91°04'00''$，则前、后两切线夹角 $\beta=(94°19'26''+180)-91°04'00''=183°15'26''$，所以线路转角 $N=183°15'26''-180=3°15'26''$。

通过上述分析和计算，交点法 XY 程序的起算数据就准备好了。为了方便现场取用，可将这些数据写在交点 YJD1 旁。并标明计算范围：K0＋000～K0＋250.562(GQ1)。

其余 YJD2、YJD3、YJD4 交点的起算要素仿上进行。

U 形匝道的缓和曲线(例如本例 K0＋456.964～K0＋519.464 及 K0＋595.842～K0＋658.342 段)用交点法 XY 程序计算较困难,应考虑选用线元法程序计算。

另外,对比线元法和交点法,作者推荐用线元法计算匝道上点位坐标。

第三节　匝道现场放样实操案例

任务,要把图 7-5 中 A、B、C、D、E 匝道放到实地。

接受任务后,根据作者放匝道经验,可按下述步骤进行:

1)复印匝道图纸,并按前述介绍的方法,看图、分析图纸。主要掌握:

(1)各条匝道的线形走向。

(2)各条匝道线元结构组合。

(3)各条匝道设计图上提供的数据。

(4)按照前述介绍的方法准各条匝道计算坐标的起算数据:

①起点桩号及坐标。

②各条匝道上每分段起点的方位角。

③每分段计算的长度。

④每分段起、止点的半径。

⑤每分段线路的转向。

⑥各条匝道横断面图中一边桩距离。

(5)复算设计图各条匝道主要特征点的坐标及各条匝道逐桩坐标表上的坐标。

(6)复算各条匝道纵断面图上的设计高程。

(7)发现问题与驻地监理,设计单位驻地办代表联系解决。

2)当主线路施工到匝道范围应实地勘察各条匝道大概位置、地形条件、地物情况,导线点密度及通视情况,水准点密度等。

3)根据施工进度,放样前在施工主线放样时加密匝道施工范围内的导线点、水准点(最好导线点、水准点是同一点)或者是在匝道放样时,临时加密导线点。

4)匝道放样前要编制好匝道范围内导线点、水准点成果表,并经 200%检查,有关数据(坐标、高程、点号)应确保正确。

5)匝道放样前,准备好放样仪具。

(1)全站仪、三叉式单棱镜。

(2)铁锤、竹(木)桩、红塑带、油性记号笔、小钢尺等。

(3)计算工具：f_x—5800P 型或 f_x—4800P/4850P 型计算器。

6)匝道放样时，将全站仪整置于可通视所放匝道的导线点上，后视另一已知导线点“建站”。

7)用 f_x—5800P 型计算器“ZD-XYJS 程序”逐桩计算匝道上所放桩号的中、边桩坐标，输入全站仪，用全站仪坐标法放样功能逐桩放出所需点位，钉桩、扎红塑带，醒目标志。

第八章　公路涵洞施工平面位置放样实操案例

第一节　看图分析设计单位提供的涵洞类型及数据

公路涵洞，例如圆管涵、盖板涵、倒虹吸、箱涵等是公路上主要构造物，它们是公路施工一个重要部分。对公路施工测量来说，是重要的放线任务之一。

关于"公路结构物施工放样测量"，作者在《公路工程施工测量》(北京：人民交通出版社，2004，9)和《测量员便携手册》(北京：人民交通出版社，2009，6)等著作中已详加阐述。本节是根据读者的反馈以及作者出书后近八年施工测量实践，对现场放样涵洞的技术总结。

现场测量员放样涵洞的依据是设计图纸。

当接受涵洞放样任务后，应对收集到的图纸认真分析，弄清设计图构造物类型结构及相关数据。

通常情况下，经过看图分析，主要应掌握如下信息：

(1)涵洞所在的位置：即涵洞主轴线与线路中线交点的里程程序，也称涵洞的中心桩号；

(2)涵洞主轴线与线路中线是正交，还是斜交，交角是多少度；

(3)涵长是多少，左侧、右侧各长多少；

(4)涵洞上下游进出口型式：多为八字墙；

(5)八字墙长度、八字墙形式与主轴线关系。

例如，图 8-1 圆管涵。图中 3 是涵洞主轴线与线路中线交点，里程桩号是 K12＋620；2 和 4 是涵洞左、右两端点；1 和 5 是八字口左、右外边缘点。左侧涵长 22.06；右侧涵长 22.66；八字墙长：左 3.16；右 3.21。1-3-5 连线是主轴线，其与线路中线斜交：交角 60°。

图 8-2 是盖板涵；图 8-3 是箱涵；图 8-4 是倒虹吸。这些构造物的中心桩号、涵长、交角等分析同理。需要补充的是：实践放样时，圆管涵一般情况下，只要在实地放出主轴线 1-3-5 点，现场施工员据此主轴线和圆管直径就可在实地指挥放出开挖线，然后根据下挖深度就可指挥施工。但是对盖板涵和箱涵这样的构造物，现场施工要求放出底层基础的 4 个角和八字墙外开口的 2 个角。为此，除

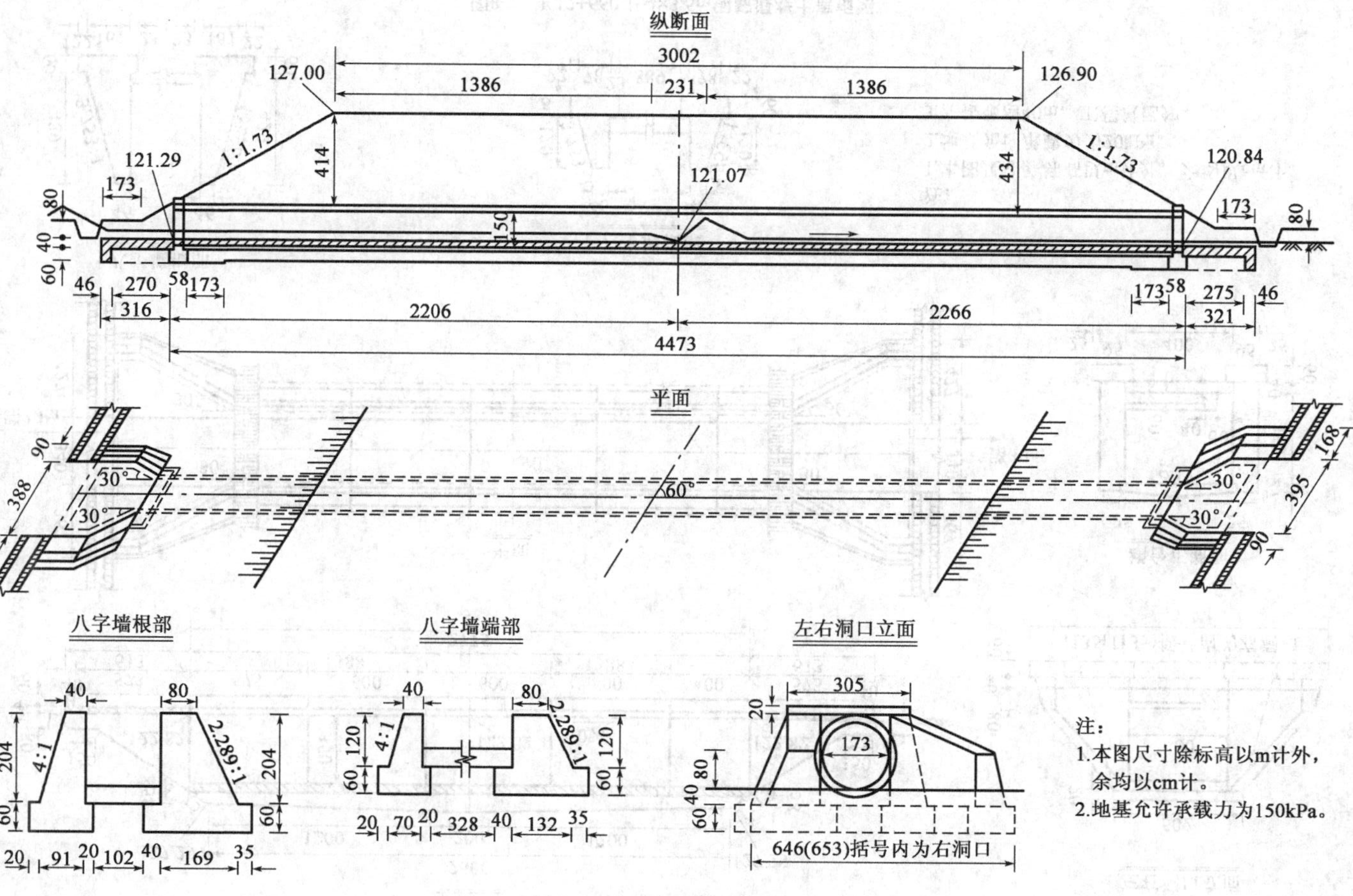

注：

1.本图尺寸除标高以m计外，余均以cm计。

2.地基允许承载力为150kPa。

图8-1　钢筋混凝土圆管涵

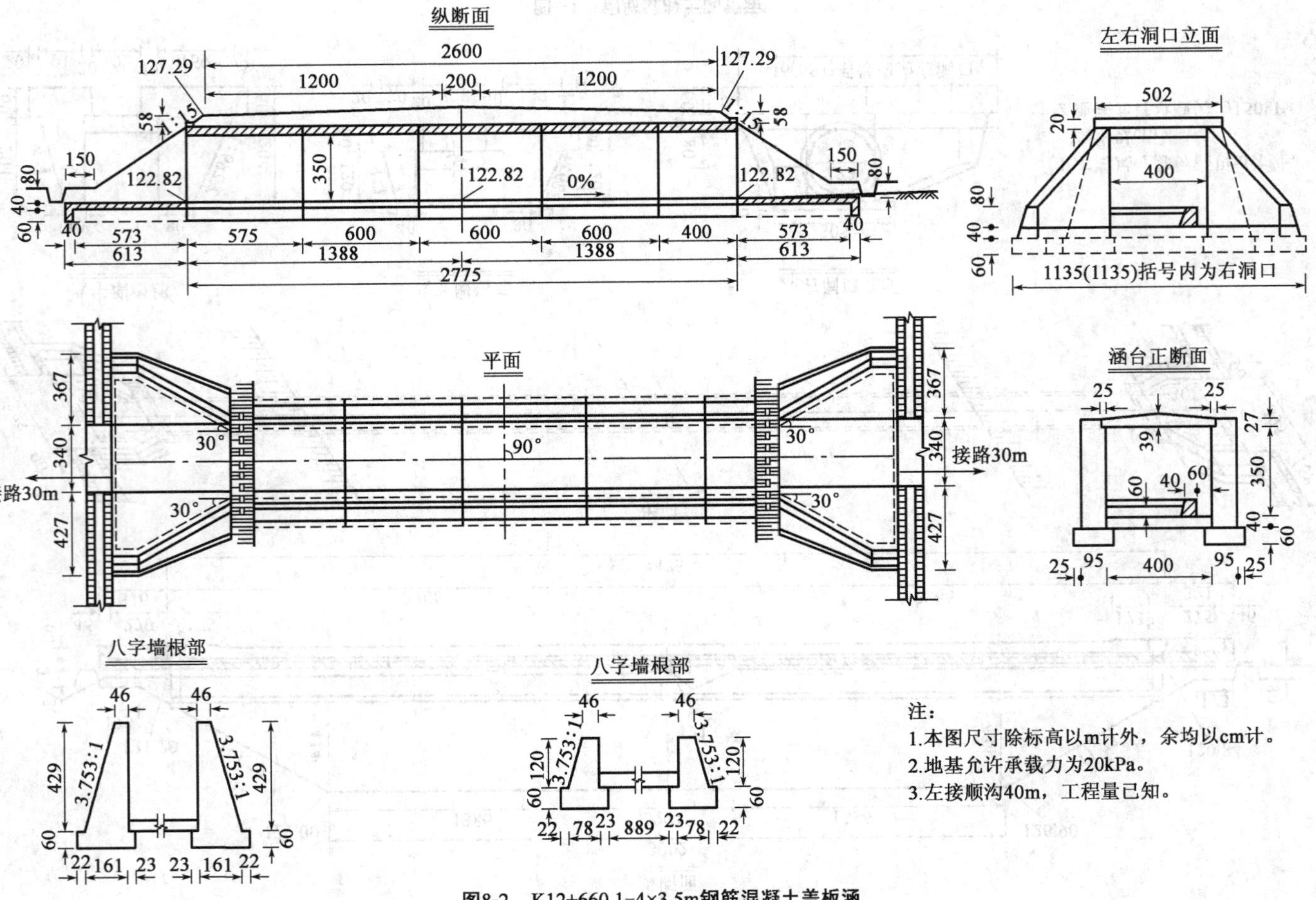

图8-2　K12+660 1-4×3.5m钢筋混凝土盖板涵

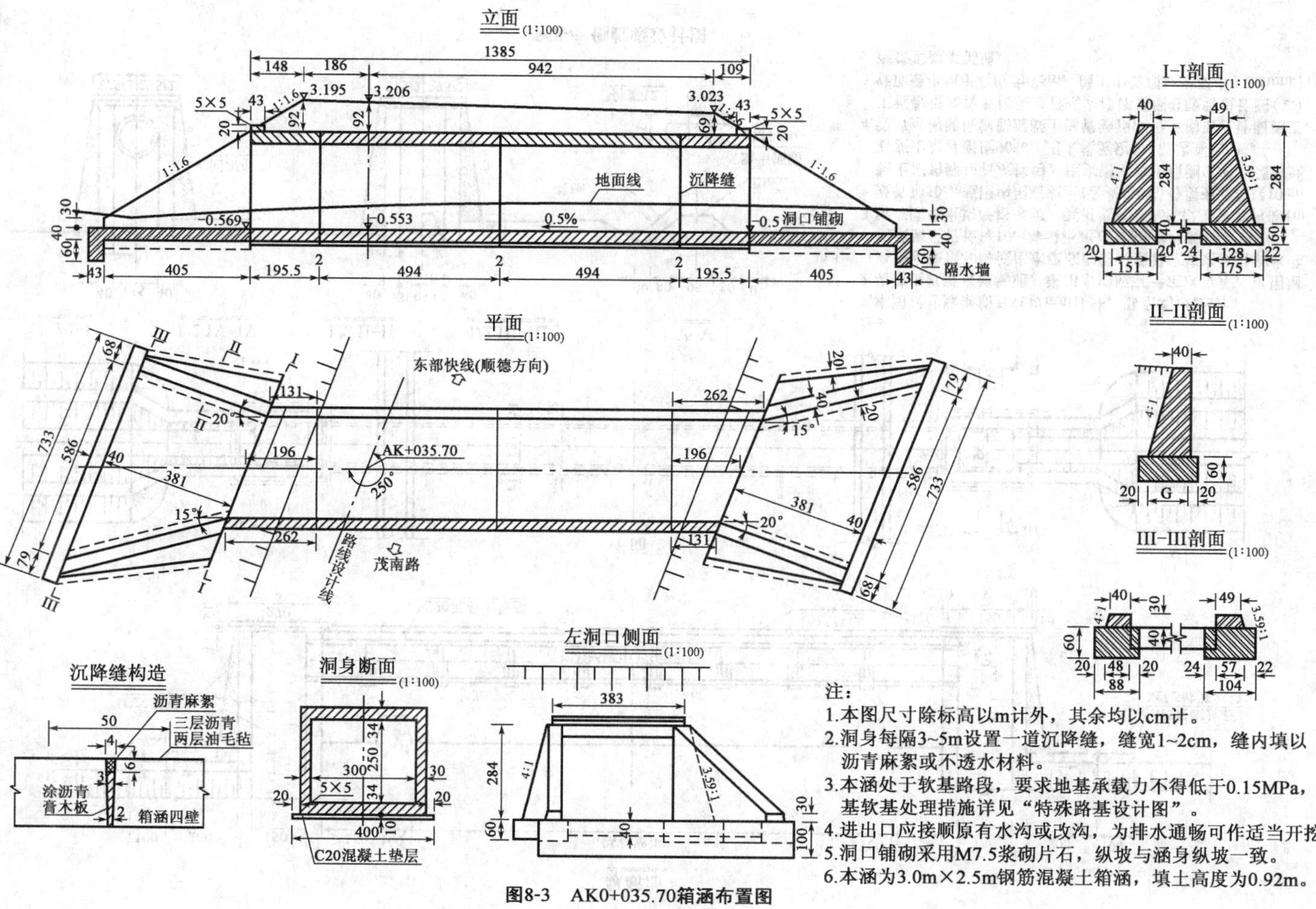

注：

1.本图尺寸除标高以m计外，其余均以cm计。

2.洞身每隔3~5m设置一道沉降缝，缝宽1~2cm，缝内填以沥青麻絮或不透水材料。

3.本涵处于软基路段，要求地基承载力不得低于0.15MPa，基软基处理措施详见“特殊路基设计图”。

4.进出口应接顺原有水沟或改沟，为排水通畅可作适当开挖。

5.洞口铺砌采用M7.5浆砌片石，纵坡与涵身纵坡一致。

6.本涵为3.0m×2.5m钢筋混凝土箱涵，填土高度为0.92m。

图8-3　AK0+035.70箱涵布置图

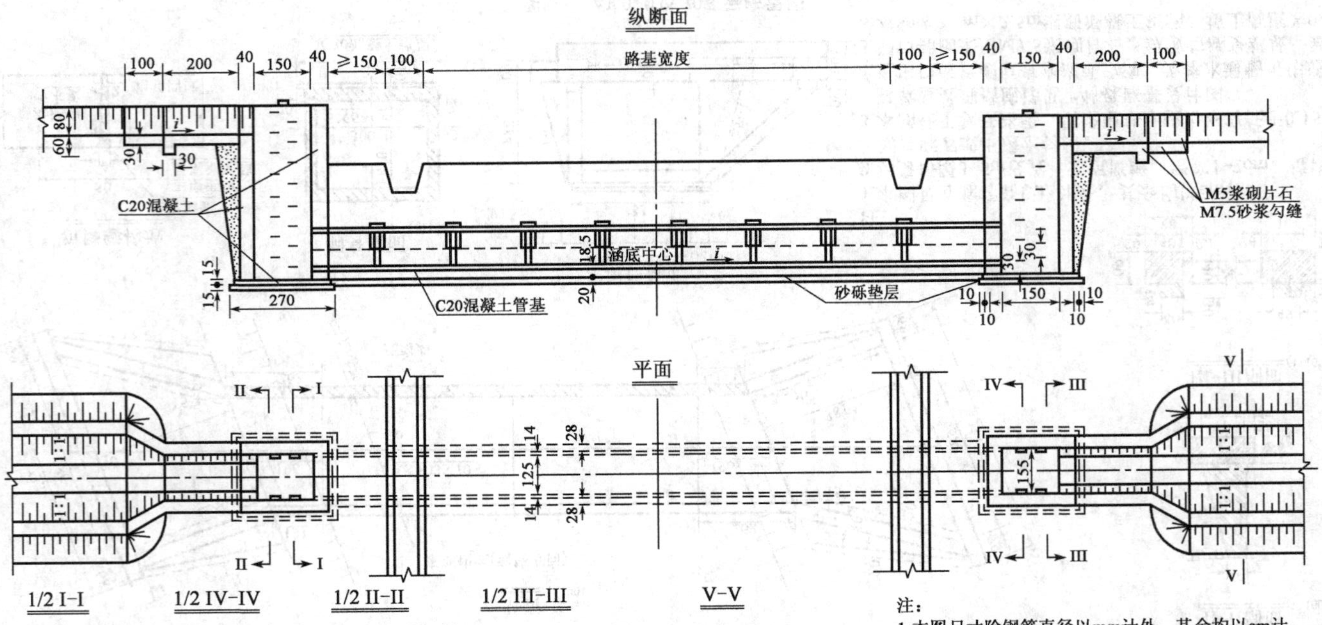

纵断面
路基宽度
100
200
40
150
40
≥150
100
C20混凝土
涵底中心
18.5
20
C20混凝土管基
砂砾垫层
270
15
M5浆砌片石
M7.5砂浆勾缝
平面
125
14
28
155
1:1

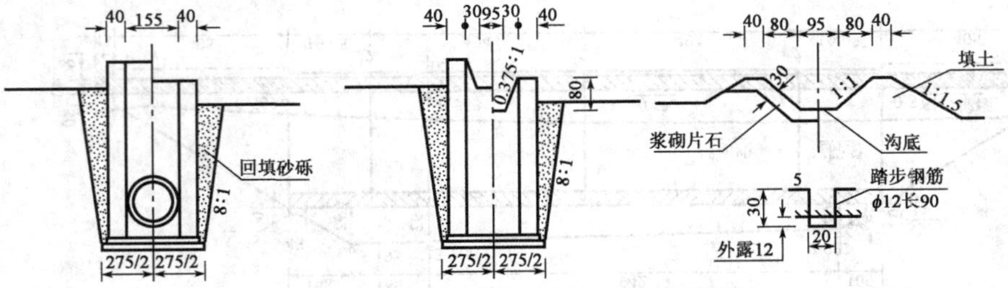

1/2 I-I
1/2 IV-IV
1/2 II-II
1/2 III-III
V-V
275/2
回填砂砾
8:1
0.375:1
浆砌片石
沟底
填土
1:1.5
1:1
踏步钢筋
ϕ12长90
外露12

注:

1.本图尺寸除钢筋直径以mm计外，其余均以cm计。

2.为使倒虹吸水流畅通，进出水槽应有一定水位差，可用增高进水渠顶和降低出水渠底取得；敷设完毕之涵身和水井均须满足管长每10m渗漏不超过3kg/h之实验的要求。

3.所有回填土均严格夯实，其密度达到96%以上管节两侧1m及管顶50cm范围内用石灰土(含灰量9%)分层夯实每层10cm，黏土需粉碎与石灰拌匀，压实密度按小模测定时，须达到石灰土最佳密度90%，用大模测定时，需达到100%。

4.管节结构请按钢筋混凝土圆管涵预制管节构造设计图施工，工程数量及管节接头，管基大样详见倒虹吸管设计图(二)。

5.管顶最小填土高度为0.5m，施工中管顶填土厚小于0.50m时，严禁重型车辆通过。

图8-4 倒虹吸设计图(一)

认真看构造物"纵剖面图"和"平面图"外，还要认真看"涵口正断面图"(或叫"洞身断面图")，从图上分析：

(1)涵洞洞身的宽度；

(2)基础的宽度；

(3)墙身厚度。

这些数据若涵洞是90°正交，则可从设计图上直接取用。若涵洞是斜交，则应换算成斜距。

例如，图8-2K12+660盖板涵，正交，则从"涵口正断面图"上直接取用：洞身宽度：4.0；基础宽度：4.0+0.95×2+0.25×2=6.4；墙身厚度：0.95。

图8-3AK0+035.70箱涵，斜交70°，则从"洞身断面图"上取用的数据：洞身宽度：3.00；墙身厚度0.30；基础宽度：3.000+0.30×2+0.2×2=4.0。在用"XY"程序计算坐标时，则应把这些数据换算成斜距。(换算方法，详见本章第二节)

第二节　现场现算公路构造物放样数据

一、现场现算公路构造物放样数据的准备工作

公路构造物放样数据，可事先在内业准备好。但技术熟练的测量员，只是在内业做好如下准备：

(1)接受任务后，复印构造物设计图纸；

(2)看图、识图，分析构造物设计图各结构关系及有关数据；

(3)准备构造物所在路段的交点要素：交点桩号及 X、Y 坐标值、半径、缓和曲线长、转角、前切线方位角。

(4)准备 f_x—5800P型计算器"XY程序"、"ZFS程序"或"ZXY2程序"。

二、现场现算公路构造物放样数据实操案例

图8-5是广东省中山市东部快线工程榄横路高架桥B匝道上的BK0+512.00箱涵设计图。现场计算该箱涵放样数据的方法步骤如下：

1)绘制放样草图，在草图上对涵洞放样点编号，见图8-6：主轴线左、中、右；基础：左①、⑦；右⑥、⑫。外墙体：左②、⑧；右⑤、⑪。内墙体(洞身)：左③、⑨；右④、⑩。

2)将主轴线左、右端点至涵洞各放样点距离写在放样点位旁。

主轴线至放样点距离从图8-5"洞身断面"取用。

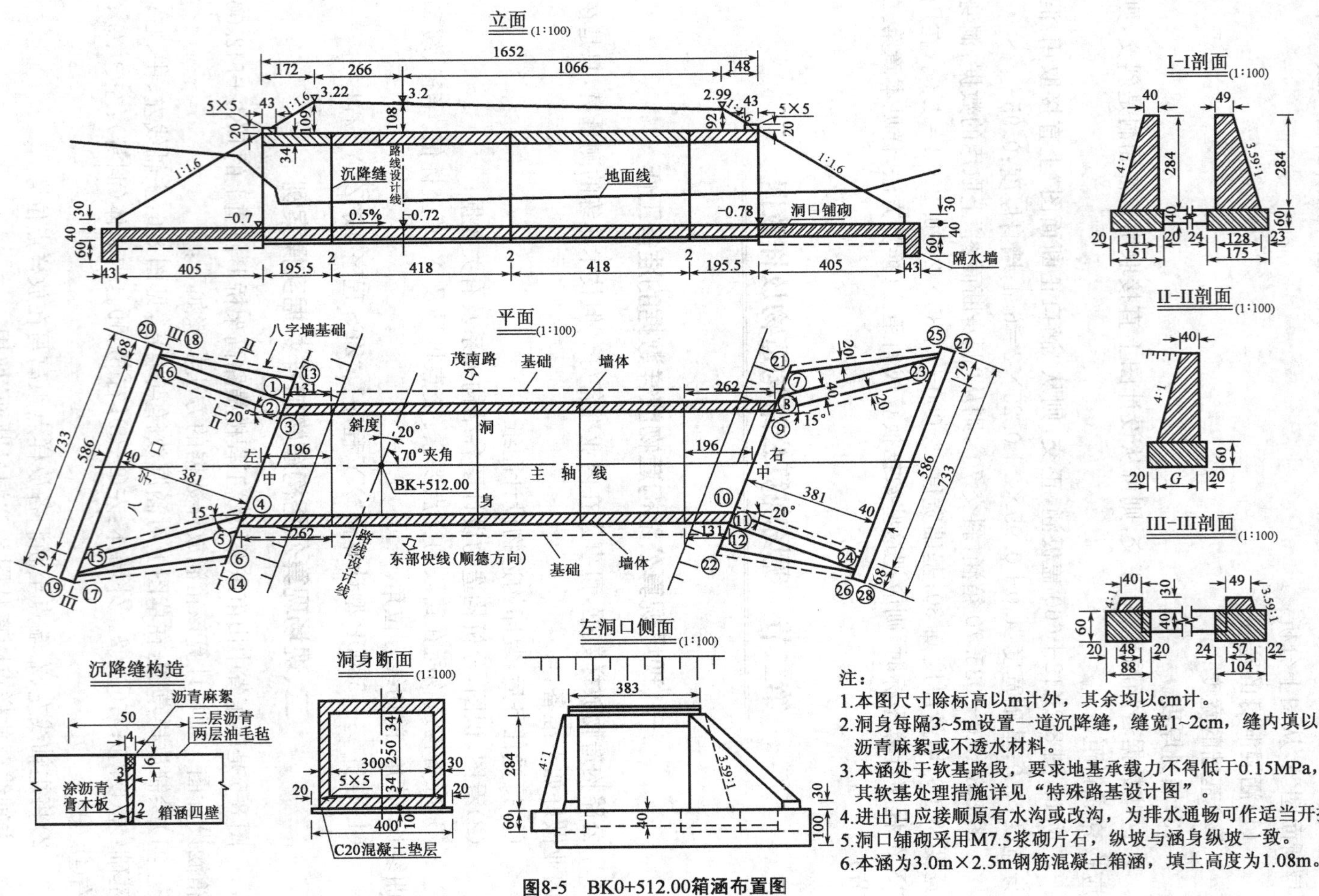

注：
1.本图尺寸除标高以m计外，其余均以cm计。
2.洞身每隔3~5m设置一道沉降缝，缝宽1~2cm，缝内填以沥青麻絮或不透水材料。
3.本涵处于软基路段，要求地基承载力不得低于0.15MPa，其软基处理措施详见“特殊路基设计图”。
4.进出口应接顺原有水沟或改沟，为排水通畅可作适当开挖。
5.洞口铺砌采用M7.5浆砌片石，纵坡与涵身纵坡一致。
6.本涵为3.0m×2.5m钢筋混凝土箱涵，填土高度为1.08m。

图8-5　BK0+512.00箱涵布置图

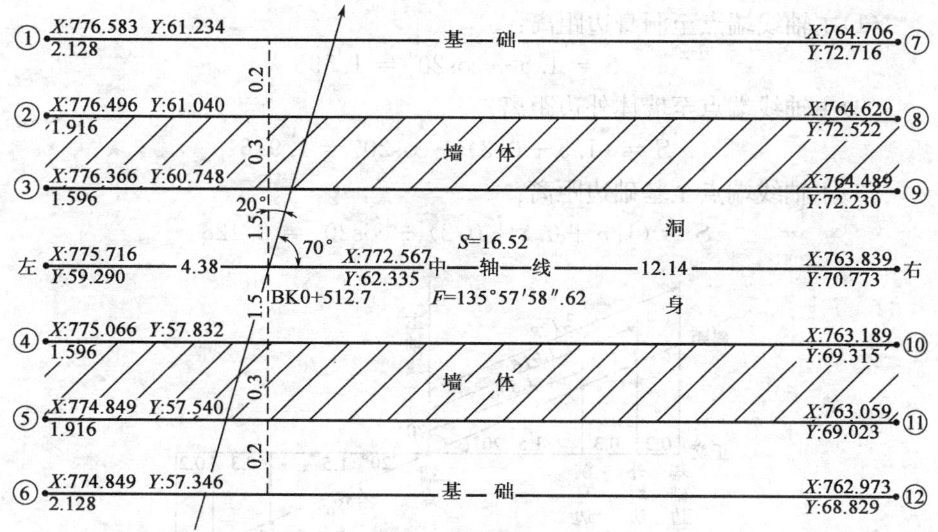

测站点：I671:E=X=655.284；N=Y=16726.421；H:1.962
后视点：I673:E=X=450.034；N=Y=16266.426；H:2.184

起点数据：JD1 BK0+110.046
W=X=608.863；K=Y=6695.210；R=1500
V=0.0 N=2°51′53″.2
F=68°49′56″；G=-1

图 8-6 涵洞放样草图

由图 8-5“洞身断面”知：

(1)BK0＋512.000 箱涵洞身宽度是 3.000m；

(2)墙身厚度是 0.30；

(3)基础宽度是 0.2×2＋0.3×2＋3.0＝4.0。

则，主轴线端点至各放样点距离：

(1)主轴线端点至基础点①距离：3.0/2＋0.3＋0.2＝2.000；(放样点⑦、⑥、⑫至端点距离：同理)。

(2)主轴线端点至墙体外边点②距离：3.0/2＋0.3＝1.800；(放样点⑧、⑤、⑪至端点距离：同理)。

(3)主轴线端点至墙体内边点③距离：3.0÷2＝1.500(放样点⑨、④、⑩至端点距离：同理)。

由“洞身断面”取用的上述数据是正交 90°数据；对于斜交涵洞，则应按公式(8-1)换算成斜距(见图 8-7)：

$$S = D \div \cos\delta \tag{8-1}$$

式中：D——洞身断面图上取用的数据；

δ——涵洞斜度：$\delta＝90°－$夹角，本例中涵洞主轴线与线路中线夹角 70°，则 $\delta＝90°－70°＝20°$。

如图 8-7 所示：

(1)主轴线端点至洞身边距离：

$$S = 1.5 \div \cos 20^\circ = 1.596$$

(2)主轴线端点至墙体外边距离：

$$S = (1.5 + 0.3) \div \cos 20^\circ = 1.916$$

(3)主轴线端点至基础边距离：

$$S = (1.5 + 0.3 + 0.2) \div \cos 20^\circ = 2.128$$

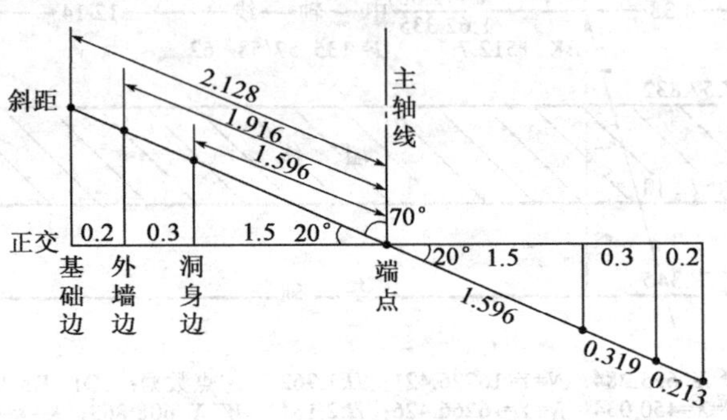

图 8-7　正交距离改为斜距示意图

3)根据 B 匝道交点 JD1 的要素：桩号：BK0＋110.046，交点坐标 X＝608.863、Y＝6695.210；半径 R＝1500，缓和曲线长 V＝0.0；转角左 2°51′53.″2；方位角 68°49′56″。采用 f_x—5800P 型计算器 XY 程序（XY 程序见附录一）计算涵洞主轴线中点、右端点、左端点的坐标。

(1)计算涵洞主轴线中点 BK0＋512.00 的坐标：

X＝772.567；Y＝7062.335

(2)根据中点坐标，中点至左端点距离 S＝4.38、夹角 E＝－110°，计算左端点坐标：

X＝775.716；Y＝7059.290

注：XY 程序执行操作方法步骤略。

4)根据涵洞主轴线左、右端点的坐标，采用 f_x—5800P 计算器坐标反算程序（ZFS 程序）或采用直线坐标程序（ZXY2 程序），先计算涵洞主轴线两端点间距离、涵洞主轴线方位角，接着计算涵洞放样点的坐标：

(1)计算涵洞主轴线两端点距离及涵洞主轴线方位角：

S = 16.52；

F = 135°57′58.″62

(2)根据涵洞主轴线方位角 F＝135°57′58.32″，左端点坐标：X＝775.716、Y＝7059.290以及左端点至各放样点距离，左端点与各放样点连线与主轴线夹角（简称夹角下同），计算左端点两侧各放样点的坐标：

①计算基础左点①，用距离2.128，夹角－70°计算得①点：

$X = 776.583; Y = 7061.234$

②计算墙外外边点②，用距离1.916，夹角－70°，计算得②点：

$X = 776.496; Y = 7061.040$

③计算墙体内边点（洞身左边点）③，用距离1.596，夹角－70°，计算得③点：

$X = 776.366; Y = 7060.748$

④计算墙体内边点（洞身右边点④，用距离1.596，夹角110°，计算得④点：

$X = 775.066; Y = 7057.832$

⑤计算墙体外边点⑤，用距离1.916，夹角110°，计算得⑤点：

$X = 774.936; Y = 7057.540$

⑥计算基础右点⑥，用距离2.128，夹角：110°，计算得⑥点：

$X = 774.849; Y = 7057.346$

(3)根据涵洞主轴线方位角135°57′58.″62，右端点坐标：X＝763.839；Y＝7070.773；右端点与各放样点连线与主轴线之夹角（简称夹角，下同），以及右端点至各放样点距离，计算右端点两侧各放样点的坐标：

计算右端点左侧⑦、⑧、⑨点的坐标，分别用距离2.128、1.916、1.596；夹角－70°，计算得

⑦点坐标：X＝764.706；Y＝7072.716

⑧点坐标：X＝764.620；Y＝7072.522

⑨点坐标：X＝764.489；Y＝7072.230

计算右端点右侧⑩、⑪、⑫点的坐标，分别用距离1.596、1.916、2.128；夹角110°，计算得：

⑩点坐标：X＝763.189；Y＝7069.315

⑪点坐标：X＝763.059；Y＝7069.023

⑫点坐标：X＝762.973；Y＝7068.829

以上详细介绍了涵洞各放样点计算的全过程，这是根据一些读者反馈意见编写的。

三、现场现算公路构造物放样数据的程序

现场现算公路构造物放样数据的程序，推荐作者编写的 f_x—5800P 型计算器程序：

(1)程序名：ZFS 程序（坐标反算程序）。

(2)程序名：ZXY2 程序（直线中、边桩坐标计算程序）。

关于 ZFS 程序，可参阅本书第六章第三节，下面介绍 ZXY2 程序：

1. 程序清单

文件名:ZXY2

```
"A="? A:"B="? B:"C="? C:"D="? D↵                    (两已知点坐标)
Pol(C−A,D−B):I→S:"S=":S◢                        (反算的两已知点间距离)
J→F↵
If J<0:Then J+360→F:Else J→F:IfEnd↵
"F=":F▶DMS◢                                     (反算的两已知点连线方位角)
Lbl 0↵
"K"? K:"L"? L↵
    (K:直线起点桩号,可令K=0,L:直线上任一点桩号,也可是K至L间距离)
Rec(L−K,F)↵
"X=":A+I→X◢ }
"Y=":B+J→Y◢ }                                   (L点的X、Y值)
"W="? W:"E"? E↵                                 (L点的边距、夹角)
"M=":X+W cos(F+E)◢ }
"N=":Y+W sin(F+E)◢ }                            (L断面边桩X、Y值)
Goto 0
```

程序中:A、B、C、D——两个已知点的坐标值;

S——两个已知点间平距;

F——两个已知点边的方位角;

K——直线起点的桩号,可令 $K=0$;

L——直线上任一点的桩号,当 $K=0$,则是 K 至 L 间的距离;

X、Y——L 点的 X、Y 值;

W——L 点的边桩距离;

E——夹角,右为正,左为负;

M、N——L 横断面边桩的坐标值。

2. 程序功能及注意事项

(1)本程序可计算两个已知(坐标)点连线的直线段上任一点的中、边桩坐标。

(2)当计算直线起点大号方向上任一点的边桩坐标时,右夹角 E 输入正值,左夹角 E 输入负值。

(3)当计算直线起点小号方向上任一点中桩坐标时,E 输入 180°。

3. 实操案例

算例见图 8-6。程序执行操作方法步骤如下:

(1)按[AC]键,清除上次关机时屏幕保留的内容。

(2)按FILE ▼键,选用文件名:ZXY2。

(3)按EXE键,显示:A=? 输入主轴线左端点 $X=775.716$。

(4)按EXE键,显示:B=? 输入主轴线左端点 $Y=7059.290$。

(5)按EXE键,显示:C=? 输入主轴线右端点 $X=763.839$。

(6)按EXE键,显示:D=? 输入主线右端点 $Y=7070.773$。

(7)按EXE键,显示:S=16.52,主轴线左、右端点间距离。

(8)按EXE键,显示:F=135°57′58.″62,主轴线左→右方位角。

(9)按EXE键,显示:K? 输入0.000。

(10)按EXE键,显示:L? 输入0.000。

(11)按EXE键,显示:$X=775.716$
(12)按EXE键,显示:$Y=7059.290$ } $L=0$,即直线起点,这里是主轴线左点的坐标。

(13)按EXE键,显示:W? 输入①的边距2.128。

(14)按EXE键,显示:E? ①点在主轴线左侧,输入夹角−70°。

(15)按EXE键,显示:$M=776.583$
(16)按EXE键,显示:$N=7061.234$ } 基础左端①点的坐标。

(17)按EXE键,显示:K? 以下重复计算,K 值不变,$K=0.0$。

(18)按EXE键,显示:L? L 不变,$L=0.000$。

(19)按EXE键,显示:$X=775.716$。
(20)按EXE键,显示:$Y=7059.290$ } 重复计算主轴线左端点坐标。

(21)按EXE键,显示:W? 输入另一边桩距离,此后只要 W 变化,就可计算任一边桩坐标;例如计算⑤点,输入1.916。

(22)按EXE键,显示:E? ⑤点在主轴线右侧输入夹角110。

(23)按EXE键,显示:$M=774.936$
(24)按EXE键,显示:$N=7057.540$ } ⑤点坐标。

(25)这样重复计算,直至①、②、③、④、⑤、⑥计算完成。随后计算主轴线右端点两侧的⑦、⑧、⑨、⑩、⑪、⑫。

(26)在计算主轴线右端点两侧各放样点坐标时,$K=0.000$;$L=16.52$;只要 W、E 每输入一个新值,就可计算其坐标。例如⑨点,$W=1.596$,$E=-70$,就可计算得⑨点坐标:$X=764.489$,$Y=7072.230$。

综上所述,现场现算公路构造物放样点坐标计算技术可概括为两个步骤:

第一步:根据构造物主轴线与公路中线交点的桩号,用交点法"XY程序"计算构造物主轴线左、中、右三点的坐标。

第二步:根据构造物主轴线左、右端点坐标,主轴线与公路中线夹角,以及构造物各放样与主轴线左、右点间距离，用“ZXY2 程序”或“ZFS 程序”计算各放样点坐标。

应提醒注意的是，构造物与公路中线正交或斜交情况下的距离改正。

另外，为了检验公路构造物放样点坐标计算正确性，读者可用作者在《公路工程施工测量》、《测量员便携手册》等著作介绍的交点法计算公路桥、涵构造物放样点坐标技术，进行验算。

第三节　八字墙放样数据计算

通常情况下，盖板涵、箱涵、通道类公路构造物进、出口形式多为八字墙；圆管涵进、出口形式有八字墙，也有一字墙的。

一般情况下，技术熟练的涵洞施工队，测量员只要放出实地涵洞主轴线或基础四个角，施工人员就可根据图纸放出基坑、八字口的开挖线。待基坑挖到高程、测量员在基坑底放出主轴线，基础 4 角，他们又根据图纸要求浇灌基础，在基础上放墙体以及八字墙基础。但是，有的涵洞施工队，每做一步都要求测量放线。这就要求现场测量员，不但要会计算涵洞主体各几何特征点的坐标，还要会计算八字墙各几何特征点的坐标。只有这样，才能满足现场施工的要求。

本节介绍的八字墙放样数据计算技术，采用 f_x—5800P 型计算器“ZFS 程序”或“ZXY2 程序”。另外，为了叙述方便，八字墙各特征点用数字编号表示。算例见图 8-5、图 8-8。

一、辅助计算

1. 计算左中至⑬、⑭斜距，右中至㉑、㉒斜距

由图 8-8 平面图知：要计算⑬、⑭、㉑、㉒点的坐标，需要知道：夹角＝70°，左中－⑬＝右中－㉒，左中－⑭＝右中－㉑距离(斜距)。

分析图 8-5“Ⅰ－Ⅰ剖面”知：

(1)主轴线左端点(左中)至⑬的斜距：

左中－⑬＝(1.5＋(1.11＋0.2)×cos20°)÷cos20°＝2.906

(2)主轴线左端点(左中)至⑭的斜距：

左中－⑭＝(1.5＋(1.28＋0.23)×cos20°)÷cos20°＝3.106

同理：

(1)右中－㉒＝左中－⑬＝2.906

(2)右中－㉑＝左中－⑭＝3.106

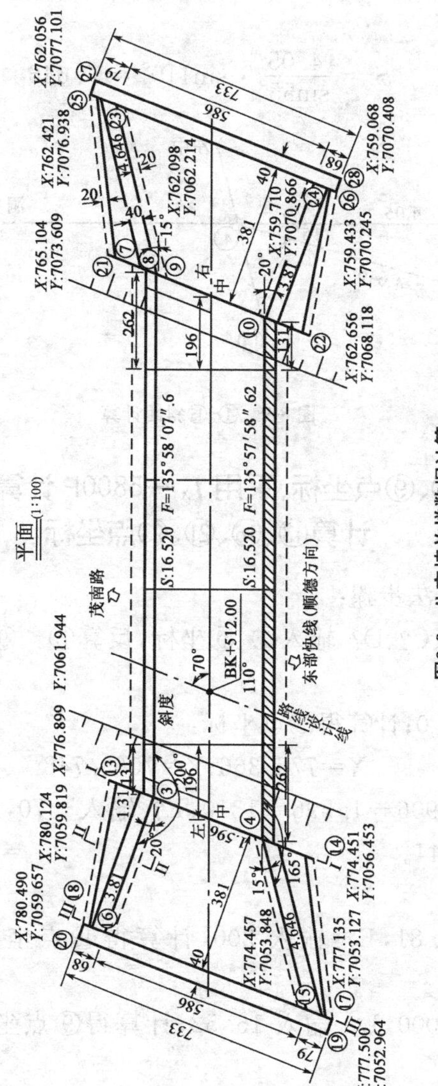

图8-8 八字墙放样数据计算

2. 计算左八字墙③—⑯距离、④—⑮距离；右八字墙⑩—㉔、⑨—㉓距离

分析图 8-8 平面图知：

(1)③—⑯=⑩—㉔=3.81。

(2)④—⑮=⑨—㉓=4.646，其距离计算见图 8-9。

由图 8-9 知：

$$S = \frac{4.05}{\sin 55^\circ} \cdot \sin 110^\circ = 4.646$$

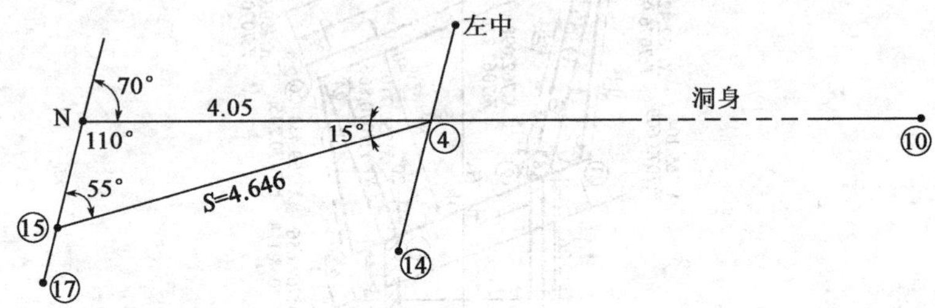

图 8-9 ④-⑮斜距计算

二、根据③、⑨点坐标，采用 f_x—5800P 计算 ZXY2 程序计算⑬、⑯、㉑、㉓点坐标

程序执行操作方法步骤：

(1)程序 A?、B?、C?、D? 输入③、⑨坐标，反算③—⑨距离 S=16.520，F=135°58′07.6″。

(2)K?、L? 输入 0；计算得③点坐标：

$$X=776.366; Y=7060.748$$

(3)W? 输入 2.906−1.596=1310；E? 输入−70，计算得③点坐标：X=776.899；Y=7061.944。

(4)重复“2”。

(5)W? 输入 3.81，E? 输入 200，计算得⑯点坐标：X=779.846；Y=7059.196。

(6)K? 输入 0.000，L? 输入 16.52，计算得⑨点坐标：X=764.489；Y=7072.230。

(7)W 输入 3.106−1.596=1.51；E? 输入−70，计算得㉑点坐标：X=765.104；Y=7073.609。

(8)重复“6”。

(9)W? 输入 4.646，E? 输入−15；计算得㉓点坐标：X=762.098；Y=7076.214。

三、根据④、⑩点坐标，采用 f_x—5800P 计算器 ZXY2 程序计算⑭、⑮、㉒、㉔点坐标

程序执行操作方法步骤：仿“二”，只是：

(1)计算⑭点，W？输入 3.106－1.596＝1.51，E 输入 110，计算得：X＝774.451；Y＝7056.453。

(2)计算⑮点，W？输入 4.646，E？输入 165；计算得：X＝777.457；Y＝7053.848。

(3)计算㉒点，W？输入 2.906－1.596＝1.31；E？输入 110，计算得：X＝762.656；Y＝7068.118。

(4)计算㉔得，W？输入 3.81；E？输入 20，计算得：X＝759.710；Y＝7070.866。

四、根据⑮、⑯点坐标，采用 f_x—5800P 计算器 ZXY2 程序计算⑰、⑱点坐标

程序执行操作方法步骤：仿上。只是：

(1)计算⑱点，K＝0，L＝0，W？输入 5.86＋0.68＝6.54，E？输入 0.00，计算得：X＝780.124；Y＝7059.819。

(2)计算⑰点，K＝0，L＝0，W？输入 0.79，E 输入 180，计算得：X＝777.135；Y＝7053.127。

注意：计算⑲、⑳点坐标，用⑰、⑱点为起算数据，W？应输入 0.4，E？应输入－90。注意 L？距离变化。读者可自行演算。

五、根据㉔、㉓点坐标，采用 f_x—5800P 计算器 ZXY2 程序计算㉖、㉕点坐标

程序执行操作方法步骤：仿上。只是：

(1)计算㉕点，K＝0、L＝0，W？应输入 5.86＋0.79＝6.65，E？应输入 0.000，计算得：X＝762.421，Y＝7076.938。

W？输入 0.4，E？输入 90，计算得㉗点坐标：

X＝762.056，Y＝7077.101。

(2)计算㉖点，L＝0.0，K＝0.00，W？输入 0.68，E？输入 180，计算得：X＝759.433；Y＝7070.245。

注意：计算㉗、㉘点坐标，用㉖、㉕点为起算数据，W？应输入 0.4，E？应输入 90，注意 L？距离变化。读者可自行演算。

第四节　公路涵洞施工现场放样实操案例

本案例是把广东中山东部快线工程榄横路高架桥 B 匝道 BK0＋512.000 箱涵设计图放样到实地。

现场测量员接受放样任务后，应按下述步骤进行放样工作。

一、看图、识图、分析设计图

通过看图、识图、分析设计图，应掌握：

(1)本例是箱涵。

(2)中心桩号：BK0＋512.000。

(3)夹角：70°。

(4)涵长 16.52；左：4.38，右 12.14。

(5)进出口形式：进口八字墙、出口八字墙。

(6)洞身宽度：3.0m。

(7)墙身厚度：0.30m。

(8)基础宽度：3.0＋0.3×2＋0.2×2＝4.0m。

注意：计算箱涵各放样点坐标时，应把正交距离改算为斜距。

二、准 备 资 料

(1)箱涵所在地附近的导线点、水准点成果表以及其通视箱涵各放样点情况；若箱涵实地没有导线点、水准点，则在 B 匝道施工时，顺便加密放箱涵的导线点(带高程)或在箱涵施工放样时临时加密导线点(带高程)。

(2)准备 BK0＋512.000 附近的交点起算要素。

(3)准备 f_x—5800P 型计算器"ZXY2 程序"或"ZFS 程序"。

三、准 备 仪 具

(1)全站仪、三叉式单棱镜；

(2)铁锤、竹(木)桩、钢钉、油性记号笔、红塑带等。

四、涵洞现场放样实操案例

箱涵放样应根据箱涵施工进度，现场施工员要求进行。

1. 箱涵基坑开挖前放样

箱涵第一次放样是为了确定箱涵实地开挖线。因此，只要在实地放出箱涵主轴线左、中、右 3 点，基础 4 个角点，八字墙基础点。现场施工员把这些点连线撒上石灰线，然后根据实地基坑下挖深度，用石灰放出开挖线，指挥挖机挖基坑。为此，现场测量员：

(1)将全站仪整置于可通视 BK0＋512 箱涵的导线点上，后视另一已知导线点“建站”；

(2)用 f_x—5800P 计算器“XY 程序”计算 BK0＋512 箱涵主轴线左、中、右点坐标；

用“ZXY2 程序”计算①、②、③、④、⑤、⑥、⑦、⑧、⑨、⑩、⑪、⑫、⑬、⑭、⑮、⑯、⑰、⑱、⑲、⑳、㉑、㉒、㉓、㉔、㉕、㉖、㉗、㉘等点坐标。(见图 8-6、图 8-8)。

(3)利用全站仪坐标法放样功能，只要逐次把主轴线左中右 3 点，①、⑥、⑦、⑫4 点，⑬、⑭、⑲、⑳、㉑、㉒、㉗、㉘8 点坐标输入全站仪、逐点放到实地，钉桩扎红塑带醒目标志。

(4)测量员在放上述点位的同时，用全站仪测高功能，直接测出上述各点的实地标高(因此，应注意把仪器高、棱镜高输入仪器)。

(5)测量员根据实测标高、基坑设计标高，计算下挖深度。(基坑设计标高见图 8-5 立面)。

(6)现场测量员应将上述实地所放点位，下挖深度，现场移交给现场施工员。

2. 控制下挖深度

基坑下挖过程中，测量员应协助施工员，用吊皮尺法和水准仪前视测法，控制基坑下挖深度。

3. 基坑挖好后的放样

箱涵第二次放样是为了浇灌箱涵基础。

当基坑验收合格后，施工员要求放基础位置。

此时，基坑有数米深。这就为基础放样带来很大不便。为了方便基础放样，保证放样精度，现场测量员可按下述方法处理：

(1)用支导线法或后方交会法在涵洞附近适宜处增设施工导线点(应带高程)。要求：该点可通视基坑底部箱涵各放样点；为了以后利用，该点应用水泥加固，并通知施工员妥善保护。

(2)将全站仪整置在增设的施工导线点上，后视另一已知导线“建站”。利用全站仪坐标法放样功能，逐点在基坑底部放出主轴线左中右 3 点，基础角①、⑥、⑦、⑫4 点，钉桩扎红塑带醒目标志。(见图 8-5、图 8-6)。

(3)将基坑底部实放点位移交给施工员。

4. 基础浇灌后的放样

箱涵第三次放样。墙体放样。

当基础验收合格后，施工员要求放墙体。

测量员可按前述方法把②、③、④、⑤、⑧、⑨、⑩、⑪放到基础上，钉钢钉标志，或用油性记号笔划十字标志，并这些点位通知现场施工员。（见图 8-5、图 8-6）。

5. 做八字墙的放样

(1)仿上述方法放八字墙基础，见图 8-8。

本例只计算了⑬、⑭、⑰、⑱、㉑、㉒、㉕、㉖8 个外墙基础点。内墙基础点读者可自行练算。计算时应注意左八字口③、⑯到内基础边距离是 0.2m；④、⑮到内基础边距离是 0.24m。右八字口⑨、㉓到内基础边距离是 0.24m；⑩、㉔到内基础边距离是 0.2m。

(2)仿上述方法放八字墙，见图 8-8。

6. 涵洞放样中的检核

为了保证放样精度，在上述放样过程中，应在放完点位后，依据其几何关系，用钢尺丈量相关点距离，与设计距离比较，一般情况下其较差小于 3mm，则认为放样正确。

第九章　高架桥施工测量放样实操案例

第一节　高架桥施工测量的任务

高架桥施工测量的任务是随着高架桥各部结构施工现场的需求来进行工作。下面以广东省中山市东部快线工程榄横路右幅高架桥(以下简称榄右桥)各部结构施工流程来讲述高架桥施工测量的任务。详见表9-1。

高架桥施工测量的任务　表9-1

榄右桥各部结构施工流程	施工测量的任务
一、下部结构施工(由下向上)	一、根据施工进度放样
1.桩基础施工	1.桩基础中心位置(圆形墩柱桩基)放样
(1)打桩机械定位;	(1)一放桩基础中心点位(简称初放);
(2)埋设护筒并开孔;	(2)二放桩基础中心点位并验护筒中心(简称验护筒);
(3)终孔下笼灌桩。	(3)三放桩基础中心点位定钢筋笼中心(简称终孔)。
2.破桩头	2.测灌桩顶面高程,计算下破深度基坑深度
3.浇垫层吊竖焊接桥柱钢筋笼	3.放破桩头后桩基顶中心,即系梁中心轴线(简称验桩头)
4.扎系梁钢筋及安装钢模、浇注系梁	4.放系梁顶面高程
5.吊装墩柱钢模浇灌墩柱	5.在系梁面上放柱底中心点并测系梁面高程
6.吊装盖梁支架	6.放柱顶中心点位并检验柱顶中心(简称验柱顶)
7.扎盖梁钢筋吊装盖梁铜模预扎支座垫石钢筋	7.放盖梁中心线、放盖梁端点高程,放支座垫石中线
8.浇灌盖梁安装支座垫石模板浇注垫石	8.在盖梁上放支座垫石中心线,放垫石面高程
二、上部结构施工(由下向上)	二、根据施工进度放样
1.吊装小箱梁	1.吊装前放出盖梁支座垫石中心线及垂线,测出垫石面高程
	2.吊装后测出小箱梁面高程
2.桥面系下层钢筋混凝土铺装	放出每个横断面放样点,控制下层厚度和顶面高程
3.边防撞墙吊装钢模浇筑防撞墙	放出防撞墙纵向轴线,控制防撞墙顶面高程
4.桥面系上层沥青混凝土铺装	放出每个横断面控制点及设计高程,控制桥面上层厚度及顶面高程

由表 9-1 知，高架桥施工现场的测量员的主要任务就是放高架桥各部件的平面和高程位置。为了高架桥施工顺利进行，确保工程质量。在高架桥各部件施工前，现场测量员应详细认真阅读设计文件各相关图表，彻底弄清：

(1)施工标段高架桥起、终点里程桩号及桥墩柱的编号。

(2)高架桥桥型纵向布置情形及横向布置情形。

(3)高架桥上部结构各部件几何关系及尺寸。

(4)高架桥下部结构各部件几何关系及尺寸。

(5)桥墩柱与主设计线的几何关系及尺寸。

(6)主桥与匝道的布置情形。

(7)匝道桥的起、终点桩号及墩号。

(8)匝道路基的起、终点桩号。

(9)主线的直线、曲线及转角表上各交点的要素。

(10)主线的纵坡、竖曲线表上的各变坡点的要素。

(11)匝道的直线、曲线及转角表上各交点的要素。

(12)匝道的纵坡、竖曲线表上的各变坡点的要素。

在此基础上应准备好高架桥施工测量的各种资料：

(1)导线点成果表。

(2)水准点成果表。

(3)核算过的桩位坐标表。

(4)核算过的柱顶高程表。

(5)经二人对算的垫石高程表(设计单位没有提供垫石设计高程)。

(6)核算过的系梁顶及系梁底高程表。

(7)核算过的盖梁高程表。

(8)核算过的桥面高程表(榄右桥桥面设计高程点位设计单位提供的是距设计线 1.0m 位置)。

注意：核算过的是指设计单位提供的设计数据，经施工单位测量员又重新计算了一遍。

第二节　桥基场地清理工作中的测量放样实操案例

一、桥基场地清理工作中的测量工作

(1)放出征地界桩实地位置(简称放红线)。

(2)放出桥基的实地位置。

为此，施工测量员应准备下述资料：

(1)业主、设计单位提供的征地界桩的坐标。

(2)业主、设计单位提供的桥墩桩位坐标表。

另外,还应准备下述材料:

(1)小竹杆(长 1m 以上)。

(2)竹桩或木桩。

(3)红草绳。

(4)红塑带。

(5)石灰。

(6)油性记号笔。

(7)铁锤等。

二、桥基场地征地界桩放样实操案例

图 9-1 是中山东部快线工程榄右桥征地界桩平面图(局部示意)。由图知,业主、设计单位提供的征地红线是每隔 20m 的桩位坐标。现场施工测量员的任务是把这些桩位放到实地,并设立醒目的标志以方便辨认。

为此,施工测量员可用全站仪"坐标放样方法"逐点把征地界桩放到实地。然后选用下述任一方法在放的桩位上设立醒目的标志:

(1)插小竹杆,其上扎红塑带;在红塑带上用记号笔写上桩号。

(2)用红草绳把小竹杆串连起来。

(3)钉竹(木)桩,其上扎红塑带,红塑带上用记号笔写桩号,并用白石灰粉把竹(木)桩串连起来。

三、桥基粗放实操案例

所谓桥基粗放,就是把桥桩基的大概位置放到施工场地。即实地上的桥桩基位置不是准确的位置。

施工场地放出这些不太准确的桥桩基位置是为了方便施工场地上管线的迁移。指导施工场地内的建筑物、园林树木等拆迁。

例如,榄右桥施工场地上高压电缆线迁移方案就是查看了实地桥桩位后拟定的。他们决定把电缆线移到 2 号桥桩基 2.5m 以外埋设并根据场地桥桩基位置放出了埋设电缆线的石灰线,随后就开始了移线工作。为施工队提早开工争取了时间。可见桥基粗放的重要性,现场施工测量员应不怕麻烦把这项工作做好。

进行桥基粗放的依据是:

(1)业主、设计单位提供的"桥桩位坐标表"(见第一章表 1-7 和表 1-8 及表 9-2)。

(2)经过复测的导线点成果表。

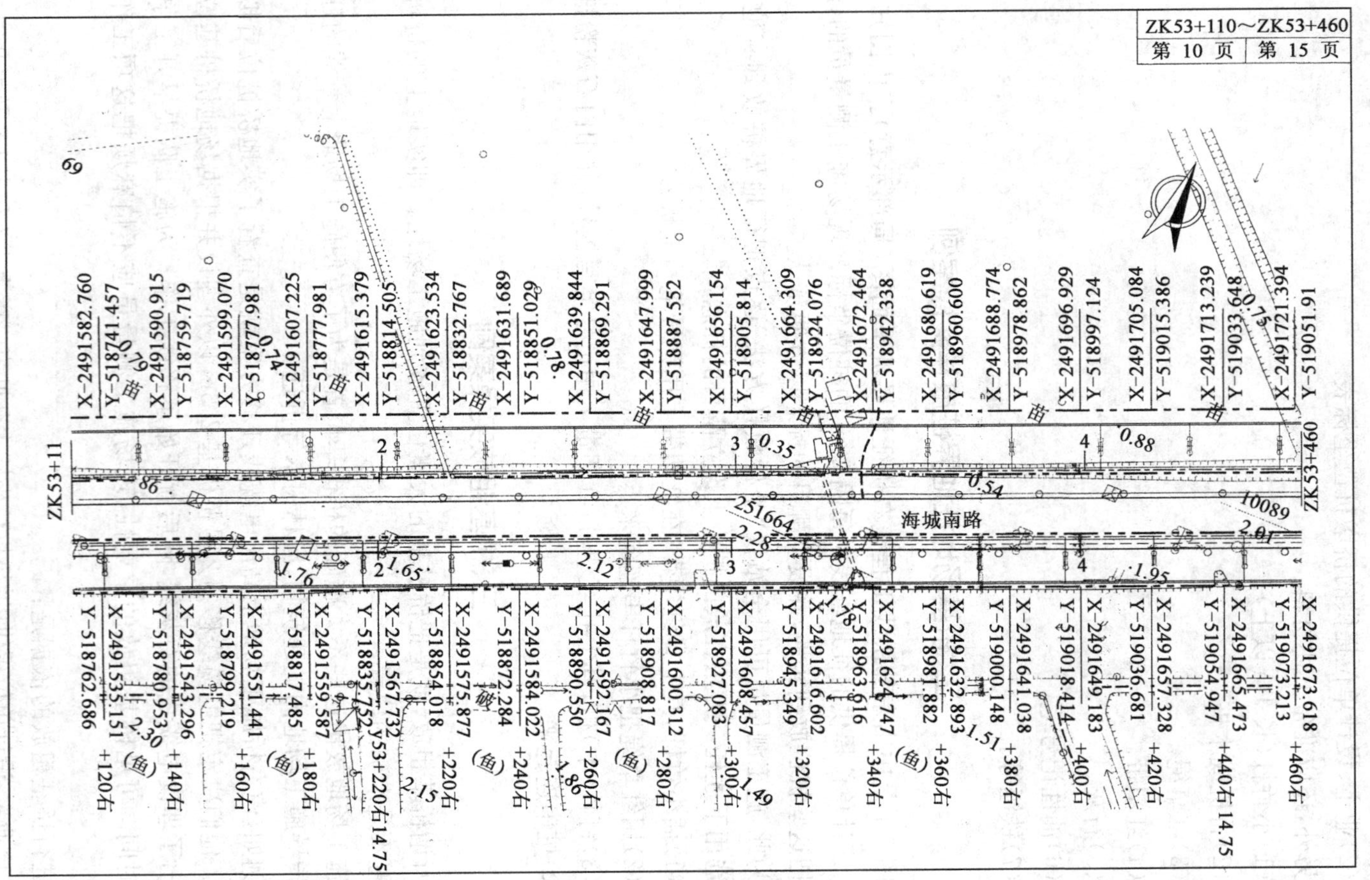

图9-1 揽横路高架桥右幅(左)征地红线图(局部示意)

桥基粗放的方法可从下述方法中任选一种：

(1)利用全站仪坐标放样功能将桥桩基逐桩放到实地。定桩时可前、后几公分，左、右几公分定桩。尽管这样，所放的桩位还是较正确的。

(2)利用"全站仪坐标放样"功能，只放出每个墩台1号桥基，其余桥基根据桥基间距，手工用卷尺拉距定出。例如，榄右桥Y22号放出Y22号-1，Y23号只放出Y23号-1，Y24号只放出Y24号-1，其余的桩基用人工拉尺放出。例如，Y22号-1与Y22号-2，用间距4.0m放桩。放桩时人工目估定向。Y23号-2、Y24号-2仿上定桩。(见表9-2和图9-2)，这样放的桩误差较大。但只要搞清设计线和桥基的关系(榄右桥设计线与桥桩基是垂直关系)，用人工目估拉尺定的桩，还是可以满足管线迁移精度要求的。

榄右桥部分桥桩基础坐标表 表9-2

墩台编号	墩中心桩号	桩编号	桩中心桩号	离设计线距离(m)	坐标(X)(m)	坐标(Y)(m)
Y22号	Y50＋644.6	Y22号-1	Y50＋644.6	5.000	2490535.935	516497.898
		Y22号-2	Y50＋644.6	9.000	2490532.281	516499.527
Y23号	Y50＋669.6	Y23号-1	Y50＋669.6	3.600	2490547.395	516520.161
		Y23号-2	Y50＋669.6	11.903	2490539.811	516523.542
Y24号	Y50＋694.6	Y24号-1	Y50＋694.6	3.600	2490557.576	516542.994
		Y24号-2	Y50＋694.6	8.503	2490553.099	516544.990
		Y24号-3	Y50＋694.6	11.405	2490548.621	516546.987

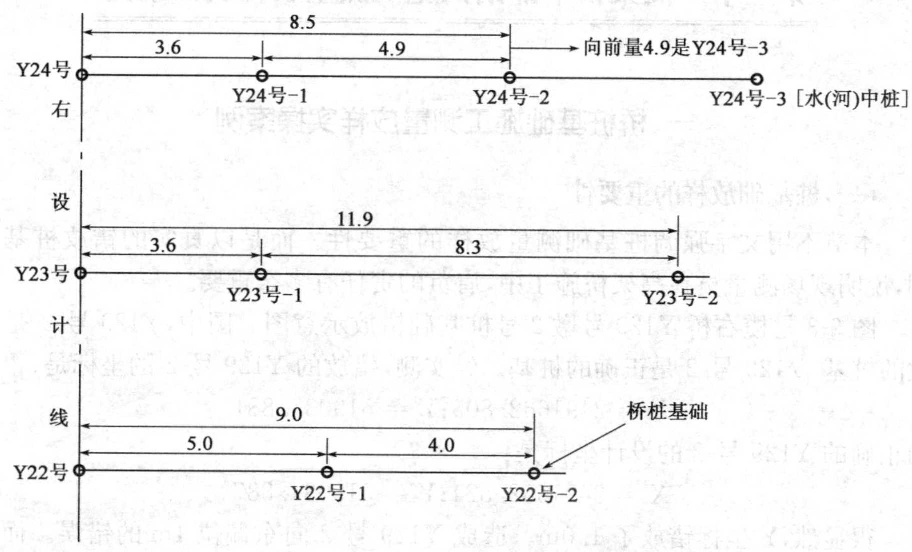

图9-2 全站仪坐标放样粗放桥基示意图

(3)利用全站仪坐标放样功能，只放出墩中心桩号在设计线上的点位，然后用人工目估，拉设计线到桥桩基距离定桩。例如，榄右桥 Y22 号，只放出 Y50+644.6 号里程在设计线上的中点 Y22 号，然后人工目估在设计线垂直方向拉 5m 定 Y22 号-1，拉 9m 定 Y22 号-2。其余桩基仿此进行。例如，Y23 号-1 拉 3.6m 定桩，Y23 号-2 拉 11.903m 定桩等(见表 9-2 和图 9-2)。

(4)利用全站仪坐标放样功能，放出墩中心桩号在设计线上的点位，又放出桥基 1 号桩，然后人工在这两点连线上加放 2 号桩。例如，榄右桥 Y22 号墩，先放出设计线上 Y22 号和 Y22 号-1，然后在 Y22 号和 Y22 号-1 连线上人工加放 Y22 号-2。(见图 9-2 和表 9-2)。这种方法放出的桥桩基的大概位置还是较正确的。另外，这样放桩可将全线墩中心点位放出，只要在醒目的地方写清墩号。以后正式放桥桩基时查找位置非常方便。

对于水中桩(河中，鱼塘中等)，可在已放桩的标志上写明向前××m 即可。例如，Y24 号-3 是水中桩暂无法放出，可在 Y24 号-2 桩红塑带用油性笔写清“向前 4.9m 是 Y24 号-3 桩基。

需要提醒的是，上述的方法中，提到“放出墩中心桩号在设计线上的点位”的坐标，设计单位没有提供。实践作业中，都是现场测量员根据墩中心的里程桩号，选用交点要素，利用 f_x—5800P 型计算器“XY 程序”，一边放样一边计算的。关于墩中心桩坐标计算方法，读者可参阅本书第二章第三节“核算桥桩位坐标表实操案例”。

第三节　高架桥下部结构施工测量放样实操案例

一、桥桩基础施工测量放样实操案例

(一)桩基础放样的重要性

本节不用文字强调桩基础测量放样的重要性。而是以真实的错放桩基案例，说明现场测量员在高架桥施工中，肩负的责任有多么重要。

图 9-3 是榄右桥 Y129 号墩 2 号桩基础错放示意图。图中，Y129 号-2′是错放的桩基，Y129 号-2 是正确的桩基。经实测，错放的 Y129 号-2′的坐标是：

$$X = 2491662.805; Y = 519035.881$$

而正确的 Y129 号-2 的设计坐标是：

$$X = 2491662.824; Y = 519034.887$$

很显然，Y 坐标错放了 1.0m。造成 Y129 号-2 向东偏位 1m 的错误。而这一错误，在桩基础放样中是绝对不允许的！这也是作者主管测量工作以来第一

次出的大错误!

这一错误是在挖机挖开桩头,准备破桩头时发现的。而现场放样记录却明白无误的记录着(见现场放样记录复印件:①、②、③):

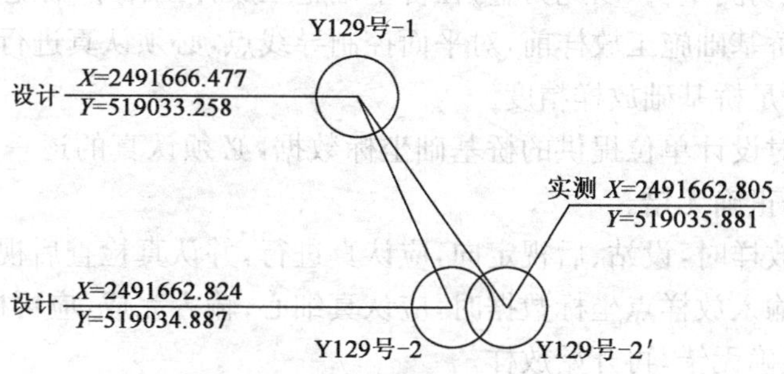

图 9-3 Y129 号-2 桩基础错放示意图

测站点 664-1

后视点 664 $\left\{\begin{array}{l}1628.654\\18942.819\end{array}\right.$ 2.229 测 $\left\{\begin{array}{l}1628.652\\18942.820\end{array}\right.$ 2.228

Y129-2 初放 $\left\{\begin{array}{l}1662.824\\19034.887\end{array}\right.$ 测 $\left\{\begin{array}{l}1662.827\\19034.889\end{array}\right.$

现场记录复印件①:4/11 初放,测量坐标与设计坐标误差 2～3mm!

测站点 664-1

后视点 664 $\left\{\begin{array}{l}1628.652\\18942.819\end{array}\right.$ 测 $\left\{\begin{array}{l}1628.653\\18942.820\end{array}\right.$

Y129-2 验 $\left\{\begin{array}{l}1662.824\\19034.887\end{array}\right.$ 测 $\left\{\begin{array}{l}1662.825\\19034.888\end{array}\right.$ $H=2.411$

现场记录复印件②:5/11 验护筒,测量坐标与设计坐标误差 1mm!

Y129-2 终孔 $\left\{\begin{array}{l}1662.824\\19034.887\end{array}\right.$ 测 $\left\{\begin{array}{l}1662.823\\19034.887\end{array}\right.$ $H=2.416$ 11/11

测站点 665-1

后视点 665 测 $\left\{\begin{array}{l}1500.485 \quad +2\\18654.776 \quad +6\end{array}\right.$

现场记录复印件③:11/11 终孔,测量坐标与设计坐标误差 1mm!

三次放样记录的实测坐标数据都等于设计坐标数据,三次放样竟都没发现放错了点位!可见现场放样员多么麻痹大意和掉以轻心。

为了查明错误原因也为了保障今后放样的精度,我们及时对全线导线点进行了检测,检测结果,导线点成果正确。证明 Y129 号-2 事故是放样员操作错误造成的。

作者借著书这一机会，将 Y129 号-2 事故公布于社会，本意不是追究放样员的责任，而是想借此事故案例，说明桥基础放样工作的重要性，提醒辛苦工作在一线的现场测量员，以此为鉴，在桥基础施工放样工作中，注意如下几点：

(1)桥基础施工放样前，对平面控制导线点，必须认真进行复测，保证导线点精度能满足桥基础放样精度。

(2)对设计单位提供的桥基础坐标数据，必须认真的逐一核算，保证放样点坐标数据正确无错。

(3)放样时，设站、后视定向，应认真进行，并认真检查后视定向的精度。

(4)输入放样点坐标数据时，应认真细心；输入完成，应再检查一次。确认输入数据正确无错，再开始放样。

(5)实地放出桩位后，应重新立镜于其上，测出该点实地坐标与设计坐标认真比较。确认无错后认真细心记录。在比较坐标数据时，不允许只看小数(小数点以后的三位数)，不看大数(小数点以前米数)。杜绝凭回忆记录，杜绝造假数据记录！

(二)桩基础放样实操案例

本节详细介绍作者在中山东部快线工程榄横路高架桥主持桥桩基础放样的全过程。

榄横路高架桥全桥桩基础均为钻孔灌注桩。桩基础为圆柱形(桩基础直径为 1.5m、1.6m、1.8m 不等)，因此，这个工地的桥桩基础放样，实际上就是用全站仪坐标放样功能把设计的桩基础圆心放样到实地以供打桩机械钻孔。

本节以榄右桥 Y107 号-1、Y107 号-2 外业放样为例，说明圆桩基础放样的操作方法步骤：

1. 准备放样资料

(1)准备放样导线点成果表

把全线核算过的导线点、加密的导线点打印成表。要求：字体稍大、字迹清楚、方便查看。样式详见本书第二章表 2-8“导线点成果表”。

(2)准备桩位坐标表

把经过核算的设计单位提供的桩位坐标表复印装钉。要求：字体稍大、字迹清楚、方便查看。样式详见第一章表 1-7 和表 1-8“榄横路高架桥桩位坐标表”。

本节示例 Y107 号-1、Y107 号-2 的桩位数据；详见图 9-4。

2. 准备计算工具和计算程序

(1)准备外业现场用的计算工具，例如，卡西欧 f_x—4800P/4850P/5800P 型计算器。要求：体积小、易携带、操作方便、计算快捷准确。

(2)准备计算工具的计算程序，并把程序输入计算器，要求：计算程序经过生产现场检验，实践证明程序计算的数据准确可靠。作者推荐：“*XY* 程序”和“XL-XY-TS 程序”(详见书后附录一和附录二)。

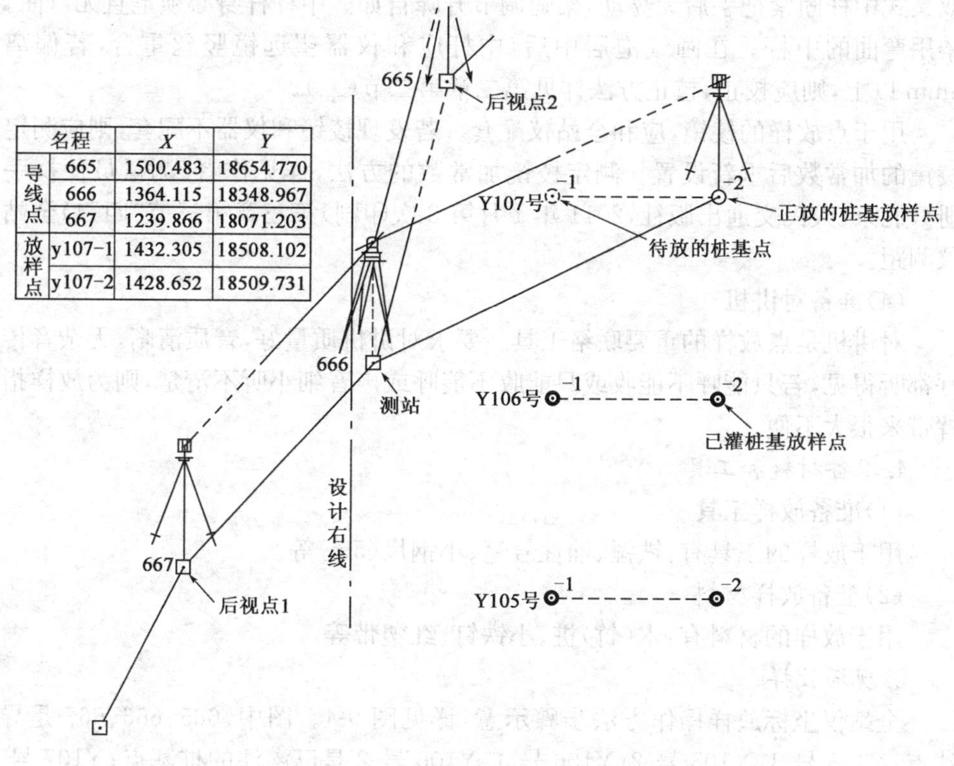

名程		*X*	*Y*
导线点	665	1500.483	18654.770
	666	1364.115	18348.967
	667	1239.866	18071.203
放样点	y107-1	1432.305	18508.102
	y107-2	1428.652	18509.731

图 9-4 全站仪坐标放样操作方法步骤示意图

(3)准备“直线、曲线及转角表”详见第一章表 1-4 和表 1-5。

3. 准备放样仪器和配件

(1)准备全站仪

用于桥桩基础放样的全站仪，精度要求：测角：±2″；测距：±(2mm+2ppm·*D*)(反映的是全站仪标称测距精度：2mm 代表仪器固定误差，2ppm×*D* 代表误差，其中 2 是比例误差系数，ppm 是百万分之几的意思，*D* 是全站仪实际测量的距离值，单位是 km。1km 为 2mm 测距误差)。

全站仪使用前，应经专业测量仪器鉴定部门鉴定，取得鉴定证书存档。

中山东部快线工程二标使用的全站仪：一台是日本拓普康 GPT 700 型全站仪另一台是日本索佳 230RK 型全站仪，两台全站仪都经过了鉴定。

(2)准备架置全站仪的脚架

用于架置全站仪的脚架，要求架头牢固、架腿伸缩自如，各部件螺钉应固紧，摆好架身应稳固无晃动，架腿螺旋固紧后脚腿无滑动现象。

(3)准备双叉式中杆配棱镜

双叉式中杆配棱镜是全站仪测角、测距、点放样必不可少的重要配件。要求双叉式中杆固紧把手后无晃动,架腿调节升降自如。中杆杆身必须笔直无弯曲。禁用弯曲的中杆。在圆气泡居中后,中杆应和仪器望远镜竖丝重合,若偏离3mm以上,则应校正,校正方法详见第二章第二节(二)。

用于点放样的棱镜,应和全站仪配套。若发现棱镜和仪器不配套,则应测定棱镜的加常数后重新设置。测定棱镜加常数的方法,详见作者《测量员便携手册》(北京:人民交通出版社,2011 年 1 月第 3 次印刷)第三章第三节"四"4)全站仪测距。

(4)准备对讲机

对讲机是点放样的重要联络工具。要求对讲机质量好,音质清晰,无杂音传呼都听得见,若只能呼不能收或只能收不能呼或声音细小听不清楚,则为放样指挥带来很大不便。

4.准备材料和工具

(1)准备放样工具

用于放样的工具有:铁锤、油性号笔、小钢尺(5m)等。

(2)准备放样材料

用于放样的材料有:木(竹)桩、小铁钉、红塑带等。

5.现场放样

全站仪坐标放样操作方法步骤示意,详见图 9-4。图中,665、666、667 是导线点;Y105 号-1、Y105 号-2、Y106 号-1、Y106 号-2 是已灌注的桩基点;Y107 号-2 是正在放的桩基点;Y107 号-1 是还未放的桩基点。全站仪放样时,仪器架在666,棱镜架在 667(或 665),实践作业中,习惯上把 666 叫作"测站",把 667(或665)叫作"后视点"。在一个测站上用全站仪进行点放样的方法步骤如下:

(1)全站仪点放样的作业组织

全站仪点放样作业小组由 4 人组成,即:

观测员 1 人,简称甲,负责操作仪器,现场指挥;

架棱镜 1 人,简称乙,负责架立棱镜;

打桩钉(或画点)1 人,简称丙,负责打桩钉钉或画点标志。

打伞 1 人。

(2)全站仪外业点放样

①甲将全站仪架置于导线点 666 上,要求精确对中和整平。

②令乙将棱镜立于导线点 667(或 665)上,要求中杆下端尖准确立于导线点标志中心,圆气泡居中,双叉架腿稳固。棱镜头朝向测站方向。

③令丙与打桩钻孔师傅联系,准备护桩材料及拉绳。

④乙架好棱镜，用对讲机向甲汇报："667 架好可以定向"。

⑤甲在乙立棱镜时，开机，选取"坐标放样"，并根据提示输入测站点(666)的 XY 值，输入后视点(667)的 X、Y 值，待听到乙汇报后，精确照准后视点 667，进行后视点定向，检查定向精度，当后视点 X、Y 误差小于 1cm 时，便可用对讲机呼叫乙："好"、"好"，"开始放样"，接着输入待放样点 Y107 号-2 的 X、Y 值，准备放样。

⑥乙接到甲的命令，即赶到丙处，听从甲的指挥，前、后、左、右移动棱镜，在实地定出 Y107 号-2 桩基位置，由丙打木桩钉小铁钉，扎红塑带标志。

⑦丙指挥打桩钻孔师傅拉护桩，要求护桩拉线交叉点准确对准桩基础木桩上的小钉并要把护桩批牢固。

(3)保证桥桩基放样精度的措施

规范及设计文件要求桩基中心偏位应小于 5cm。

实践作业中，桥桩基钻孔灌柱后中心偏位小于 5cm 的不多，而大于 5cm，小于 10cm 的则常见，大于 10cm，小于 15cm 的时常发生，大于 15cm，小于 20cm 的或越过 20cm 的屡有发生。

如何解决高架桥桩基钻孔灌注后中心偏位问题是个值得探讨的课目。作者经过半年(2010 年 7 月至 12 月)的实践调查研究，在测量放线方面推荐下述措施来保证钻孔灌注桩中心的精度满足规范及设计要求。(见图 9-4)

①在同一测站，用第 2 后视点定向，再放一次。例如，图 9-4，在 666 设站，用后视点 1 定向，放出 Y107 号-2；随后，用后视点 2 定向，再放出 Y107 号-2。两个后视点定向，放出的同一桩基中心点应是同一点。若两次偏差小于 1cm 以下，则取中数为该桩基中心点。

②在同一测站，由甲放样员用后视点 1 定向，放出桩基中心点，然后由乙放样员重新用后视点 1 定向，再放出桩基中心点。这样由乙复核甲放的点位，其偏差小于 3mm，取中数为用。

③在同一测站，由甲放样员后视点 1 定向，放出桩基中心点，在丙作好中心标志后(例如，钉小铁钉或用油性记号笔画十字交叉标记)，再令乙将棱镜位于丙作的标记上，顺时针转动仪器照准部三圈以上，然后照准棱镜，实测所放点的坐标，将实测坐标与设计坐标比较，其差值应小于 5mm。

④建立初放，验护筒放桩、终孔放桩制度根据作者实践经验，桥桩基中心点放样应遵循打桩机械的作业流程，即：

当桩机调整钻头中心对准实地桩中心时，应进行精确初放。此时放样员应配合现场施工员和打桩师傅拉好护桩，要求护桩拉线交叉点准确并且护桩要打牢固。在打桩过程中，不能损坏护桩。

当根据初放点位下好护筒后，应进行开孔放桩也叫"验护筒放样"。此时的桩基中心点放在护筒上的垫板(枕木)上。要求该点与初放护桩拉线交点重合。放样员应配合现场施工员和打桩师傅调整初放的护桩,确保护桩拉线交叉中心准确,护桩牢固以指导此后的打桩过程中钻头的中心位置。

当打到(钻到)设计深度终孔时应进行终孔放桩。此时的桩基中心点也是放在护筒上的垫板(枕木)上。这个终孔桩中心是向桩孔中下钢筋笼时的依据,所以一定要做好护桩。实践中,可用四根废电焊条插在护筒外缘,并用红喷漆喷在护筒壁上标志(见图 9-5)。

放样员配合现场施工员或打桩师傅做好终孔桩的护桩后,还必须做好下述两项重要的检查工作:

a. 检查终孔桩中心与初放或验护筒放桩中心偏差

检查方法:令打桩师傅从初放或验护筒放桩的护桩上拉线,其交叉点理论上应与终孔桩中心点重合,实际上有偏差,一般情况下,只要原护桩未撞动移位,其偏差应小于 1cm。(见图 9-5)

b. 检查桩机钻孔中心与终孔放桩中心偏差

检查方法:令打桩师傅吊起钻头,要求吊钻头的钢丝绳拉紧垂直,此时钢丝绳位置就是桩机打孔的中心,这时只要量取钢丝绳中心到终孔桩中心距离就可知桩基中心偏位多少。一般情况下,偏位小于 5cm 为合格,偏位大于 10cm,则令桩机师傅调整钻头中心刷孔补救。并将偏位数据记录在案,以备查证(见图 9-6)。

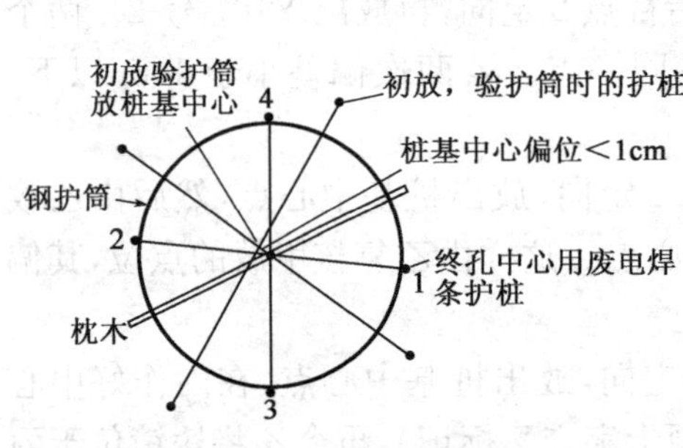

图 9-5 检查终孔、初放验护筒放桩基中心偏位示意图

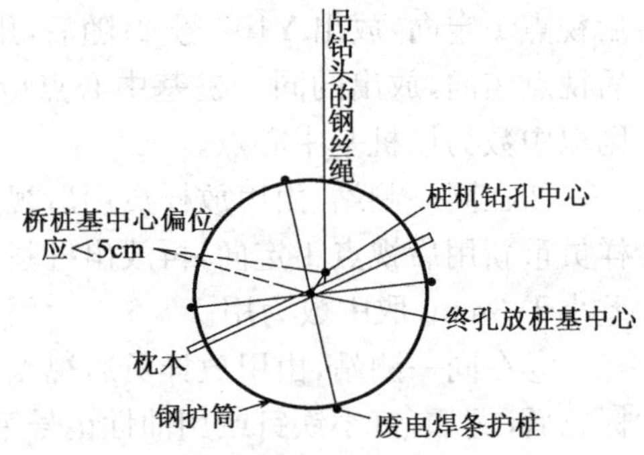

图 9-6 检验终孔中心、钻孔中心偏心示意图

上述两项检查,一可检查放样精度,二可检查打孔精度。将偏位数据记录在案以防日后验桩头中心因偏心超限而互相推卸责任。实践中因桩基中心偏位超限,将责任推给测量放样的现象时有发生。由于放样员没有数据证明,往往是有口难辩。只有例行上述两项检查,有数据记录在案,双方责任明确,各负其责。

实践证明,造成桥桩基中心偏位有三大因素,它们是测量放样误差、打桩钻孔误差和下笼灌注误差。只要按照作者推荐的上述措施操作，就可保证桩基中心精度满足规范及设计要求。

二、“破桩头”施工测量放样实操案例

(一)“破桩头”工作中的施工测量

破桩头即凿除桩头混凝土，其概念见图 9-7。图中 Y107 号-1 是未破桩头的浇灌后的桩基，Y107 号-2 是已破桩头且已立起桥柱钢筋笼的桩基。图中序号 1 是原地面，2 是基坑底，3 是基坑垫层(厚 10cm)，4 是浇灌后的桩基，5 是系梁高，6 是系梁顶设计高 1.0m，7 是系梁底设计高－0.3＝1.0－1.3，8 是浇灌后的桩顶，9 是破掉的桩头，10 是破桩头后竖立的桥柱钢筋笼。

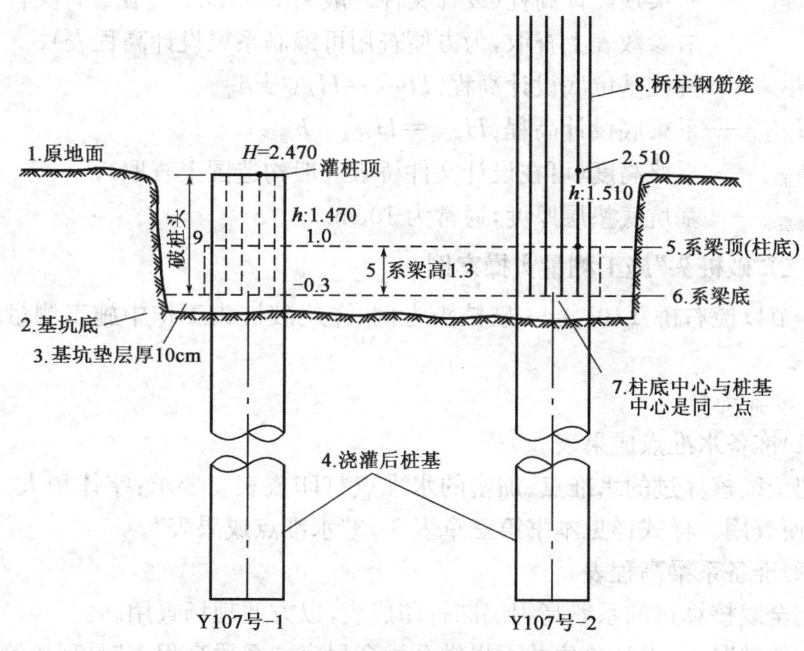

图 9-7　破桩头施工测量示意图

由图知，破掉的桩头是灌后的桩顶至系梁底那一部分的混凝土结构体，留下的是桩基钢筋以便与桥柱钢筋笼相焊接。在这道工序中，施工测量的任务是：

(1)控制基坑下挖深度；

(2)控制桩头下破深度。

为此目的，施工测量员应做下述两项工作：

(1)用“水准前视法”测量浇灌后桩基顶面实地高程。关于“水准前视法”测

高方法，详见作者著作《公路工程施工测量》、《测量员便携手册》(人民交通出版社:北京，2004.9、2009.6)。

(2)计算基坑下挖深度和桩头下破深度。

基坑下挖深度计算公式：

$$h_{坑底} = H_{灌桩顶} - H_{系顶} + H_{系高} + h_{垫层厚} = H_{灌桩顶} - H_{坑底} \tag{9-1}$$

桩头下破深度计算公式：

$$h_{破} = H_{灌桩顶} - H_{系顶} + h_{系高} = H_{灌桩顶} - H_{系底} \tag{9-2}$$

式中：$h_{坑底}$——基坑底下挖深度；

$h_{破}$——桩头下破深度；

$H_{灌桩顶}$——浇灌后桩基顶部(此点应选在桩基顶露出的钢筋头上)；

$H_{系顶}$——系梁顶设计高程(设计文件一般用 H_c 表示，可在设计文件桥墩构造参数表上查取，为方便查用可编制系梁设计高程表)；

$H_{坑底}$——桥桩基坑底设计高程：$H_{坑底} = H_{系底} + h_{垫层厚}$；

$H_{系底}$——系梁底设计高程：$H_{系底} = H_{系顶} - h_{系高}$；

$h_{系高}$——系梁高度(可在设计文件桥墩一般构造图上查取)；

$h_{垫层厚}$——基坑底垫层厚度，通常为 10cm。

(二)“破桩头”施工测量实操案例

本节以榄右桥 Y107 号-1 破桩头为例，详述破桩头工作中施工测量的外业工作。

1. 准备资料

(1)准备水准点成果表

把全线核算过的水准点、加密的水准点打印成表。要求：字体稍大，字迹清楚，方便查用。样式详见本书第三章表 3-13“水准点成果表”。

(2)准备系梁高程表

把全线核算过的系梁高程编制打印成表，以方便现场查用。

一般情况下，设计单位并不提供系梁高程表，“系梁高程表”是现场测量员为了自己使用方便而编制的。设计单位提供的系梁高程可在桥墩一般构造图上查取，用 H_c 表示。例如，本书第一章图 1-6 中 Z176 号桥墩，系梁高 $H_c = 3.33$m；Y178 号桥墩，系梁高 $H_c = 3.19$m。

系梁设计高程很重要，它关系着桥墩柱的长短，系梁做高了，桥柱就短了；系梁做低了，桥柱就长了。这在设计上是绝不允许出现的错误。因此，应对设计的系梁高程进行核算。

核算系梁高程的计算公式是：

$$H_c = H_i - h_i \tag{9-3}$$

式中：H_c——系梁高程；

H_i——i 桥柱顶高程；

h_i——i 桥柱长度(在设计文件桥墩柱构造参数表上查取)。

例如，本书第一章图 1-6 中 Z176 号-1(a)、-2(b)、-3(c)的 H_c：

$$H_c = H_3 - h_a = 8.842 - 5.516 = 3.33$$

$$H_c = H_4 - h_b = 8.719 - 5.393 = 3.33$$

$$H_c = H_5 - h_c = 8.595 - 5.269 = 3.33$$

注意：同一墩号的几个桩基的系梁应是同高的。

本例中 Y107 号桥墩系梁顶设计高程 $H_{c顶} = 1.0$，系梁高度 $h = 1.3$，系梁底设计高程 $H_{c底} = -0.3 = 1.0 - 1.3$(详见图 9-8 和表 9-3)。

编制的系梁高程表应有墩号，系顶设计高程、系底设计高程和系梁高度。打印的系梁高程表要求：字体稍大、字迹清晰、数字正确、方便现场查用，其样表见表 9-4。

2. 准备仪具

(1)S_3 型水准仪及脚架；

(2)塔尺；

(3)计算器：可编程式计算器，例如 f_x—4800P/4850P/5800P 型计算器等；

(4)工具及材料：铁锤、钢钉、喷漆、油性记号笔、红塑带等；

(5)联络工具：对讲机 2 台；

(6)量具：5m 小钢尺。

3. 外业施测(见图 9-7Y107 号-1)

(1)作业组织。

①观测员(兼记录计算)1 人；

②立尺员 1 人；

③副工 1 人。

(2)测浇灌后桩基顶的实地高程。

①在桩基顶选点：水准测点应选在裸露的钢筋头上，若钢筋未露头，则在桩基顶适当位置钉一钢钉并用喷漆或红塑带醒目标志。

②用水准前视法测量桩基顶实地高程，手簿记录见表 9-5。本例中 Y107 号-1桩基顶实测高 $H_{灌桩顶} = 2.470$。

(3)计算下破深度 $h_{破}$(见表 9-5)。

本例中 Y107 号-1 下破深度：

$$h_{破} = 2.470 - 1.0 + 1.3 = 2.770$$

检查计算：

$$h_{破} = 2.470 - (-0.3) = 2.770$$

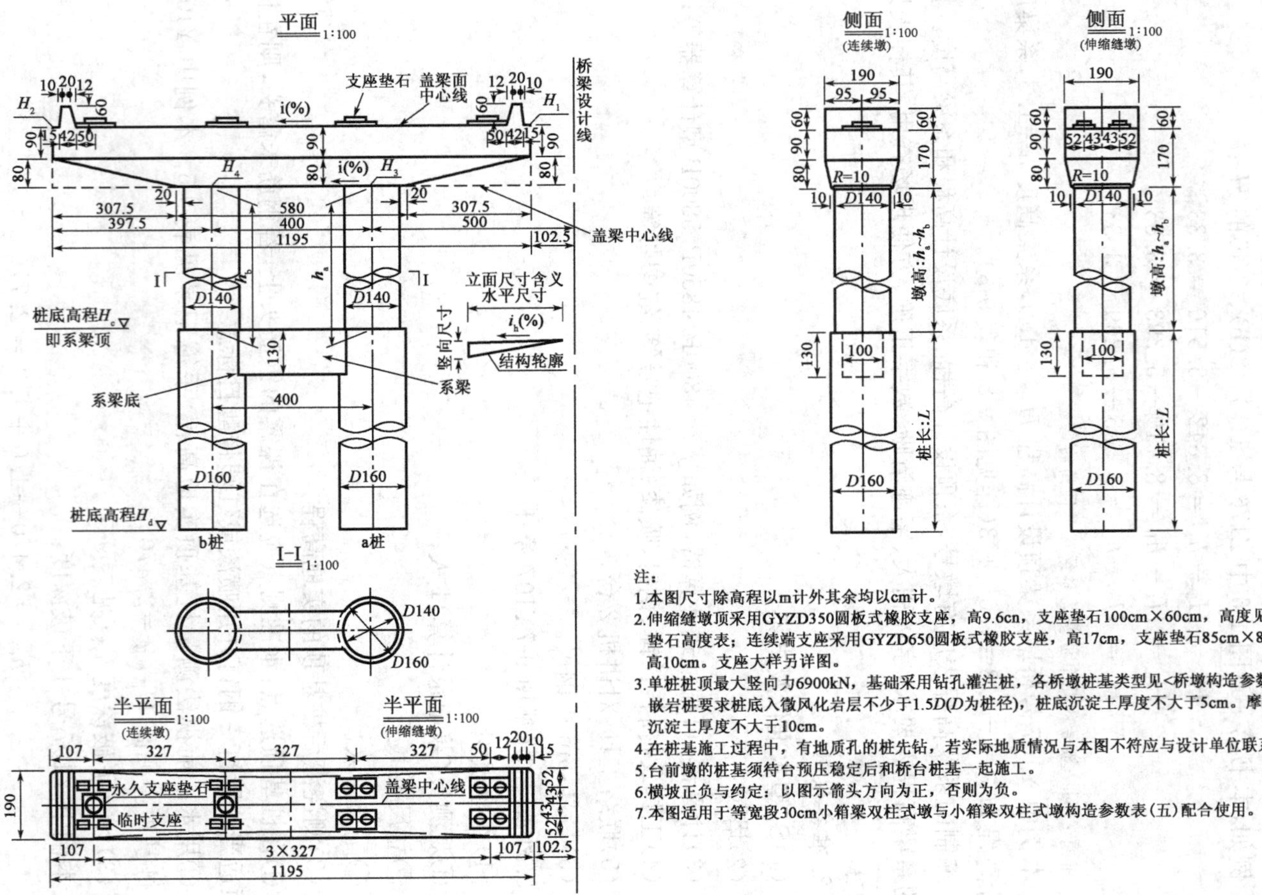

注：

1.本图尺寸除高程以m计外其余均以cm计。

2.伸缩缝墩顶采用GYZD350圆板式橡胶支座，高9.6cn，支座垫石100cm×60cm，高度见相应垫石高度表；连续端支座采用GYZD650圆板式橡胶支座，高17cm，支座垫石85cm×85cm，高10cm。支座大样另详图。

3.单桩桩顶最大竖向力6900kN，基础采用钻孔灌注桩，各桥墩桩基类型见<桥墩构造参数表>。嵌岩桩要求桩底入微风化岩层不少于1.5D(D为桩径)，桩底沉淀土厚度不大于5cm。摩擦桩桩底沉淀土厚度不大于10cm。

4.在桩基施工过程中，有地质孔的桩先钻，若实际地质情况与本图不符应与设计单位联系。

5.台前墩的桩基须待台预压稳定后和桥台桩基一起施工。

6.横坡正负与约定：以图示箭头方向为正，否则为负。

7.本图适用于等宽段30cm小箱梁双柱式墩与小箱梁双柱式墩构造参数表(五)配合使用。

图9-8　槛横路高架桥　小箱梁双柱式墩一般构造图(二)

表 9-3

左幅等宽段 30m 小箱梁双柱式墩构造参数

桥名	里程桩号	设计高程	墩号		i (%)	H_1 (m)	H_2 (m)	H_3 (m)	H_4 (m)	H_c (m)	H_d (m)	h_a (cm)	h_b (cm)	L (cm)	桩基类型	使用图纸
中山东部快线工程榄右桥左幅	ZK51＋023.500	13.156	Z38 号	连续墩	2	11.071	10.832	9.291	9.211	1.8	－34.00	719.1	741.1	3580	嵌岩桩	（二）
	ZK51＋053.500	13.021	Z39 号	连续墩	2	10.936	10.697	9.156	9.076	1.9	－34.20	725.6	717.6	3610	嵌岩桩	（二）
	ZK51＋083.500	12.886	Z240 号	伸缩缝墩	2	10.858	10.619	9.078	8.998	1.7	－34.20	737.8	729.8	3590	嵌岩桩	（二）
	ZK51＋113.500	12.751	Z41 号	连续墩	2	10.666	10.427	8.886	8.806	1.0	－34.00	788.6	780.6	3500	嵌岩桩	（二）
	ZK51＋143.500	12.616	Z42 号	连续墩	2	10.531	10.292	8.751	8.671	0.6	－34.00	815.1	807.1	3460	嵌岩桩	（二）
	ZK51＋369.500	12.059	Z50 号	连续墩	2	9.974	9.735	8.194	8.114	0.1	－42.00	809.4	801.4	4210	嵌岩桩	（二）
	ZK51＋399.500	12.105	Z51 号	连续墩	2	10.020	9.781	8.240	8.160	0.0	－42.00	824.0	816.0	4200	嵌岩桩	（二）
	ZK52＋009.500	12.732	Z75 号	连续墩	2	10.647	10.408	8.867	8.787	1.4	－51.50	746.7	738.7	5290	摩擦桩	（二）
	ZK52＋039.500	12.641	Z67 号	连续墩	2	10.556	10.317	8.776	8.696	0.6	－51.50	817.6	809.6	5210	摩擦桩	（二）
	ZK52＋839.500	13.493	Z107 号	连续墩	2	11.408	11.169	9.628	9.548	0.2	－47.00	942.8	934.8	4720	嵌岩桩	（二）
	ZK52＋869.500	13.485	Z108 号	连续墩	2	11.400	11.161	9.620	9.540	1.6	－47.00	802.0	794.0	4860	嵌岩桩	（二）
	ZK52＋899.500	13.448	Z109 号	连续墩	2	11.363	11.124	9.583	9.503	0.1	－47.00	948.3	940.3	4710	嵌岩桩	（二）
	ZK53＋884.500	13.576	Z148 号	连续墩	2	11.491	11.252	9.711	9.631	1.1	－26.00	861.1	853.1	2710	嵌岩桩	（二）
	ZK53＋914.500	13.545	Z149 号	连续墩	2	11.460	11.221	9.680	9.600	1.3	－28.00	838.0	830.0	2930	嵌岩桩	（二）
	ZK54＋999.500	13.653	Z191 号	连续墩	－2	11.569	11.808	9.948	10.028	4.4	－5.00	554.8	562.8	940	嵌岩桩	（二）
	ZK55＋177.500	11.779	Z197 号	连续墩	－2	9.695	9.934	8.074	8.154	2.7	－19.50	537.4	545.4	2220	嵌岩桩	（二）
	ZK55＋207.500	11.206	Z198 号	连续墩	－2	9.122	9.361	7.501	7.581	2.5	－20.00	500.1	508.1	2250	嵌岩桩	（二）

续上表

桥名	里程桩号	设计高程	墩号		i (%)	H_1 (m)	H_2 (m)	H_3 (m)	H_4 (m)	H_c (m)	H_d (m)	h_a (cm)	h_b (cm)	L (cm)	桩基类型	使用图纸
中山东部快线工程榄右桥右幅	YK50+614.600	14.344	Y21-1号	连续墩	2	12.259	12.020	10.479	10.399	1.0	−36.00	947.9	939.9	3700	嵌岩桩	(二)
	YK51+024.600	13.151	Y37号	连续墩	2	11.066	10.827	9.286	9.206	0.9	−40.00	838.6	830.6	4090	嵌岩桩	(二)
	YK51+054.600	13.016	Y38号	连续墩	2	10.931	10.692	9.151	9.071	0.9	−40.00	825.1	817.1	4090	嵌岩桩	(二)
	YK51+380.600	12.073	Y50号	连续墩	2	9.988	9.749	8.208	8.128	0.9	−43.00	730.8	722.8	4390	嵌岩桩	(二)
	YK51+410.600	12.130	Y51号	连续墩	2	10.045	9.806	8.265	8.185	0.7	−45.00	756.5	748.5	4570	嵌岩桩	(二)
	YK52+250.600	12.055	Y84号	连续墩	2	9.970	9.731	8.190	8.110	1.0	−27.00	719.0	711.0	2800	嵌岩桩	(二)
	YK52+280.600	12.030	Y85号	连续墩	2	9.945	9.706	8.165	8.085	0.7	−25.00	746.5	738.5	2570	嵌岩桩	(二)
	YK52+310.600	12.030	Y86号	连续墩	2	9.945	9.706	8.165	8.085	0.6	−32.00	756.5	748.5	3260	嵌岩桩	(二)
	YK52+845.600	13.494	Y107号	连续墩	2	11.409	11.170	9.629	9.549	1.0	−41.00	862.9	854.9	4200	嵌岩桩	(二)
	YK52+875.600	13.480	Y108号	连续墩	2	11.395	11.156	9.615	9.535	1.2	−46.00	841.5	833.5	4720	嵌岩桩	(二)
	YK52+905.600	13.437	Y109号	伸缩缝墩	2	11.410	11.171	9.630	9.550	1.1	−46.80	853.0	845.0	4790	嵌岩桩	(二)
	YK52+935.600	13.363	Y110号	连续墩	2	11.278	11.039	9.498	9.418	1.1	−47.00	839.8	831.8	4810	嵌岩桩	(二)
	YK52+965.600	13.262	Y111号	连续墩	2	11.177	10.938	9.397	9.317	0.3	−49.00	909.7	901.7	4930	嵌岩桩	(二)

(4)计算基坑下挖深度(见表 9-5)。

$$h_{坑底}=2.470-1.0+1.3+0.1=2.870$$

检查计算:

$$h_{坑底}=2.470-(-0.3-0.1)=2.870$$

(5)将基坑下挖深度和桩基下破深度,书面通知现场桩基施工员。

榄横路高架桥右幅系梁设计高程表　　表 9-4

墩号	系顶高(m)	系底高(m)	系梁高度(m)	墩号	系顶高(m)	系底高(m)	系梁高度(m)
Y107 号	1.0	−0.3	1.3	Y116 号	0.5	−0.7	1.2
Y108 号	1.2	−0.1	1.3	Y117 号	0.4	−0.8	1.2
Y109 号	1.1	−0.2	1.3	Y118 号	0.3	−0.9	1.2
Y110 号	1.1	−0.2	1.3	Y119 号	0.5	−0.7	1.2
Y111 号	0.3	−1.0	1.3	Y120 号	0.7	−0.5	1.2
Y112 号	0.7	−0.5	1.2	Y121 号	0.8	−0.4	1.2
Y113 号	0.2	−1.0	1.2	Y122 号	0.9	−0.3	1.2
Y114 号	0.3	−0.9	1.2	Y123 号	1.2	0	1.2
Y115 号	0.4	−0.8	1.2	Y124 号	1.0	−0.2	1.2

破桩头水准测量表　　表 9-5

测点及桩号	后视读数	前视读数	标高(m)	系底高(m)	垫层厚(m)	下破深(m)	基坑深(m)
666	1.502		2.388				
Y107 号-1		1.420	2.470	−0.3	0.1	2.770	2.870
Y107 号-2		1.380	2.510	−0.3	0.1	2.810	2.910

三、"验桩头"测量放样实操案例

当破桩头工作完成,并浇(铺)好基坑垫层后,测量放样员应会知测量监理工程师"验桩头"。

所谓“验桩头”，实际上就是测量监理工程师检查验收浇灌混凝土后的桩基中心偏位精度。为此，现场测量放样员应在破桩头后的桩基上放出设计的桩基中心点位。并用小钢钉（或射钉）或涂改液（修正液）标志于实地。

这道工序中的测量放样工作与桥桩基础测量放样工作相同。此处不再叙述。读者可参阅本节“一”“桥桩基础施工测量放样实操案例”。

四、打（浇）系梁施工测量放样实操案例

（一）打（浇）系梁工作中的施工测量

当验桩头合格后，现场施工进入吊装焊接桥桩钢筋笼、扎系梁钢筋、安装钢模并浇灌系梁这道工序。

桥柱钢筋笼下端（柱底）中心与桥桩基顶部中心是同一点，吊装焊接桥柱钢筋笼时，可用验桩头时放的桩头中心点位定位。（见图 9-7Y107 号-2）。

扎系梁钢筋的中心轴线是 Y107 号-1 与 Y107 号-2 桩基顶中心点连线，因此，可用验桩头时放的桩头中心点的连线控制系梁中心轴线。（见图 9-7Y107 号-1、Y107 号-2）

由上分析知，打（浇）系梁工作中的施工测量的任务，主要是控制系梁顶面高度。

（二）打（浇）系梁施工测量实操案例

1）准备资料，同本节三（二）。

2）准备仪具，同本节三（二）。

3）外业施测：

（1）作业组织，同本节三（二）。

（2）施测方法（见图 9-7 和表 9-4）：

①在破桩头后的钢筋头上选一点，并用喷漆作标记，用水准前视法测其高程，例如 Y107 号-1，$H_1=2.470$；Y107 号-2，$H_2=2.510$。将测得的高程数据及作了标志的钢筋头交给现场施工员，由现场施工员自己根据系梁设计高程控制系梁顶高度。

②根据上述①测得的钢筋头顶高程，用下式计算下量高度 h，并在下量处作一标记，控制系梁顶高度。

$$h_1 = H_{-1} - H_c = 2.470 - 1.0 = 1.470$$

$$h_2 = H_{-2} - H_c = 2.510 - 1.0 = 1.510$$

③用水准视线高法，直接在测高的钢筋上放出系梁顶高程，并作标记通知现场施工员。

关于水准视线高法放高的操作方法步骤，详见作者著作《公路工程施工测

量》(北京:人民交通出版社,2004,9)或《测量员便携手册》(北京:人民交通出版社,2009,6)

五、吊装桥墩柱钢模施工测量放样实操案例

(一)吊装桥墩柱钢模工作中的施工测量

当系梁浇注混凝土并经监理检验合格后,高架桥施工进入灌柱这道工序。

规范及设计要求:桥墩柱顶、底平面中心线与设计偏差不得大于 10mm;墩身垂直度允许偏差不得大于 1/1000。

要满足上述规定,关键是保证桥柱钢筋笼吊装焊接精度和安装桥柱钢模的精度,这就要求现场测量员要准确在系梁上放出桥柱底的中心点位以作为现场吊装焊接钢筋笼和安装桥柱钢模的依据。

另外,灌柱时还要控制墩柱顶高程,为此,现场测量员还应准确的测定桥柱底在系梁面上的高程,作为上量桥柱高度的依据。

由上分析知,吊装桥墩柱钢模工作中,现场施工测量的工作是:

(1)在系梁上准确放出桥墩柱底部中心点位;

(2)在系梁上准确测定桥墩柱底部高程。

(二)吊装桥墩柱钢模施工测量实操案例

1. 准备资料

(1)桥墩柱底放样要准备:

①导线点成果表;

②桥墩柱底中心坐标表:桥墩柱底中心与桥基础中心是同一点,因此,此表即是设计单位提供的高架桥桩位坐标表;见第一章表 1-7 和表 1-8。

(2)桥墩柱顶高程放样要准备:

①水准点成果表;

②系梁高程表(见表 9-4);

③桥墩柱顶高程表:设计单位没有提供该表,测量员可根据桥墩柱构造参数表编制,见本节表 9-3。

2. 准备计算工具和计算程序

见本章第三节。

3. 准备放样仪器和配件

(1)桥墩柱底中心放样仪器准备见本章第三节"一"。

(2)柱顶高程放样,测系梁顶高程仪器准备见本章第三节"二"。

4. 准备材料和工具

见本章第三节"一"、"二"。

5.现场施测

(1)墩柱底中心放样

当桥柱钢筋笼吊装焊接完成且浇注系梁工作完成后,现场测量员根据现场施工员安排,进行桥墩柱底中心放样并测量系梁面标高。

图 9-9 是榄右桥 Y107 号-1、Y107 号-2 吊装桥墩柱钢模工作中测量放桥柱底中心和测量系梁面高程示意图。

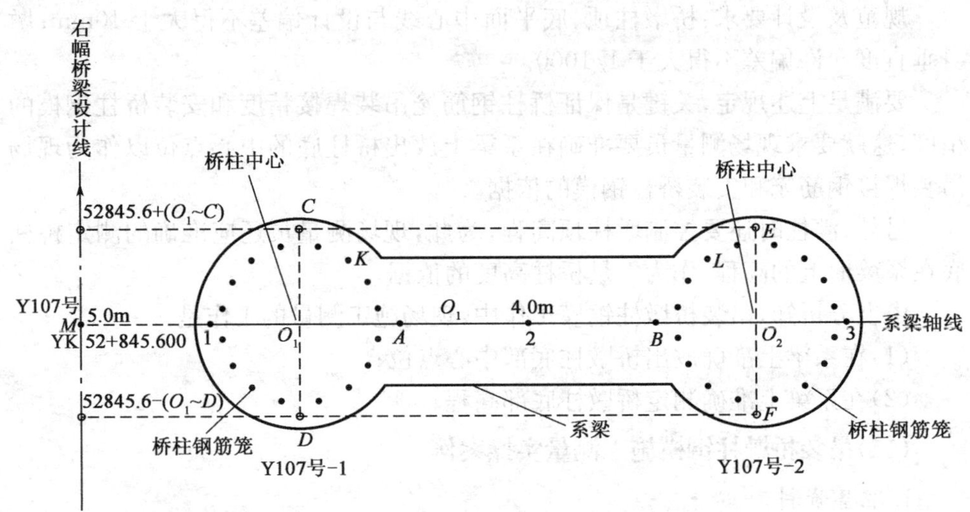

图 9-9 吊装桥墩柱钢模测量放样、测高示意图

图中 O_1 是 107 号-1 桥柱中心;O_2 是 Y107 号-2 桥柱中心。现场测量员要将 O_1、O_2 放到系梁上并作醒目标记,作为安装桥柱钢模的依据。为此,可考虑选用下述任一种方案:

方案 1 直接用全站仪坐标法放出 O_1 和 O_2。

这个方案实行有一定困难。由于系梁上已竖立桥柱钢筋笼且桥柱钢筋笼高有数米以上,放样时立棱镜员要攀爬钢筋笼,有潜在的危险性。如采用此方案,则必须注意安全。

方案 2 在系梁轴线上,用全站仪坐标法放出 1、2、3 辅助点,根据 1-O_1 和 2-O_1 距离定出 O_1 点;根据 3-O_2 和 2-O_2 距离定出 O_2 点。

采用方案 2,必须现场计算出 1、2、3 点的坐标。要计算 1、2、3 点坐标,必须计算 Y107 号(YK52+845.6)在设计线上中点 M 距 1、M 距 2、M 距 3 的距离,这可以根据它们之间的几何关系算出。例如 M-1 距离=5.0-(O_1-1);M-2 距离=5.0+2.0;M-3 距离=5.0+4.0+(O_2~3)。

方案 3 在系梁轴线上用全站仪坐标法放出 A、2、B 辅助点,在 B-2-A 延长

线上，用 A-O_1 距离定出 O_1 点；在 A-2-B 延长线上，用 B-O_2 距离定出 O_2 点。

采用方案 3，必须现场计算出 A、2、B 点的坐标。要计算 A、2、B 点坐标，必须计算 Y107 号(YK52＋845.6)在设计线上中点 M 距 A、M 距 2、M 距 B 的距离。这可以根据它们之间的几何关系算出。例如 $M-A$ 距离＝5.0＋O_1～A；M-2 距离同上；$M-B$ 距离＝5.0＋4.0－(O_2～B)。

现场放样中，常采用方案 2 或方案 3。除此之外，也有放出 C、D、E、F 点来确定 O_1 和 O_2 的。

终上所述，要放出 O_1 和 O_2，必须现场能迅速准确的用计算器程序计算出各辅助点的坐标。

(2)测量系梁面高程

系梁面标高点应选在桥柱钢筋笼钢筋近旁，例如图 9-9Y107 号-1 的 K 点、Y107 号-2 的 L 点。这样便于由底部顺钢筋向上量柱长，以标定桥墩柱面高程。

测量系梁面 K 和 L 点的高程，用水准前视法。计算出的高程应写在测点旁且应醒目。例如 $K=1.005$、$L=1.003$。

另外用下式计算上量长度：

$$h_i = H_{柱顶} - H_{系顶} \tag{9-4}$$

式中：h_i——桥柱由系梁面向上量的长度；

$H_{柱顶}$——桥柱顶面设计高程：例如 Y107 号-1$H_{柱顶}=H=9.629$；Y107 号-2$H_{柱顶}=H_4=9.549$；

$H_{系顶}$——系梁顶实测标高：例如 $K=1.005$、$L=1.003$。

则：

$$h_{Y107号\text{-}1} = 9.629 - 1.005 = 8.624;$$
$$h_{Y107号\text{-}1} = 9.549 - 1.003 = 8.546。$$

以上放样测高工作完成后，应在现场把放在系梁上的辅助点位和测定的高程点位以及计算的向上量的柱长等数据交给现场施工员。

现场施工员据此指挥上量柱长标定桥柱顶面位置，指挥吊装桥柱钢模并浇灌桥柱。

六、吊装盖梁支架及“验柱顶”施工测量放样实操案例

当浇灌的桥柱拆模并经监理验收合格后，高架桥施工进入盖梁施工这道工序。

盖梁施工包括：吊装盖梁支架、扎盖梁钢筋、吊装盖梁钢模、浇灌盖梁等工序。

当吊装盖梁支架完成，现场测量员应会知测量监理工程师“验柱顶”。

所谓“验柱顶”，实际上就是测量监理工程师检查验收浇灌后的桥墩中心偏

位精度。为此，现场测量放样员应用全站仪坐标法把设计的桥柱中心位置放到浇灌好的桥柱上，并用小钢钉（或射钉）或涂改液（修正液）醒目的标志于实地。为了检查柱顶高程，测量员在放桥柱中心点同时可用全站仪测出柱顶高程。

七、扎盖梁钢筋吊装盖梁钢模施工测量放样实操案例

1. 控制盖梁中轴线（见图 9-8 和图 9-10）

所谓盖梁中轴线，实际上就是桥柱顶中心连线。当测量监理工程师"验柱顶"合格后，即按设计坐标放出的柱顶中心与浇灌的桥柱实际中心偏心小于 10mm 时，此时在浇灌的桥柱上所放的设计中心点的连线就可作为盖梁的中心轴线。扎盖梁钢筋时，工人用"吊垂球法"对中桥柱顶中心钢钉来控制盖梁中轴线。

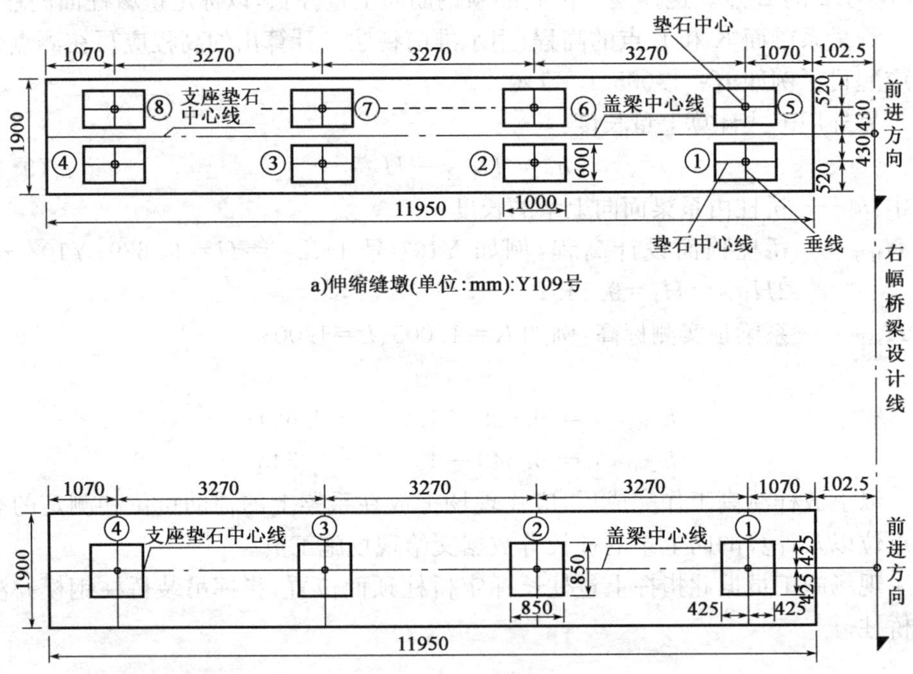

图 9-10　盖梁、支座垫石平面图

2. 控制盖梁高度（见图 9-8）

由图 9-8 知，Y107 号的盖梁高度为 1.7＝0.8＋0.9。0.8m 是盖梁下部两端翘起高度。0.9m 是盖梁上部高度。扎盖梁钢筋时，可用 5m 小钢尺丈量法

(由桥柱顶上量)控制这两个高度。

3. 控制支座垫石位置(见图 9-8 和图 9-10)

规范及设计要求,施工时应注意各墩台支座的布置情况,确保支座位置规格准确无误。

在扎盖梁钢筋时,应放出支座垫石位置,以便预扎支座垫石的钢筋。

现场测量员在放样支座垫石位置时,应分清是连续墩支座还是伸缩缝墩支座。应注意支座间、支座与设计线的几何尺寸并应在放样前准备好支座垫石放样数据。现场现算现放支座垫石位置时,必须计算迅速准确无错。

(1)支座垫石中心坐标计算实操案例

支座垫石中心坐标计算见表 9-6。计算方法步骤:

①计算垫石中心离设计线距离(见图 9-10)。

a. 计算连续墩垫石中心离设计线距离,以 Y107 号为例,见图 9-10b)和图 9-8:

(a)垫石中心离设计线距离:

$$1.025+1.070=2.095$$

(b)垫石中心离设计线距离:

$$2.095+3.270=5.365$$

(c)垫石中心离设计线距离:

$$5.365+3.270=8.635$$

(d)垫石中心离设计线距离:

$$8.635+3.270=11.905$$

b. 计算伸缩缝墩垫石中心离设计线距离,以 Y109 号为例,见图 9-10a)和图 9-8:

伸缩缝墩垫石分前排和后排,Y109 号是等宽段,前、后排垫石各四个。其垫石中心离设计线距离计算与连续墩垫石中心离设计线距离计算相同。

c. 在计算变宽段、过渡墩、三柱式墩、四柱式墩或者是现浇墩等,由于垫石中心间距不同,在计算垫石中心离设计算线距离时,应根据桥墩一般构造图具体分析。

②判定取用支座垫石中心线的里程桩号(见表 9-3)。

垫石中心线的里程桩号在桥墩构造参数表中查取。

对于连续墩,垫石中心线的里程桩号直接在桥墩构造参数表中查取,例如 Y107 号,其垫石中心线的里程桩号是:Y52+845.6。

对于伸缩缝墩,则要结合图 9-8 构造图的侧面图分析取用,例如 Y109 号的前排(大号侧)垫石中心线的里程桩号是:

$$Y52905.6+0.43=Y52906.03$$

表 9-6

榄横路高架桥右幅支座垫石坐标表(等宽段 30m 小箱梁)

桩　　号	墩号	形式	离设计线距离(m)	坐标(m)		离设计线距离(m)	坐标(m)		离设计线距离(m)	坐标(m)		离设计线距离(m)	坐标(m)	
				X	Y		X	Y		X	Y		X	Y
YK50+614.6	Y21-1 号	连	2.095			5.365			8.635			11.905		
YK51+024.6	Y37 号	连	2.095			5.365			8.635			11.905		
YK51+054.6	Y38 号	连	2.095			5.365			8.635			11.905		
YK51+380.6	Y50 号	连	2.095			5.365			8.635			11.905		
YK51+410.6	Y51 号	连	2.095			5.365			8.635			11.905		
YK52+250.6	Y84 号	连	2.095			5.365			8.635			11.905		
YK52+280.6	Y85 号	连	2.095			5.365			8.635			11.905		
YK52+310.6	Y86 号	连	2.095			5.365			8.635			11.905		
YK52+845.6	Y107 号	连	2.095	^{249}1434.958	^{51}8506.919	5.365	^{249}1431.971	^{51}8508.251	8.635	^{249}1428.984	^{51}8509.583	11.905	^{249}1425.998	^{51}8510.914
YK52+875.6	Y108 号	连	2.095	^{249}1447.175	^{51}8534.319	5.365	^{249}1444.189	^{51}8535.650	8.635	^{249}1441.202	^{51}8536.982	11.905	^{249}1438.216	^{51}8538.314
大 YK52905.6+0.43	Y109 号	伸	2.095	^{249}1459.568	^{51}8562.111	5.365	^{249}1456.582	^{51}8563.442	8.635	^{249}1453.595	^{51}8564.774	11.905	^{249}1450.608	^{51}8566.106
小 YK52905.6−0.43				^{249}1459.218	^{51}8561.325		^{249}1456.231	^{51}8562.657		^{249}1453.245	^{51}8563.989		^{249}1450.258	^{51}8565.320
YK52+936.6	Y110 号	连	2.095			5.365			8.635			11.905		
YK52+965.6	Y111 号	连	2.095			5.365			8.635			11.905		

注:1. 大:大桩号;小:小桩号;连:连续墩;伸:伸缩缝墩。

2. 此表坐标选用 XY 程序计算时,其起算要素选用右线交点 11 或交点 12(见表 1-4)。

Y109 号的后排(小号侧)垫石中心线的里程桩号是：

$$Y52905.6 - 0.43 = Y52905.17$$

③选用计算器和程序

作者推荐 f_x—5800P 型计算器及其“线路中边桩坐标计算程序”(XY 程序)或“线路中边桩坐标计算全线通程序”(XL-XY-TS 程序)计算支座垫石中心坐标。前述两程序清单详见书后附录。

(2)支座垫石中心现场放样

垫石中心放样采用全站仪坐标法点放样功能，通常情况下，现场在盖梁钢筋上只放出前、后端垫石的中心点，其余垫石中心点是现场施工员会同扎钢筋工人根据垫石间距，几何关系加放的。

(3)注意事项

①支座垫石中心点离设计线距离必须计算正确；可用下式检验：盖梁长＝设计线距最后一个垫石中心距离＋最后一个垫石中心距盖梁末端距离－设计线距盖梁前端距离＝11.905＋1.07－1.025＝11.950(见图 9-9)；

②垫石中心线的里程桩号必须取用正确；

③采用全站仪坐标法放样垫石中心点时，由于是在盖梁钢筋上立棱镜又是高空作业，此种情况下应特别注意安全。

八、安装垫石模板施工测量放样实操案例

当盖梁浇灌完成并经监理检验合格后，高架桥施工便进入安装支座垫石模板、浇注垫石这道工序。在这道工序中施工测量的任务是：

(1)在盖梁上放支座垫石中心线，标定垫石中心点位；

(2)放垫石面高程，控制垫石高度。

(一)支座垫石放样实操案例

图 9-10 是支座垫石现场放样示意图。图中 a)双柱式是连续墩支座垫石放样示意图；b)是双柱式伸缩缝墩支座垫石放样示意图。

对于连续墩支座垫石放样，采用全站仪坐标法时，只要放出前、后两个垫石的四个角，例如图 9-10a)的①和②、③和④，现场施工员便可会同装模板工人根据支座垫石间几何关系，实地标定出各垫石的位置。

对于伸缩缝墩支座垫石放样，采用全站仪坐标法时，前排(大桩号)只要放出①、②、③、④；后排(小桩号)只要放出⑤、⑥、⑦、⑧；就可根据其几何关系，实地标定出垫石位置。

上述放样点①、②、③、③、④、⑤、⑥、⑦、⑧等点的坐标，设计单位并没有提供，而是现场测量员在现场放样时现算现放的。这就要求这些点的坐标一定要计算正确。为此，需在现场放样前准备好(见图 9-11)。

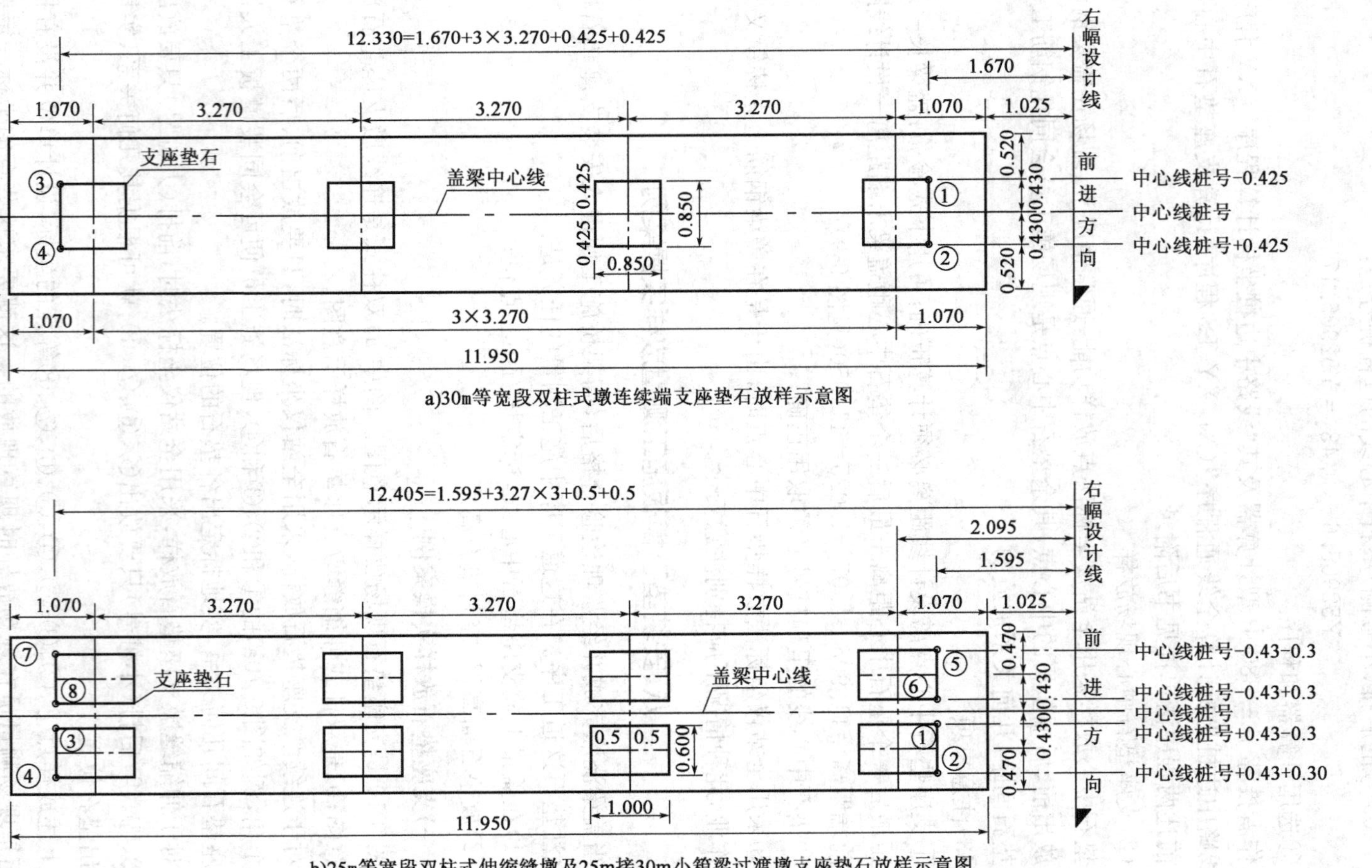

a)30m等宽段双柱式墩连续端支座垫石放样示意图

b)25m等宽段双柱式伸缩缝墩及25m接30m小箱梁过渡墩支座垫石放样示意图

图9-11　支座垫石放样示意图

(1)这些放样点离设计线的距离。

(2)这些点的连线,例如①－③、②－④、⑤－⑦、⑥－⑧连线的里程桩号。

(3)计算这些点坐标的交点要素:交点桩号及 X、Y 坐标;圆曲线半径;缓和曲线长;前切线方位角;转角方向及转角值等。

(4)绘制支座垫石放样略图。图 9-10 是作者在中山东部快线高架桥施工放样时用的略图,供读者参考。值得提醒注意的是,在绘制略图时,应注意墩柱盖梁上的支座垫石的个数、间距、几何关系等。本例是双柱式四个支座垫石,还有三柱式、四柱式、变宽段、过渡段等多种支座垫石,在计算垫石中心连线桩号时要计算正确,垫石离设计线距离也必须计算正确。

(二)控制支座垫石高程实操案例

规范及设计要求:支座垫石顶面必须水平,图中给出了支座垫石厚度及控制点高程,施工支座垫石时应以垫石顶面高程控制。

墩台帽顶的支座垫石顶面高程,施工前应认真核对无误后,方可施工。在施工墩柱及垫石前,施工方应提交复核以上设计高程的书面资料。并严格按照设计高程设置垫石,以保证桥面高程的准确。

根据上述规定,结合支座顶石放样实践。现场控制支座垫石高程的操作方法步骤如下:

1.计算支座垫石顶面设计高程,编制支座垫石高程放样表

中山东部快线高架桥工程,设计单位没有提供支座垫石顶面设计高程。施工方无法在施工前核对。为了方便支座垫石高程现场放样,施工方必须自己计算支座垫石顶面设计高程并要求二人对算或一人用两种方法核算,下面介绍作者计算支座垫石高程的两种方法,供读者参考。

(1)由桥面向下算至盖梁上的垫石顶面(简称由上往下算)。

(2)由桥柱顶面向上算至盖梁上的垫石顶面(简称由下向上算)。

方法 1　由上往下算计算公式及实例

①计算公式

图 9-12 是桥梁各结构体关系示意图,亦可视为支座垫石高程计算示意图。图中,H_1、H_2 是盖梁顶面前端和后端标高;H_3、H_4 是经算后的桥柱顶面标高。这几个高程可从桥墩构造参数表中查取。其余如铺装层、小箱梁高、盖梁高、调平块高、橡胶支座高、支座垫石高、横坡度 i 以及支座垫石间距、离设计线距离等需从设计图中查取。

由图知、支座垫石高程 $H_{垫}$:

$$H_{盖} = H_{桥面} - h_{铺} - h_{小} - h_{调} - h_{橡} - h_{垫} \tag{9-5}$$

$$H_{垫} = H_{盖} + h_{垫} \tag{9-6}$$

式中：$H_{桥面}$——与垫石中心同一垂线桥面点的高程：$H_{桥面}=H_{中}+(D_{i}-1.0)i$（$D_i$：所求点离设计线距离；$i$：桥面横坡带符号）；

$h_{铺}$——桥面铺装层厚度；

$h_{小}$——小箱梁高度；

$h_{调}$——调平块高(厚)度；

$h_{橡}$——橡胶支座高(厚)度；

$h_{垫}$——支座垫石高(厚)度。注意：此公式垫石高先减后加，这样可以先计算出盖梁上高程，便于检查 H_1 和 H_2。

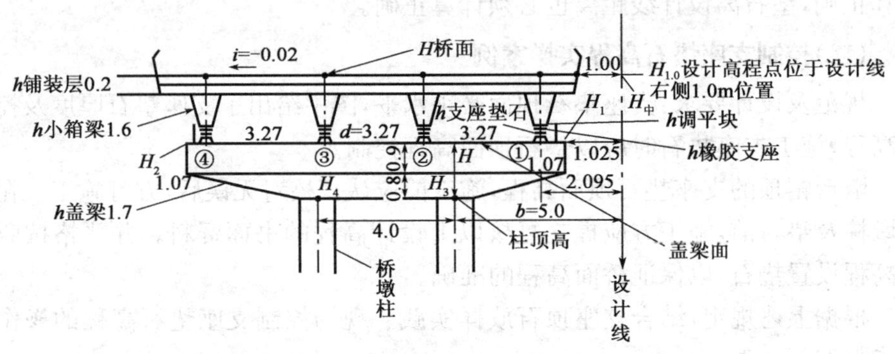

图 9-12 支座垫石标高计算示意图(桥梁各结构体关系示意图)

②算例(见图 9-12)

由表 9-3"右幅等宽段 30m 小箱梁双柱式墩构造参数"知：Y107 号，桩号是 YK52+845.6，$H_{中}=13.494$，$H_1=11.409$，又从设计图中查得 $h_{铺}=0.2$、$h_{小}=1.6$、$h_{调}=0.015$、$h_{橡}=0.17$、$h_{垫}=0.10$，$i=-0.02$。计算 Y107 号盖梁上②支座垫石设计高程，并核算 H_1。

手算：

a. ②垫石 $D_i=2.095+3.27=5.365$

则：　　$H_{桥}=13.494+(5.365-1.0)\times(-0.02)=13.407$

b. ②垫石 $H_{垫}=13.407-0.2-1.6-0.015-0.17-0.1+0.1$

$=13.407-2.085+0.1=11.322+0.1=11.422$

由于铺装层、小箱梁、调平块、橡胶支座、垫石等构件设计图已给出数据并在核算柱顶高程时用过这些数据，所以事先可先算出其累计和，本例中：

$$\sum h=0.2+1.6+0.015+0.17+0.1=2.085$$

Y107 号连续墩盖梁上其余①、③、④垫石高程，可仿上计算。

c. 核算 H_1 由图 9-12 知：

$$H_1 = 11.322 + 0.02 \times (3.27 + 1.07) = 11.409$$

方法 2　由下往上算计算公式及实例

①计算公式

由图 9-11 知：

$$H_{盖} = H_{柱} + h_{盖} \tag{9-7}$$

$$H_1 = H_{盖} + (b - c) \times i \tag{9-8}$$

$$H_{垫} = H_1 + a \times i + h_{垫} \tag{9-9}$$

式中：$H_{盖}$——与桥柱中心同一垂线上盖梁面高程；

$H_{柱}$——经过核算后后的桥柱顶设计高程；

$h_{盖}$——盖梁高(厚)度；可从设计图上查取；

b——桥柱中心离设计线距离；

c——盖梁前端离线距离；

$h_{垫}$——同上。

②算例

由表 9-3"右幅等宽段 30m 小箱梁双柱式墩构造参数"知：Y107 号桩号 YK52+845.6，$H_3=9.629$，$H_4=9.549$，$H_1=11.409$，$H_2=11.170$；又从设计图中查得：$h_{盖}=1.7$，$b=5.0$，$c=1.025$，$i=-0.02$，$a=1.07+d$ 计算 Y107 号盖梁上②支座垫石设计高程，并核算 H_2。

手算：

a. $H_{盖}=9.629+1.7=11.329$

b. $H_1=11.329+(5.0-1.025)\times0.02=11.409$（注意 i 的符号）

c. ②垫石高：$H_{垫}=11.409+(3.27+1.07)\times(-0.02)+0.1$

$=11.422$

d. 核算 H_2，由图 9-11 知：

$$H_2 = H_1 + (1.07 \times 2 + 3.27 \times 3) \times (-0.02) = 11.170$$

方法 3　计算器程序计算垫石高程

前述手算支座垫石高程，费时费力、量大麻烦、速度又慢，又易出错。一般情况下，高架桥线路都较长，盖梁上的支座垫石数量都很大、作者所在中山东部快线工地，榄横路高架桥左、右幅共有 405 排桥墩柱，每排盖梁上平均 4～5 个垫石，共有 1620～2025 个垫石。用手算这么多垫石高程，可见任务多么艰巨。因此，应改手算为计算器程序计算。实践中，作者是用直竖联算程序(ZFLS)或用"线路高程计算全线通程序(XL-GC-TS)"计算支座垫石高程。关于这两个程序详见书后附录三和附录四。下面介绍 f_x—5800P 计算器程序计算支座垫石高程的实操案例。

(1)用直竖联算程序(ZFLS 程序)计算支座垫石高程时,应先根据桥墩柱里程桩号选用竖曲线起算要素。例如上例 Y107 号的桩号是 YK52＋845.6,根据表 1-6(右线纵坡、竖曲线表)或图 4-6(右线纵坡、竖曲线示意图)知,Y107 号墩在(7)号竖曲线内,其起算要素是:变坡点桩号 B＝YK52＋850,变坡点高程 H＝13.667;竖曲线半径 R＝30000;前纵坡度 i＝0.330%;后纵坡度 J＝－0.35%。

用"线路高程计算全线通程序(XL-GC-TS 程序),计算支座垫石高程,由于全线路的竖曲线相关要素已存入程序中,所以只要输入所求点桩号,所求点中桩至边桩距离等有关数据就可迅速算出垫石高程。

(2)编制支座垫石高程计算表。

支座垫石高程计算应在计算表中进行,这样便于现场放样时查用。表 9-7 是作者在中山东部工程计算支座垫石高程时编制的。表中第 1 列是桩号,第 2 列是墩号,第 3、4 列是盖梁前端 H_1 高程、后端 H_2 高程,以后各列是离设计线距离及支座垫石高程。

(3)用上述两程序计算支座垫石高程时,同时可检查计算:

①计算所求桩号设计线上高程和桥面上任一点的高程,此时 N 应输入 0;M 输入任一点离设计线距离。

②核算盖梁 H_1 和 H_2 高程,此时 N 应输入桥面至盖梁面的厚度;M 输入 H_1 或 H_2 离设计线的距离。

③核算桥柱顶 H_3 和 H_4 高程,此时 N 应输入桥面至桥柱顶的厚度,M 输入 H_3 或 H_4 离设计线的距离。

上述第②项检查 H_1 和 H_2 计算很重要,这样可用 H_1 核算用上述程序计算的支座垫石高程。等于是两人对算或是 1 人用两种方法计算。从而保证支座垫石计算正确无错。

(4)实操案例。

①算例见表 9-7。

②程序执行操作方法步骤:

a. 用"ZFLS 程序"计算垫石高程,程序执行操作方法步骤,略。读者可参阅本书第四章第四节核算路面纵向逐桩设计高程实操案例(二)1 自己练习计算,计算时应注意:

(a)N 应输入桥面至盖梁的厚度及垫石的高度;

(b)M 应输入垫石至设计线距离－1.0;

(c)E 应输入桥面横坡度,输入时应带符号。

b. 用"XL-GC-TS 程序"计算垫石高程,程序执行操作方法步骤(以 Y107 号垫石高程计算为例):

榄横路高架桥右幅支座垫石标高

表 9-7

桩号	墩号	H_1	H_2	垫石①(m)		垫石②(m)		垫石③(m)		垫石④(m)		垫石⑤(m)		垫石⑥(m)		垫石⑦(m)	
				距设计线	H	距设计线	H	距设计线	H	距设计线	H	距设计线	H	距设计线	H	距设计线	H
右幅等宽段 30m 小箱梁(设计图 S-4(1)-38-2,表 S-4(1)-39-5)见图-7 和表-3																	
Y50+614.0	Y21-1 号连	12.259	12.020	2.095	12.337	5.365	12.272	8.635	12.207	11.905	12.142						
Y51+024.6	Y37 号连	11.066	10.827	2.095	11.145	5.365	11.080	8.635	11.015	11.905	10.950						
Y51+054.6	Y38 号连	10.931	10.692	2.095	11.010	5.365	10.945	8.635	10.880	11.905	10.815						
Y51+380.6	Y50 号连	9.988	9.749	2.095	10.666	5.365	10.001	8.635	9.936	11.905	9.871						
Y51+410.6	Y51 号连	10.045	9.806	2.095	10.123	5.365	10.058	8.635	9.993	11.905	9.928						
Y52+250.6	Y84 号连	9.970	9.731	2.095	10.049	5.365	9.984	8.635	9.919	11.905	9.854						
Y52+280.6	Y85 号连	9.945	9.706	2.095	10.023	5.365	9.958	8.635	9.893	11.905	9.828						
Y52+310.6	Y86 号连	9.945	9.706	2.095	10.023	5.365	9.958	8.635	9.893	11.905	9.828						
Y52+845.6	Y107 号连	11.409	11.170	2.095	11.487	5.365	11.422	8.635	11.359	11.905	11.292						
Y52+875.6	Y108 号连	11.395	11.156	2.095	11.473	5.365	11.408	8.635	11.343	11.905	11.278						
Y52+905.6	Y109 号伸	11.410	11.171														
905.6−0.43 小	+102			2.095	11.491	5.365	11.425	8.635	11.360	11.905	11.294						
905.6−0.43 大	+100			2.095	11.489	5.365	11.423	8.635	11.358	11.905	11.292						
	Y110 号连	11.278	11.039	2.095	11.356	5.365	11.291	8.635	11.226	11.905	11.161						
	Y111 号连	11.177	10.938	2.095	11.256	5.365	11.191	8.635	11.126	11.905	11.061						
左幅 25m 小箱梁三柱式过渡墩(设计图 S−4(1)−43)见第一章图 1-6 和图 1-7、图 1-8																	
Z54+594.5	Z176 号伸	10.508	10.130	(小号垫石间距:3.3586;大号垫石间距:6.541)													
594.5−0.43 小	+100+S			2.095	10.755	5.4518	10.688	8.8086	10.621	12.1654	10.554	15.5222	10.487	18.879	10.420		
594.5+0.43 大	+103			3.950	10.552	10.491	10.421	17.032	10.291								

注:1.连:连续墩。

2.伸:伸缩缝墩。

3.小:小桩号。

4.大:大桩号。

5.+0.102、+0.100:小、大桩号垫石高,从第一章表 1-2 查取。

(a)按AC键,开机,清除屏幕上次保留的内容;

(b)FILE EXIT ▼键,选择文件名:XL-GC-TS;

(c)按EXE键,显示:L=?,输入Y107号桩号:52845.6;

(d)按EXE键,显示:N=?,计算Y107号设计线上中点高程输入:0;

(e)按EXE键,显示:M=?,输入0;

(f)按EXE键,显示:E=?,输入0;

(g)按EXE键,显示:G=13.494,Y107号设计线上高程,见表9-3;

(h)按EXE键,显示:U=13.494(边桩高程,边距M=0,所以等于中桩高程);

(i)按EXE键,显示:L=52845.6,继续计算下去,保留不变;

(j)按EXE键,显示:N=?,输入桥面至盖梁面厚度:2.085;

(k)按EXE键,显示:M=?,计算H_1,输入1.025－1.0=0.025(见图9-12);

(l)按EXE键,显示:E=?,输入桥面横坡度－0.02(见图-8);

(m)按EXE键,显示:G=11.4087,Y107号盖梁面设计线上中点高程(下同);

(n)按EXE键,显示:U=11.4082,Y107号盖梁面前端高程;

(o)按EXE键,显示:L=? 52845.6,继续计算下去,保留不变(下同);

(p)按EXE键,显示:N=? 2.085,继续计算盖梁垫石高程,保留不变(下同);

(q)按EXE键,显示:M=?,计算Y107号盖梁上①垫石高程,输入M=2.095－1.0=1.095(见图-11);

(r)按EXE键,显示:E=?,盖梁横坡=桥面横坡,输入－0.02(下同);

(s)按EXE键,显示:G=11.4087;

(t)按EXE键,显示:U=11.387,①垫石下盖梁面高程,加上盖梁厚:0.10,即11.387+0.1=11.487就是①垫石顶面高程(下同);

(u)按EXE键,显示:L=? 52845.6(同上);

(v)按EXE键,显示:N=? 2.085(同上);

(w)按EXE键,显示:M=?,计算垫石②高程,输入②离设计线距离－1.0:5.365－1.0=4.365;

(x)按EXE键,显示:E=? －0.02(同上);

(y)按EXE键,显示:G=11.4087(同上);

(z)按EXE键,显示:U=11.321,②垫石面高程:11.321+0.1=11.421。

以下重复计算。只要给M输入8.635－1.0=7.635,就可计算出③垫石高程11.256+0.1=11.356,M输入11.905－1.0=10.905就可计算出④垫石高程11.191+0.1=11.291。

(5)注意事项：

①垫石中心离设计线距离，必须计算正确。计算时应认真分析图 9-8、图 9-11、图 9-12 和第一章图 1-6、图 1-7、图 1-8，把垫石间距离取用正确。例如表 9-8 中，Z176 号伸缩缝墩，小号垫石间距 C 值从第一章图 1-7 查取为：$C=3.3568$；大号垫石间距 C 值从第一章图 1-8 查取为：$C=6.541$。

设计单位提供的"C"值是否正确？可用下述方法核算：

由第一章图 1-6 知：

$$B' = K_1 + C \times n + K_2 \tag{9-10}$$

式中：B'——为计算的盖梁长度；

n——为 C 值个数；

K——为盖梁挡墙等间距，此数已知，从盖梁平面图查取；

C——为支座垫石间距，从小箱梁横断面布置图或箱梁支座布置图查取。

则：

$$B' = B \tag{9-11}$$

式中：B——为设计单位提供的盖梁长度，即设计的盖梁长度。

若 C 值正确，则计算的盖梁长度应等于设计的盖梁长度。若 C 值不正确，则计算的盖梁长度不等于设计的盖梁长度。例如图 1-6 中，左幅 Z176 号设计的盖梁长度 $B=18.924$；小号侧的 $K_1=K_2=1.07$，$C=3.3568$，$n=5$，则：

$$B' = 1.07 + 3.356 \times 5 + 1.07 = 18.924$$

$$B' = B$$

而大号侧的 $K_1=K_2=2.925$，$d=6.541$，$n=2$，则：

$$B' = 2.925 + 6.541 \times 2 + 2.925 = 18.932$$

$$B' \neq B$$

即 $18.932 \neq 18.92$，计算的盖梁长度比设计的盖梁长度长了 8mm，此种情况下，应向监理汇报，若要纠正 d 值，则可按下式计算：

$$d' = (B - K_1 - K_2)/n \tag{9-12}$$

例如此例：

$$d' = (18.924 - 2.925 - 2.925)/2$$
$$= 6.537$$

②计算盖梁上垫石高程时，垫石中心离设计线距离应减 1.0m。这是由于桥面设计高程点位于设计右(左)侧 1.0m 处。这一点应特别注意。

③计算伸缩缝墩垫石面高程时，桩号应用中心桩号，例如 Y109 号应用 52905.6；Z176 号应用 54594.5；但是向上加垫石厚度时，应小号、大号分别来加并在第一章表 1-2 中查用。例如 Y107 号小号应加 0.102，大号应加 0.100；Z176 号小号应加 0.100，大号应加 0.103。

④计算伸缩缝墩垫石面高程时，除了垫石高度，还应加垫石错位差 S，例如 Y109 号垫石前排与后排没有错位差 S，而 Z176 号，$S=0.169$。

(6)垫石高程核算(见图 9-12 和表 9-7)。

为了保证垫石高程正确，应二人对算或一人用两种方法计算。

当用上述程序核算盖梁前端 H_1 高程后，可用前述公式：

$$H_{垫}=H_1+a\times i+h_{垫} \tag{9-13}$$

来核算垫石高程。例如 Y107 号①垫石高程，程序计算：$H_{①}=11.487$；核算：$H_{①}=11.409+1.07\times(-0.02)+0.1=11.488$，计算误差 1mm 是四舍五入造成的。

当核算①垫石高程后，由于垫石间距是等量，此例中 $d=3.27$，因此可先计算出垫石，间距间的常数高差：

$$3.27\times(-0.02)=-0.0654$$

然后逐次计算下余垫石高程：

$$H_{②}=H_{①}-0.0654=11.423$$
$$H_{③}=H_{②}-0.0654=11.358$$
$$H_{④}=H_{③}-0.0654=11.292$$

2. *支座垫石高程现场放样实操案例*

当装好垫石模板后，现场测量员把垫石设计高程放在模板上，作为浇注垫石控制标高的依据。

实践中，在盖梁上控制垫石标高的方法步骤是：

(1)把地面水准高程引测到盖梁上；

(2)在盖梁垫石模板上用水准前视法或视线高法，放出垫石设计高程的位置。

①把地面水准高程引测到盖梁上的操作方法步骤(见图 9-13)

a. 在盖梁边选一点 N，并用油性记号笔做一醒目标志；

b. 由 N 处吊下钢尺，尺下端挂重物(例如大垂球等)，将尺吊垂直；并读取 N 处钢尺读数 C；

c. 在桥墩柱适当位置架置水准仪；读取后视水准点上水准标尺读数 a；读取前视钢尺读数 b；

d. 用下述公式计算盖梁上 N 点高程：

$$\begin{aligned}H_{盖}&=H_{后}+a+\mathrm{Abs}(c-b)\\&=H_{后}+a+K\end{aligned} \tag{9-14}$$

式中：K——钢尺上现两端间的尺长；

Abs——绝对值符号。

e. 上述操作应进行两次。第二次应将钢尺掉头。两次测得的 $H_{盖}$，较差小于 3mm，取中数。

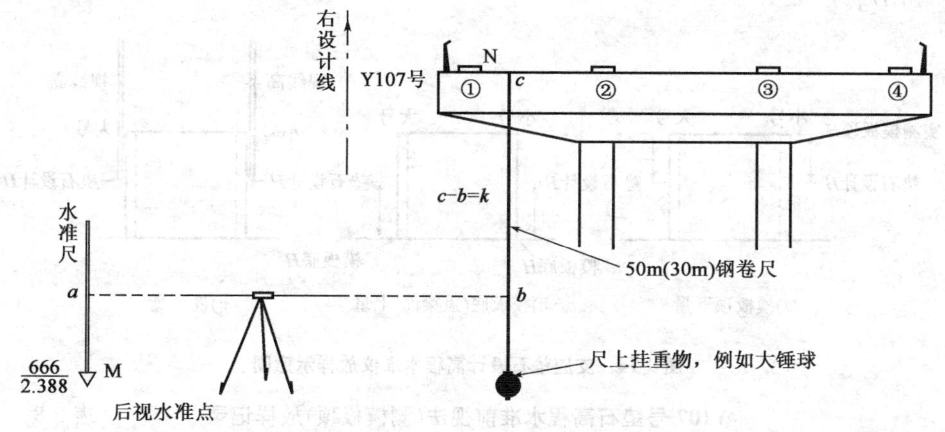

图 9-13　用水准测量把地面水准高程引测到盖梁上示意图

f. 实操案例

榄右桥 Y107 号墩要浇垫石，要求测量放出垫石设计高程。为此，现场测量员要把地面水准高程引测到盖梁上，现场测得的两次数据如下：

第 1 次：后视点 666，a 读数 1.681，b 读数 0.703，c 读数 8.0；$K=\mathrm{Abs}(8.0-0.703)=7.297$；

第 2 次：后视点 666，a 读数 1.682，b 读数 8.296，c 读数 1.00；$K=\mathrm{Abs}(1.0-8.296)=7.296$。

则：

$$H_{107盖\text{-}1}=2.388+1.681+7.297=11.366$$
$$H_{107盖\text{-}2}=2.388+1.682+7.296=11.366$$
$$H_{107盖中}=(11.366+11.366)\div 2=11.366$$

②在盖梁垫石模板上放出垫石设计高程位置的操作方法步骤：

方法一

用"水准前视法"测量盖梁垫石前、后模板（面向桥梁前进方向，大号方为前，小号方为后）顶面高程，减去垫石设计高程，用其差值下量划线即是垫石面设计高程位置。[见图 9-14a)]。

实操案例：

榄右桥 Y107 号垫石标高放样采用水准前视法测量模板顶标高，其现场实测数据及计算的下量数据详见表 9-8。

方法二

用"水准前视法"测量垫石前、后模板底部盖梁面高程，然后用垫石设计高程减去垫石模板底部高程，用其差值上量划线即是垫石面设计高程位置。[见图

9-14b)]。

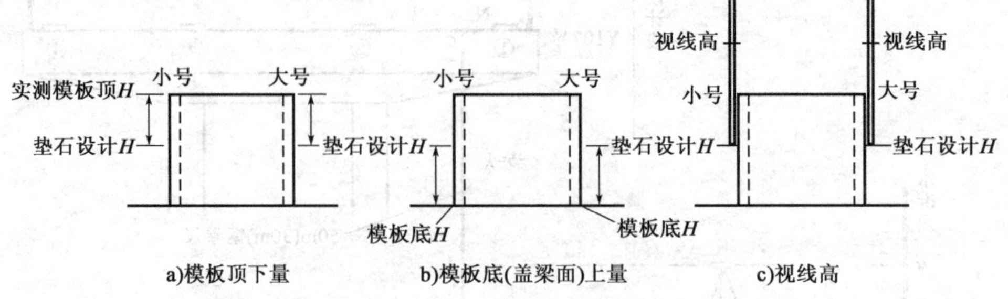

图 9-14 支座垫石设计高程水准仪放样示意图

Y107 号垫石高程水准前视法(测模板顶)放样记录　　表 9-8

桩号	后视(m)	前视(m)	$H_{顶}$(m)	$H_{设}$(m)	下量(m)	备　注
Y107 号	$H_{107号}$					
①大	11.366	0692	11.535	11.487	−0.048	
小	a:0861	0690	11.537	11.487	−0.050	
②大		0756	11.471	11.422	−0.049	
小		0754	11.473	11.422	−0.051	
③大		0822	11.405	11.357	−0.048	
小		0820	11.407	11.357	−0.050	
④大		0885	11.342	11.292	−0.050	
小		0887	11.340	11.292	−0.048	

实操案例:

榄右桥 Y107 号墩垫石高程放样采用水准前视法测量模板底高程,其实测数据及计算的上量数据详见表 9-9。

方法三

用水准仪"视线高法"将垫石设计高程直接放样到垫石前、后模板侧面[见图 9-14c)]。

实操案例:

榄右桥 Y107 号垫石高程放样采用水准仪"视线高法",其放样数据计算详见表 9-10。

上述三种方法现场操作方法步骤,读者可参阅作者《公路工程施工测量》(北京:人民交通出版社,2004,9);《测量员便携手册》(北京:人民交通出版社,2009,6)。

Y107 号垫石高程水准前视法(测模板底)放样记录 表 9-9

桩号	后视(m)	前视(m)	$H_{顶}$(m)	$H_{设}$(m)	上量(m)	备　注
Y107 号	$H_{107号}$					
①大	11.366	0842	11.385	11.487	0.102	
小		0839	11.388	11.487	0.099	
②大	b:0861	0907	11.320	11.422	0.102	
小		0906	11.321	11.422	0.101	
③大		0972	11.255	11.357	0.102	
小		0970	11.257	11.357	0.100	
④大		1035	11.192	11.292	0.100	
小		1037	11.190	11.292	0.102	

Y107 号垫石高程视线高法放样记录 表 9-10

桩号	后　视		垫石设计高程(m)	视线高(前视读数)	备　注
	点号及高程	后视读数			
Y107 号	$H_{107号}$	0861			大:大号模板侧面
①大	11.366		11.487	0740	小:小号模板侧面
小			11.487	0740	
②大			11.422	0805	
小			11.422	0805	
③大			11.357	0870	
小			11.357	0870	
④大			11.292	0935	
小			11.292	0935	

③注意事项

规范及设计强调严格按照设计高程设置垫石。为了保证垫石高程精度,现场测量员放样垫石标高时,应注意:

a. 从地面向盖梁上引测高程时,必须正确无错。为此,可从地面上两个已知水准点向盖梁上引测同一个点。例如前述由 666 向 Y107 号盖梁上引测的 N 点,可再从 667 或 668 引测到 N 点。若另一水准点较远,可先向桥墩附近支一个临时水准点。若支临时水准点困难时,可用前述介绍的两次挂尺法。但是,前后两次挂尺一定要掉换尺头。

b. 当在垫石模板上用上述方法划出垫石设计高程面时,令立尺员将标尺零端立在标志上,测出模板标志高程与设计高程比较,其较差应小于 3mm。

c. 用水准前视法测垫石模板顶部、底部高程,计算下量、上量数据或用水准视线高法计算垫石高程视线读数时,可用常规手算,但现场作业证明,手算速度慢、出错不易发现。为了计算正确快捷,作者推荐用 f_x—5800P 型计算器程序计算:

(a)测量垫石模板顶部、底部高程,计算下量、上量数据的程序是:

文件名:H

```
"A="? A:"B="? B↵
LbI 0↵
"C"? C↵
If C≤0: Then GOTO 1: If End↵
A+B−C→H↵
"H=":H◢
"K"? K↵
K−H→V↵
"V=":V◢
GOTO 0↵
LbI 1↵
"A="? A:"B="? B↵
Goto 0
```

程序中:A——后视已知水准点高程;

B——后视已知水准点上标尺读数(即后视读数);

C——前视任一点上标尺读数(即前视读数);

H——任一点实测高程(例如垫石模板顶底高程);

K——任一点的设计高程(例如垫石设计高程);

V——任一点的 K−H 之差,正为上量,负为下量。

(b)采用水准视线高法计算垫石标高视线读数的程序是:

文件名:SXG

```
"A="? A:"B="? B↵
LbI 0↵
"H"? H↵
If H≤0: Then Goto 1: If End↵
A+B−H→C↵
"C=":C◢
Goto 0↵
LbI 1↵
"A="? A:"B="? B↵
Goto 0
```

程序中符号意义同上。

上述两程序操作方法步骤，略。读者可用前述表 9-8、表 9-9 和表 9-10 中的数据核算。

第四节　高架桥上部结构施工测量放样实操案例

高架桥上部结构施工，即桥面系施工。从测量角度来讲，主要工序是：

(1)吊装预制小箱梁桥箱。

(2)铺装桥面混凝土铺装层即下层铺装，榄右桥小箱梁下层为平均 10cm 钢筋厚 C50 钢筋混凝土整体化铺装层。

(3)吊装边防撞墙钢模，浇筑边防撞墙。

(4)桥面沥青混凝土摊铺，即上层摊铺，榄右桥上层为 10cm 沥青混凝土铺装。

根据桥面系施工工序，现场测量员的任务是配合现场施工员，做好下述工作(见图 9-15)：

(1)放出盖梁上支座垫石中心线与垂线，控制吊装小箱梁的纵、横方向。

(2)测出支座垫面高程，控制小箱梁面纵、横坡度。

(3)测量小箱梁面标高，控制下层铺装厚度和顶面高程。

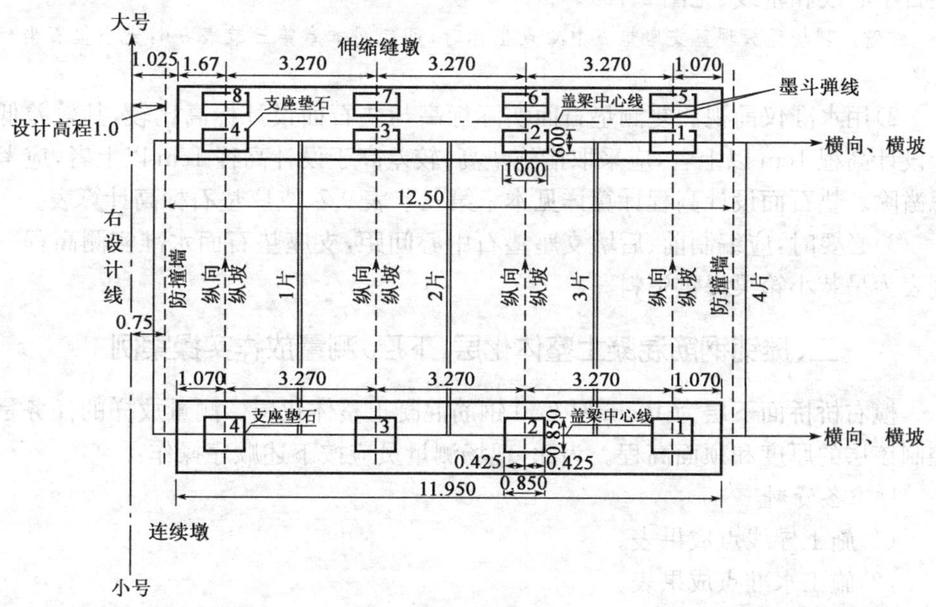

图 9-15　吊装小箱梁测量放样示意图

(4)放出边防撞墙点位，控制边防撞墙线形；测出边防撞墙所放点位桥面高程，控制边防撞墙高度；

(5)控制桥面上层铺装设计高程。

一、吊装预制小箱梁测量放样实操案例

当盖梁上支座垫石浇注完成并经监理验收合格后，高架桥现场施工进入吊装小箱梁桥箱这道工序。

为了保证小箱梁桥箱吊装准确到位，现场测量员应在桥箱吊装前，认真做好下述工作：

1)用全站仪坐标法放样功能，把垫石中心线放出并配合现场施工员用墨斗弹线法，把垫石中心线垂线弹在垫石面上。此墨线是安放橡胶支座的依据也是吊装安放桥箱的依据。因此，应在桥箱吊装前不怕麻烦，做好这项工作。

现场放支座垫石中心线实操案例：

(1)对于伸缩缝墩

如图 9-10a)，前排(大号侧)只要放出⑤和⑧，后排(小号侧)只要放出①和④垫石中心点，然后用墨斗线用穿线法弹出垫石中心线和垂线(见图 9-15)。

(2)对于连续墩

如图 9-10b)，只要放出①和④垫石的中心点，然后用墨斗线用穿线法弹出垫石中心线和垂线(见图 9-15)。

注意：现场现放现算支座垫石中心点坐标时，可参阅本章第三节表 9-6：支座垫石坐标计算。

2)用水准仪前视法复测垫石面实际标高与垫石面设计标高比较，其较差低于设计高程 1cm 以上者，应采取措施垫高；较差高于设计高程 1cm 以上者，应考虑凿除。垫石面设计高程计算详见本章第三节表 9-7、支座垫石标高计算表。

3)必要时，应编制前、后墩支座垫石中心间距，支座垫石面水准实测高程一览表为吊装小箱梁提供资料。

二、摊铺钢筋混凝土整体化层(下层)测量放样实操案例

榄右桥桥面下层为 10cm 厚 C50 钢筋混凝土整体化层。测量放样的任务是控制该层的厚度和顶面高程。为此，现场测量员应按下述顺序操作：

1. 准备资料

(1)施工导线点成果表。

(2)施工水准点成果表。

前已述及，吊装小箱梁前，水准点已由地面引测到盖梁上。当吊装小箱梁后，水准点应引测到桥面上。因此，此处的水准点成果，应是桥面上水准点高程。

(3)桥面放样点设计坐标表(见表9-11)。

此处的桥面放样点是指在桥面铺装上层沥青混凝土、下层钢筋混凝土时,各横断面高程点的平面位置。铺装前,要先在小箱梁放出这些点位,测出实地高程,才能根据设计高程,指挥铺装作业。

图9-15是榄右桥Y108(YK52+875.6)桥面横七竖八断面图(30m跨先简支后连续小箱梁)。图中:A是左防撞墙内侧点,C是右防撞墙内侧点(铺装下层桥面时,防撞墙尚未浇筑)。B是桥面中点,桥面铺装时,只要把每个横断面的A、B、C放到实地并测出其实地高程,便可根据设计高程,控制桥面的纵向、横向及高程。

这里的A、B、C三点,设计图纸上并没有提供设计坐标和设计高程,它是现场测量员为了桥面铺装施工,自己设计的控制点。因此,桥面铺装前,应事先准备好"桥面放样点设计坐标表"。

(4)桥面放样点设计高程表(见表9-11)。

如前所述,桥面放样点是指图9-16中的A、B、C点。因此,在桥面铺装前,应事先准备好"桥面放样点设计高程表"。

(5)榄右桥线路纵断面图。

由图可知榄右桥每相隔20m桥面的设计高程以及榄右桥纵向走向线形。(见图1-3)

(6)榄右桥桥型横断面图。

由图知:

①桥面铺装上层、下层关系及厚度;

②横坡:-0.02;

③桥面宽度;

④防撞墙结构尺寸;

⑤前述A、B、C三点离设计中线距离。这个距离是计算这些点的坐标和高程的必备条件。

由于桥墩台立柱个数不同(双柱、三柱、四柱等),桥渐变段小箱梁片数不同(有4片、5片、6片、7片等),桥面放样点A、B、C三点距设计线距离不等。(见图1-5)。

例如图9-14,双柱式小箱梁:A离设计线距离为:0.75;B为7.0;C为13.25。

图1-5中,三柱式小箱梁:A离设计线距离为:0.75;B为9.101;C为17.452。

图1-5中,四柱式小箱梁:A离设计线距离为0.75;B为12.302;C为23.853。

榄横路高架桥右幅桥面点坐标及高程表

表 9-11

里程桩号	墩号	离设计线距离(m)	坐标(m)		高程	离设计线距离(m)	坐标(m)		高程	离设计线距离(m)	坐标(m)		高程
			X	Y	H(m)		X	Y	H(m)		X	Y	H(m)
Y52＋845.6	Y107	0.75	1436.187	8506.372	13.499	7.0	1430.479	8508.917	13.374	13.25	1424.770	8511.462	13.249
Y52＋875.6	Y108	0.75	1448.404	8533.771	13.485	7.0	1442.695	8536.316	13.360	13.25	1436.987	8538.861	13.235
Y52＋1905.6	Y109	0.75	1460.621	8561.170	13.442	7.0	1454.913	8563.716	13.317	13.25	1449.205	8566.261	13.192
Y52＋935.6	Y110	0.75	1472.839	8588.570	13.368	7.0	1467.131	8591.115	13.243	13.25	1461.423	8593.660	13.118
Y52＋965.6	Y111	0.75	1485.057	8615.969	13.267	7.0	1497.348	8618.514	13.142	13.25	1473.640	8621.060	13.017
Y52＋980		0.75	1490.921	8629.121	13.217	7.0	1485.213	8631.666	13.092	13.25	1479.505	8634.211	12.967
Y53＋000		0.75	1499.066	8647.387	13.147	7.0	1493.358	8649.932	13.002	13.25	1487.650	8652.478	12.897
Y53＋020		0.75	1507.211	8665.653	13.077	7.0	1501.503	8668.199	12.952	13.25	1495.795	8670.744	12.827

注：1. 桥面铺装放样点横断面间距，根据施工要求、监理要求确定，一般情况下，直线段断面间距可大些，可选用整桩距 20m、25m、30m 等；也可直接选用墩号断面间距，在曲线段，断面间距可短些，例如 10m、12.5m、15m 等。

2. 本例坐标计算，起算要素是：交点 JD11、交点桩号：K50＋204.118，X＝2400361.074，Y＝516093.4782，半径 R＝4500，转角：3°36′24.6″(Z)、方位角：69°34′27.3″、缓和曲线 V＝0.0(见表 1-4)。

3. 本例高程计算，起算要素是：(7)号竖曲线、变坡点桩号 B＝52850、变坡点高程 H＝13.667、前纵坡 I＝0.330%、后纵坡 J＝－0.350%、半径 R＝30000(见图 4-6)。

4. 主线路设计高程指左(右)设计线外侧 1m 处。

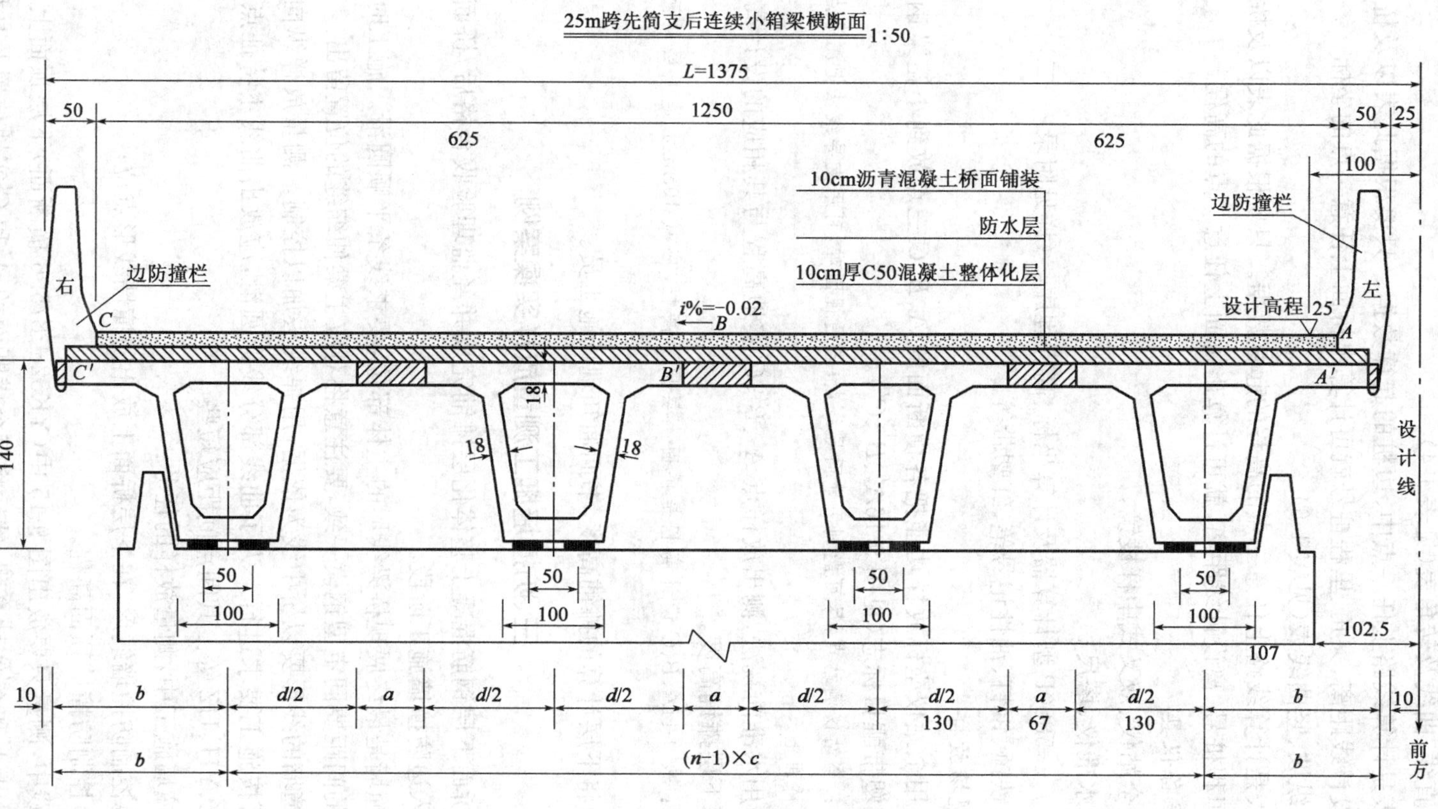

图9-16 y108(yk52+875.6)桥面横断面图

(7)直线、曲线及转角表(见表1-4)。

此表是计算线路上任一点中、边桩的起算数据。只要根据此表以及桥面放样点离设计线距离、夹角、里程桩号就可计算出桥面上任意一点的坐标。

(8)纵坡、竖曲线表(见表1-6)。

此表是计算线路上任意一点的高程的起算数据。只要根据此表以及桥面放样点的里程桩号、离设计线距离,就可计算出桥面上任意一点的高程。

2. 准备仪具

(1)全站仪、双叉式中杆棱镜。

(2)水准仪、塔尺。

(3)f_x—5800P型计算器及计算坐标、高程程序。(详见附录一、二)。

(4)铁锤、钢钉、油性记号笔、红塑带等。

3. 现场放样

(1)用全站仪坐标放样功能把各横断面的A、B、C三点放到小箱梁钢筋网上,扎红塑带醒目标志(见图9-16A'、B'、C')。

注意:全站仪测站点,尽可能利用地面导线点;若通视困难,可用支导线法把测站点引测到小箱梁桥面上。

(2)用水准前视法,测出放样点A'、B'、C'实地高程与其相应的设计高程比较,计算下层摊铺高度。

注意:表9-11A、B、C设计高程是桥面上层顶面高程,应减10cm才是下层顶面设计高程。

(3)将下层计算的摊铺高度,书面通知现场施工员。

三、防撞墙施工测量放样实操案例

当桥面下层钢筋混凝土整体化层摊铺完成并经监理验收合格后,桥面系工程便进入边防撞墙施工阶段。

防撞墙是最终展现桥梁线形的主体部位,要求线条平顺圆滑。施工时中心轴线点的间距要同定型钢模一致,要注意将对应主梁伸缩缝的位置留出。

防撞墙的线形要以桥中线为依据,用弹线法加以控制。测量放样纵向点间距离,可按施工要求进行。为了曲线部分线形圆滑,应放出曲线主特征点ZH、HY、QZ、YH、HZ等。其间点间距应短些。

防撞墙施工中,测量放样的任务:

(1)控制防撞墙线形,在下层桥面上放出防撞墙线形点位;

(2)控制防撞墙顶面高程。

实践中,测量只要放出图9-15中(YK52+875.6横断面)下层顶面上A'和C',并测出A'和C'实地高程,然后将每个横断面的A'和C'实地位置及高程,现场移交给现场施工员。由其指挥弹线、装钢模、量高、浇注防撞墙。

为此,现场测量员应在防撞墙施工放样前准备好如下资料:

(1)直线、曲线及转角表。

(2)纵坡、竖曲线表。

(3)桥面横断面图。

现场放样防撞墙点位时,只要:

(1)准确判断,计算出每个放样点的里程桩号。

(2)准确判断,计算出每个放样点离设计线的距离。

就可采用 f_x—5800P 型计算器 XY 程序和 ZFLS 程序,计算出每个放样点的坐标和高程。然后利用全站仪坐标法放样功能,放出所需点位并用全站仪测高功能,直接测出所放点位实地高程(由于是控制防撞墙顶面标高,所以用全站仪测高可满足精度)。

四、摊铺桥面沥青混凝土层(上层)测量放样实操案例

榄右桥桥面上层为 10cm 沥青混凝土铺装。摊铺桥面上层的测量放样任务、操作顺序、资料准备、仪具准备等与桥面下层铺装测量放样作业相同。

需要特别补充的是,在控制上面层顶面设计高程时,除用水准仪前视法测出放样点实地高程外,还可用:

(1)水准仪视线高法,将放样点上层设计高程,直接放到防撞墙上。

(2)水准仪前视法测出放样点相对应的防撞墙顶面高程,下量控制上面层顶面设计高程。

附录一：

一、单交点计算线路中边桩坐标程序(5800P)

文件名：XY

```
"R="? R："V="? V："N="? N：
"Q="? Q："W="? W："K="? K：
"F="? F："G="? G ↵
                    (常量半径缓和曲线长转角，交点桩号及坐标，方位角，转角条件)
4→DimZ ↵                                              (增加额外变量)
V÷2-V³÷(240R²)→M ↵                                    (切线增值)
V²÷(24R)-V⁴÷(2688R³)→P ↵                              (内移量)
RNπ÷180+V→L ↵                                (曲线长，已知数据，不需显示)
(R+P)tan(N÷2)+M→T ↵                          (切线长，已知数据，不需显示)
Q-T→A：A+V→B：A+L→D：D-V→C ↵
                          (ZH、HY、HZ、YH 点桩号，已知数据，不需显示)
W+Tcos(F+180)→Z[1]↵                    (ZH 点 X、Y 计算，已知数据可不显示)
K+Tsin(F+180)→Z[2]↵
W+Tcos(F+GN)→Z[3]↵                     (HZ 点 X、Y 计算，已知数据可不显示)
K+Tsin(F+GN)→Z[4]↵
LbI 0 ↵
Do ↵                                             (条件转移，重复循环计算)
"H"? H："S"? S："E"? E ↵          (变量:所求点桩号，中桩至边桩的距离，夹角)
If H<A：Then Goto 1：                          (计算前直线段所求点坐标)
Else If H<B：Then Goto 2：                     (计算前缓和曲线段所求点坐标)
Else If H<C：Then Goto 3：                     (计算圆曲线所求点坐标)
Else If H<D：Then Goto 4：                     (计算后缓和曲线段所求点坐标)
Else If H>D：Then Goto 5：                     (计算后直线段所求点坐标)
IfEnd：IfEnd：IfEnd：IfEnd：IfEnd ↵                        (条件转移)
LbI 1 ↵                                             (前直线段计算开始)
Rec(Q-H,F+180)↵
"XZ1="：W+I ◢ }
"YZ1="：K+J ◢ }                              (前直线段所求点中桩坐标值)
"MZ1="：W+I+Scos(F+180-(180-E)) ◢ }
"NZ1="：K+J+Ssin(F+180-(180-E)) ◢ }          (与中桩同断面的边桩坐标值)
Goto 0 ↵
```

```
LbI 2 ↵                                                  (前缓和曲线段坐标计算开始)
H－A→Z ↵                                                (任一点到 ZH 点的桩距)
90Z²÷(πRV)→O ↵                                          (Z 所对应的圆心角)
Z－Z⁵÷(40R²V²)＋Z⁹÷(3456R⁴V⁴)→X ↵                        }
Z³÷(6RV)－Z⁷÷(336R³V³)＋Z¹¹÷(42240R⁵V⁵)→Z               } ↵ (所求点切线支距法坐标)
Rec(X,F) ↵                                              }
Z[1]＋I→X：Z[2]＋J→Y ↵                                  } (换算成线路施工中统一采用的坐标)
Rec(Z,F＋90G) ↵
"XF1＝"：X＋I ◢                                          }
"YF1＝"：Y＋J ◢                                          } (中桩坐标计算)
"MF1＝"：(X＋I)＋Scos(F＋OG＋E) ◢                        }
"NF1＝"：(Y＋J)＋Ssin(F＋OG＋E) ◢                        } (边桩坐标计算)
Goto 0 ↵
LbI 3 ↵                                                  (圆曲线段坐标计算开始)
H－A－V→Z ↵                                             (圆曲线内任一点至 ZH 点的距离)
180V÷(2Rπ)→T ↵
180Z÷(Rπ)＋T→O ↵
                              (有缓和曲线的圆曲线上任一点至 ZH 点距离所对应的圆心角)
Rsin(O)＋M→X ↵
R(1－cos(O))＋P→Z ↵                                     (切线支距法坐标计算)
Rec(X,F) ↵                                              }
Z[1]＋I→X：Z[2]＋J→Y ↵                                  } (坐标转换计算)
Rec(Z,F＋90G) ↵                                         }
"XY＝"：X＋I ◢                                           }
"YY＝"：Y＋J ◢                                           } (所求点中桩坐标计算)
"MY＝"：(X＋I)＋Scos(F＋OG＋E) ◢                         }
"NY＝"：(Y＋J)＋Ssin(F＋OG＋E) ◢                         } (边桩坐标计算)
Goto 0 ↵
LbI 4 ↵
D－H→Z ↵                                                (后缓和曲线段计算开始)
90Z²÷(RVπ)→O ↵
Z－Z⁵÷(40R²V²)＋Z⁹÷(3456R⁴V⁴)→X ↵                        }
Z³÷(6RV)－Z⁷÷(336R³V³)＋Z¹¹÷(42240R⁵V⁵)→Z               } ↵ (切线支距法坐标计算)
Rec(X,F＋GN＋180) ↵                                     }
Z[3]＋I→X：Z[4]＋J→Y ↵                                  } (坐标转换计算)
Rec(Z,F＋GN＋180－90G) ↵                                }
"XF2＝"：X＋I ◢                                          }
"YF2＝"：Y＋J ◢                                          } (中桩坐标计算)
```

```
"MF2=":(X+I)+Scos(F+GN+180-OG-E) ◢ }
"NF2=":(Y+J)+Ssin(F+GN+180-OG-E) ◢ }   (边桩 X、Y 计算)
Goto 0↵
Lbl 5↵                                   (后直线段计算开始)
Rec(H-D,F+NG)↵
"XZ2=":Z[3]+I ◢ }
"YZ2=":Z[4]+J ◢ }                        (后直线段上任一点中桩 X、Y 计算)
"MZ2=":Z[3]+I+Scos(F+GN+E) ◢ }
"NZ2=":Z[4]+J+Ssin(F+GN+E) ◢ }           (边桩坐标计算)
Goto 0↵
LpWhile
```

程序中：R——圆曲线半径；

V——缓和曲线长度；

N——转角，输入时不带符号；

Q——交点桩号；

W、K——交点的 X、Y 坐标；

F——前切线正方位角；

G——判断转角符号，左转角输入－1，右转角输入 1；

H——所求点桩号；

S——与 H 同断面的中桩至边桩的距离；

E——中桩至边桩连线与线路中线之夹角(简称夹角)，输入“E”，计算结果为右边桩 X、Y 结果，输入“－E”，计算结果为左边桩 X、Y 结果；

XZ1、YZ1——第一直线段中桩 X、Y 值；

MZ1、NZ1——第一直线段边桩 X、Y 值；

XF1、YF1——第一缓和曲线中桩 X、Y 值；

MF1、NF1——第一缓和曲线边桩 X、Y 值；

XY、YY——圆曲线中桩 X、Y 值；

MY、NY——圆曲线边桩 X、Y 值；

XF2、YF2——第二缓和曲线中桩 X、Y 值；

MF2、NF2——第二缓和曲线边桩 X、Y 值；

XZ2、YZ2——第二直线段中桩 X、Y 值；

MZ2、NZ2——第二直线段边桩 X、Y 值。

二、程序功能及注意事项

XY 程序可计算线路直线段、曲线段(圆曲线、缓和曲线、有缓和曲线的圆曲线)上任意一点的中桩及左、右边桩的 X、Y 坐标值。

1.起算要素

以附图 1-1 为例,假定以本交点 JD_{19} 为起算点,则程序中各要素 Q、W、K、R、F、N、V,应输入交点 JD_{19} 及所在曲线的桩号、坐标、半径、方位角、转向角、缓和曲线长度。而 F 则应输入前第一直线段的正方位角,即:$F=166°15'17''$,$N=39°16'07''$,$R=400$,$V=100$,$Q=251246.76$,$W=4814.878$,$K=8720.076$。若本交点 JD_{19} 之计算范围所需点的坐标值计算完毕,需要继续计算下去,则依另一交点 JD_{20} 或 JD_{18} 的各要素为已知起算数据。

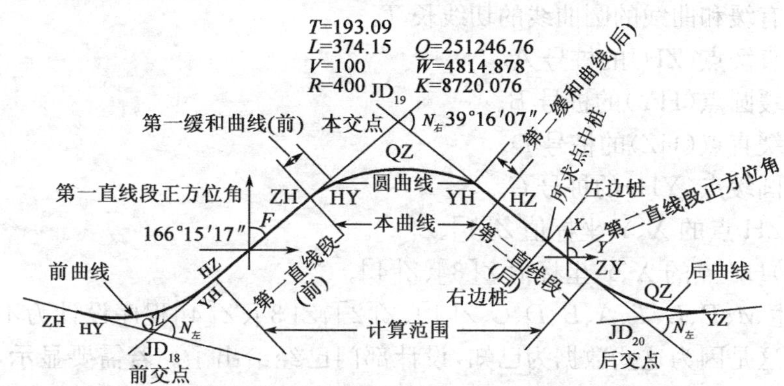

附图 1-1　XY 程序计算线路点位坐标起算数据及计算范围示意图

2.计算范围

在附录图 1-1 中,设定 JD_{19} 为本交点,JD_{18} 为前交点,JD_{20} 为后交点,则公路线路上点位坐标程序 XY 的计算范围是前直线段起点缓直(HZ)点至后直线段终点(ZY)点之间的任意一点的中桩及边桩坐标都可以计算。

(1)前直线段(第一直线段)HZ 点至 ZH 点(或圆曲线 YZ 点至 ZY 点);

(2)本缓和曲线 ZH 点至 HZ 点(或圆曲线 ZY 点至 YZ 点);

(3)后直线段(第二直线段)HZ 点至 ZH 点(或圆曲线 YZ 点至 ZY 点)。

3.计算中应注意符号的正负

(1)程序中用"N"表示交点转向角,用"G"控制其正负。当转向角左偏,G 输入"-1",当转向角右偏,G 输入"1",即左负右正。输入转向角 N 时,不考虑符号。

(2)计算左、右边桩坐标时,程序中用"E"夹角控制左、右边方向。当 E 输入"90"时,则计算结果为右边桩坐标值;当 E 输入"-90"时,则计算结果为左边桩坐标值。

4.计算顺序

用程序计算中桩、左边桩、右边桩坐标时不考虑顺序,可随意计算,如左中右，右中左或中左右，中右左。实践中依习惯而定，也可根据现场放样需要而定。应注意的是，同一个横断面，中桩 X、Y 计算值显示两次。

5. 其他注意事项

程序中“V”为缓和曲线长度，当计算不设缓和曲线的圆曲线时，V 输入 0。

程序中前几步可计算：

(1)切线增值 M。

(2)内移量 P。

(3)曲线长 L。

(4)有缓和曲线的圆曲线的切线长 T。

(5)直缓点(ZH)的桩号 A。

(6)缓圆点(HY)的桩号 B。

(7)缓直点(HZ)的桩号 D。

(8)圆缓点(YH)的桩号 C。

(9)ZH 点的 X、Y 坐标值 $Z[1]$、$Z[2]$。

(10)HZ 点的 X、Y 坐标值 $Z[3]$、$Z[4]$。

上述 M、P、L、T、A、B、D、C、$Z[1]$、$Z[2]$、$Z[3]$、$Z[4]$程序设计为不显示计算结果，这是因为这些数据为已知，设计部门已经给出了。若需要显示，则在其计算式后加一显示符号“◢”，例如：切线增值"M＝"：$V\div2-V^3\div(240R^2)$◢，其余仿此。

附录二：

一、一个标段线路上任意桩号中边桩坐标计算程序

（线路坐标计算全线通程序）

文件名：XL－XY－TS

```
    LbI 0 ↵"H"? H:"S">S:"E"? E ↵
    If H≤1195.812:Then 60330.564→Q:3193343.962→W:496198.785→K:26°57′29″→
N:1→G:261°27′49″→F:3100→R:300→V:IfEnd:
    If H≥61195.812:Then 62988.176→Q:3194192.658→W:493650.723→K:15°54′09″
→N:－1→G:288°25′18″→F:5500→R:0→V:IfEnd:
    If H≥63746.508 Then 65009.854→Q:3194281.948→W:491621.132→K:15°44′44″
→N:1→G:272°31′09″→F:2800→R:300→V:IfEnd ↵
    V÷2－V³÷(240R²)→M ↵
    V²÷(24R)－V⁴÷(2688R³)→P ↵
    (R+P)tan(N÷2)+M→T ↵
    RNπ÷180+V→L ↵
    Q－T→A:A+V→B:A+L→D:D－V→C ↵
    4→DimZ ↵
    W+Tcos(F+180)→Z[1]:K+Tsin(F+180)→Z[2]↵
    W+Tcos(F+GN)→Z[3]:K+Tsin(F+GN)→Z[4]↵
    If H≤A:Then Rec(Q－H,F+180):"XZ1=1":W+I ◢
    "YZ1=":K+J ◢                                    (前直线段中桩坐标)
    "MZ1=":W+I+Scos(F+180－(180－E))◢               (前直线段边桩坐标)
    "NZ1=":K+J+Ssin(F+180－(180－E))◢
    Else If H≤B:Then H－A→Z:90Z²÷(RVπ)→O:
    Z－Z⁵÷(40R²V²)+Z⁹÷(3456R⁴V⁴)→X:Z³÷(6RV)－Z⁷÷(336R³V³))+Z¹¹÷
(42240R⁵V⁵)→Z:Rec(X,F):Z[1]+I→X:Z[2]+J→Y:Rec(Z,F+90G)↵
    "XF1=":X+I ◢
                                                    (前缓和曲线段中桩坐标)
    "YF1=":Y+J ◢
    "MF1=":X+I+Scos(F+OG+E)◢
                                                    (前缓和曲线段边桩坐标)
    "NF1=":Y+J+Ssin(F+OG+E)◢
    Else If H≤C:Then H－A－V→Z:180V÷(2Rπ)→T:180Z÷(Rπ)+T→O:Rsin(O)
+M→X:R(1－cos(O))+P→Z:Rec(X,F):Z[1]+I→X:Z[2]+J→Y:Rec(Z,F+90G):
    "XY=":X+I ◢
                                                    (圆曲线段中桩坐标)
    "XY=":Y+J ◢
```

```
"MY=":X+I+Scos(F+OG+E)◢                                      (圆曲线段边桩坐标)
"NY=":Y+J+Ssin(F+OG+E)◢                                      (圆曲线段边桩坐标)
Else If H≤D:Then D-H→Z:90Z²÷(RVπ)→O:Z-Z⁵÷(40R²V²)+Z⁹÷
(3456R⁴V⁴)→X:Z³÷(6RV)-Z⁷÷(336R³V³)+Z¹¹÷(4.2440R⁵V⁵)→Z:Rec(X,F+GN
+180):Z[3]+I→X:Z[4]+J→Y:Rec(Z,F+NG+180-90G):
"XF2=":X+I◢
                                                            (后缓和曲线段中桩坐标)
"YF2-":Y+J◢
"MF2=":X+I+Scos(F+GN+180-OG-F)◢
                                                            (后缓和曲线段边桩坐标)
"NF2=":Y+J+Ssin(F+GN+180-OG-E)◢
Else If H>D:Then Rec(H-D,F+GN):
"XZ2=":Z[3]+I◢
                                                            (后直线段中桩坐标)
"YZ2=":Z[4]+J◢
"MZ2=":Z[3]+I+Scos(F+GN+E)◢
                                                            (后直线段边桩坐标)
"NZ2=":Z[4]+J+Ssin(F+GN+E)◢
IfEnd:IfEnd:IfEnd:IfEnd:IfEnd ↵
Goto 0
```

程序中：H? ——一个标段线路上任意点(即所求点)的桩号；

S? ——与 H 同一横断面中一边桩距离；

E? ——上述横断面中边桩连线与线路中线之夹角：$-E$ 计算左边桩坐标，E 计算右边桩坐标；

Q——交点的桩号；

W、K——交点 Q 的 XY 坐标；

N——转角(偏角)，输入时不带符号；

G——控制 N 的条件，右偏角 G 输入 1，左偏角 G 输入 -1；

F——前切线方位角；

R——半径；

V——缓和曲线长。

二、程序功能及注意事项

(1)本程序可计算一个施工标段(例如该标段长 5km)线路上对称曲线任意所求点的中、边、桩坐标。

(2)本程序已知起算数据是一个施工标段内所有交点要素：交点桩号坐标、线路转角、前切线方位角、半径、缓和曲线长。只要把标段内所有这些交点的要素一次性全部输入计算器，就可方便、迅速、准确地计算出任意所求点的中、边桩坐标。

(3)偏角输入时不带符号，用 G 来控制，右偏角输入：$1 \to G$；左偏角输入：

1→－G。

(4)输入方位角时，应输入交点前切线正方方位角。

(5)本程序计算结果显示的符号意义如下：

①XZ1、YZ1：前直线段中桩坐标；

MZ1、NZ1：前直线段边桩坐标；

②XF1、YF1：前缓和曲线段中桩坐标；

MF1、NF1：前缓和曲线段边桩坐标；

③XY、YY：圆曲线段中桩坐标；

MY、NY：圆曲线段边桩坐标；

④XF2、YF2：后缓和曲线段中桩坐标；

MF2、NF2：后缓和曲线段边桩坐标；

⑤XZ2、YZ2：后直线段中桩坐标；

MZ2、NZ2：后直线段边桩坐标。

(6)本程序输入方法和技巧。读者可参阅附图 2-1：

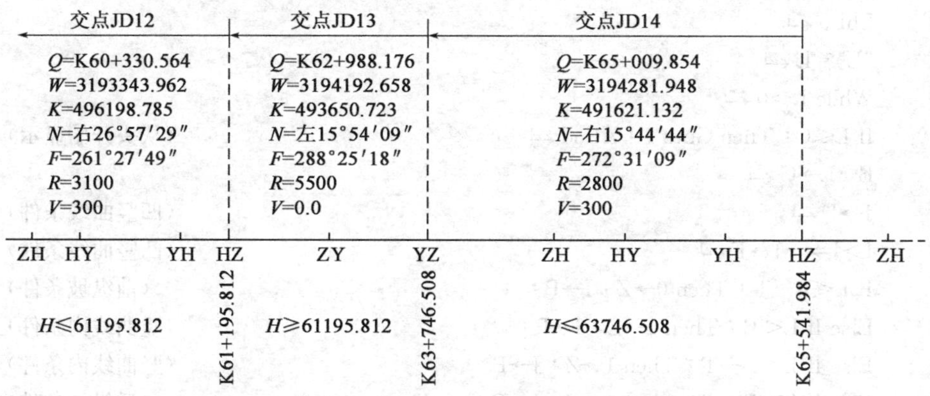

附图 2-1　XL-XY-TS 程序输入方法和技巧示意图

注意：程序中输入的起算已知数据，取自业主设计单位提供的直线、曲线及角一览表。

附录三：

一、直线、平曲线、竖曲线联算程序
（单一竖曲线计算线路中边桩高程程序）

文件名：ZFLS

```
"H"? H："B"? B："R"? R："I"? I：
"J"? J："N"? N：
"M"? M："E"? E↵
Abs(tan⁻¹(I)－tan⁻¹(J))→Z↵                    （坡道转角）
RAbs(J－I)÷2→T："T="：T◢                       （竖曲线切线长）
B－T→A：B＋T→D↵
"A="：A◢
"D="：D◢
Lbl 0↵
"L"? L↵
While L＞0↵
If L≤0：Then Goto 1：IfEnd↵                    （从头开始显示）
B－L→C↵
1→F↵                                           （凹竖曲线条件）
I＞J⇒－1→F↵                                    （凸竖曲线条件）
If L＜B－T：Then 0→Z：I→P：                    （前纵坡条件）
Else If L＜B：Then 1→Z：I→P：                  （竖曲线内条件）
Else If L＜B＋T：Then 1→Z：J→P：               （竖曲线内条件）
Else If L＞B＋T：Then 0→Z：J→P：               （后纵坡条件）
IfEnd：IfEnd：IfEnd：IfEnd↵
H－N－CP＋ZF(T－Abs(C))²÷(2R)→G
G＋ME→U↵
"G="：G◢
"U="：U◢
Goto 0↵
While End↵
Lbl 1↵
"H"? H："B"? B："R"? R："I"? I："J"?
J："N"? N："M"? M："E"? E↵                     （给 L 输入 0，重新显示常量）
Goto 0
```

程序中:H——变坡点高程;

B——变坡点里程桩号;

R——竖曲线半径;

I——前纵坡坡度,输入时要带符号;

J——后纵坡坡度,输入时要带符号;

N——路面层至施工层(如路基、底基层等)的厚度,知道了 N,就可计算出各施工层的设计高程;

M——所求点 L 至边桩的距离;

E——路拱,取负值;

A——竖曲线起点桩号;

D——竖曲线终点桩号;

L——直线段、平曲线段、竖曲线段上任一点(所求点)的里程桩号;

G——所求点中桩设计高程;

U——与中桩同一横断面左、右边桩设计高程。

二、程序清单:ZFLS 程序功能及注意事项

(1)计算范围。以附录图 3-1 为例,图为×××公路“路线纵断面图”上一段施工线路设计示意图。图上有 3 个竖曲线,称为前竖曲线、本竖曲线(或称中间竖曲线)和后竖曲线。假定以本竖曲线变坡点里程桩号K251+610为起点,则向前可计算至前竖曲线的终点桩号 K251+364.68,向后可计算至后竖曲线的起点桩号 K251+818.00。即用“直竖联算程序”可计算的范围是:K251+364.68～K251+818.00,在这段范围内的直线、圆曲线、缓和曲线超高段、竖曲线上任意一点的中桩设计高程都可以计算。边桩高程除缓和超高段需另行计算外,其他直线、圆曲线、竖曲线亦可一并计算。

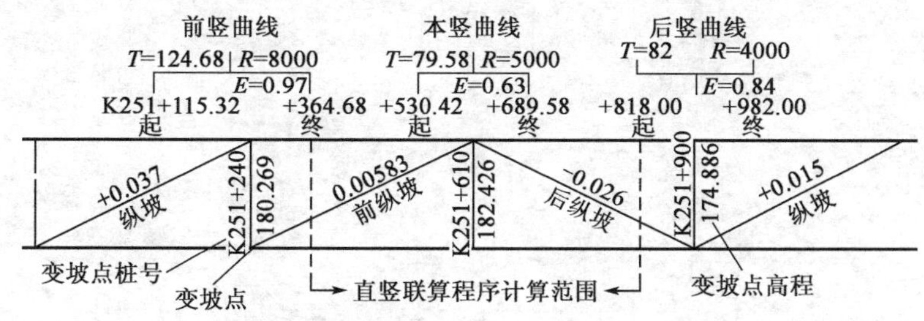

附图 3-1 “直竖联算程序”计算范围示意图

概言之,“直竖联算程序”的计算范围是:公路线路前竖曲线终点桩号至后竖曲线起点桩号之间那一段线路上任意一点的中桩设计高程。

(2)计算时,以变坡点里程桩号及高程为起点,计算所需要素是该变坡点相

邻两坡段的前纵坡度 I、后纵坡度 J 和变坡点所在竖曲线的半径 R。例如在附录图 3-1 中，用本竖曲线计算，其变坡点里程桩号是 K251＋610，变坡点高程是 182.426，前纵坡度 $I=+0.00583$，后纵坡度 $J=-0.026$，竖曲线半径 $R=5000$。

(3)L 为计算范围内任意一点里程桩号，计算过程中，只要输入 L 的桩号，就可算出所需点的中桩高程。

(4)当 L 输入 0 时，计算自动中止，需重复输入起算要素：H,B,R,I,J 等。这一功能可帮助使用者检查输入的起算数据是否正确，或是进行下一个竖曲线计算时，不需再重新找寻文件名，方便操作。这是此程序的一个特点。

(5)本程序在计算中桩设计高程的同时，很容易且很方便地计算：

①与中桩同一横断面的左、右边桩高程。此时只要输入所需路宽 M 和路拱坡度 E 就可以了(不含缓和超高段的边桩高程)。

②计算出路面各结构层的中桩、边桩高程。此时只要输入各结构层至路面层的厚度 N 就可以了。例如路基至路面层厚度为 0.77，输入：$N=0.77$，则计算的结果就是路基的设计高程。

由于公路建设是分层施工的，而设计单位提供的是路面设计高程，施工单位所需要的却是本施工层的设计高程。所以程序追加的这一功能，就能很方便、准确地计算出所需设计高程(放样数据)。这是此程序的又一特点。

(6)对于缓和曲线超高段，用本程序只能计算其中桩设计高程，左、右边桩设计高程则需另外计算，这一点应特别注意。

附录四：

一、一个施工标段线路任意断面中边桩高程计算程序(线路高程计算全线通程序)

文件名：XL-GZ-TS

```
LbI 0 ↵
"L"? L:"N"? N:"M"? M:"E"? E↵
If L<59934.32:Then 598000→B:41.0→H:1500→R:−2.00÷100→I:0.7÷100→J:IfEnd ↵
If L>59934.32:Then 60600→B:46.6→H:60000→R:0.7÷100→I:−0.4÷100→J:IfEnd ↵
If L>60930:Then 61400→B:43.4→H:32000→R:−0.4÷100→I:0.7667÷100→J:IfEnd ↵
If L>61586.67:Then 62000→B:48.0→H:28000→R:0.7667÷100→I:1.9796÷100→J:IfEnd ↵
R Abs(J−I)÷2→T ↵
1→F ↵
I>J⇒−1→F ↵
If L<B−T:Then B−L→C:0→Z:I→P:H−N−CP+ZF(T−Abs(C))²÷(2R)→G:G+ME→U:"G=":G ◢
"U=":U ◢
IfEnd ↵                                        (计算竖曲线前直线段)
If L<B:Then B−L→C:1→Z:I→P:H−N−CP+ZF(T−Abs(C))²÷(2R)→G:G+ME→U:"G=":G ◢
"U=":U ◢
IfEnd ↵                                (计算竖曲线内前段,即竖起点至B段)
If L<B+T:Then B−L=C:1→Z:J→P:H−N−CP+ZF(T−Abs(C))²÷(2R)→G:G+ME→U:"G=":G ◢
"U=":U ◢
IfEnd                                  (计算竖曲线内后段,即竖终点至B段)
If L>B+T:Then B−L=C:0→Z:J→P:H−N−CP+ZF(T−Abs(C))²÷(2R)→G:G+ME→U:"G=":G ◢
"U=":U ◢                                       (计算竖曲线后直线段)
IfEnd
Goto 0
```

程序中:L——一个施工标段线路上任意横断面中桩桩号,即所求点中桩桩号;

N——线路横断面结构层厚度,例如路面至路基厚度;

M——*L* 至边桩宽度;

E——线路横断面坡度,习惯上称为:路拱;

B——竖曲线变坡点桩号;

H——竖曲线变坡点的高程;

R——竖曲线半径;

I——前纵坡坡度,输入时要带符号;

J——后纵坡坡度,输入时要带符号;

G——中桩设计高程;

U——边桩设计高程。

二、程序功能及注意事项

(1)本程序可计算一个施工标段(例如该标段长 5km)线路上任意横断面中,边桩的设计高程。

(2)本程序已知起算数据是一个施工标段内所有竖曲线要素:竖曲线变坡点里程桩号及高程;竖曲线起、终点里程桩号;前、后纵坡坡度;竖曲线半径。

(3)程序中"*N*",是路面层至各施工层的厚度。只要知道了"*N*",就可算出本施工段的各层(基层、垫层、路基等)的设计高程。

(4)本程序输入方法和技巧,读者可参阅附图 4-1。

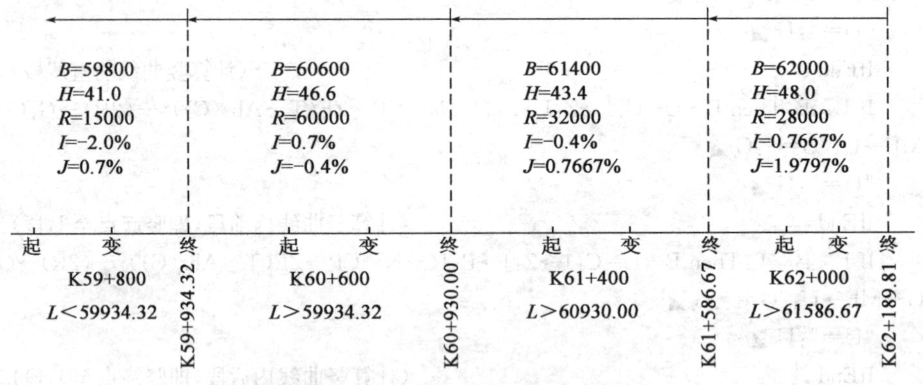

附图 4-1 XL-GZ-TS 程序输入方法和技巧示意图

注意:程序中输入的起算已知数据,取自业主设计单位提供的纵坡、竖曲线表。

附录五：

一、缓和曲线超高段设计高程计算（绕中轴旋转）程序

文件名：ZHD-1

```
LbI 0 ↵
"E="? E："D="? D："C="? C：
"A="? A："L="? L ↵（常量：路拱，最大横坡度，超高曲线长，超高段起（或终）点
                     桩号，中桩至边桩的距离）
LbI 1 ↵
Do ↵                                    （重复循环计算）
"B"? B ↵                                （变量：所求点桩号）
If B>0：Then Goto 2：                   （条件转移，计算 I）
Else If B≤0：Then Goto 5：              （重复显示 E?、D?、C?、A?、L?）
IfEnd：IfEnd ↵
LbI 2 ↵
Abs(B−A)(E+D)÷C−E→I                     （计算 I）
"I="：I ◢                               （显示 B 横断面的横坡度）
If I≤E：Then Goto 3：                   （条件转移）
Else If I≤D：Then Goto 4：
IfEnd：IfEnd ↵
LbI 3 ↵                                 ［计算超高段起（或终）点至 Q 的 I 值及边桩高程］
"H"? H ↵                                （B 断面中桩设计高程用 ZFLS 程序计算）
"M="：H−LE ◢                            （B 断面降低边高程）
"N="：H+LE ◢                            （B 断面抬高边高程）
Goto 1 ↵
LbI 4 ↵                                 （计算超高段 Q 至 HY（或 YH）的 I 值及边桩高程）
"H"? H ↵                                （B 断面中桩设计高程，用 ZFLS 程序计算）
"P="：H−LI ◢                            （B 断面降低边高程）
"S="：H+LI ◢                            （B 断面抬高边高程）
Goto 1 ↵
LpWhile ↵
LbI 5 ↵
"E="? E："D="? D："C="? C："A="? A："L="L? ↵   （重复显示常量）
Goto 1
```

程序中:L——中桩至边桩的距离;

H——B 断面中桩设计高程,事先用 ZFLS 程序算出;

M、N——ZH(或 HZ)点至 Q 点间与中桩同一横断面的边桩高程;

P、S——Q 点至 HY(或 YH)点间与中桩同一横断面的边桩高程。

其他符号含义同前述。

二、程序功能及注意事项

(1)此程序可计算(绕中轴旋转):

①缓和曲线起点(ZH)至全超高段起点(HY)之间任意一横断面的超高横坡度及左、右边桩高程。

②缓和曲线终点(HZ)至全超高段终点(YH)之间任意一横断面的超高横坡度及左、右边桩高程。

③不计算全超高段(HY 至 YH)的超高横坡度及边桩高程,此段超高横坡度是设定的已知值,其边桩高程可据此及中桩高程、中桩至边桩的距离另外计算。

(2)计算时,前缓和曲线超高段起点(ZH)的桩号为 A,后缓和曲线超高段终点(HZ)的桩号亦为 A。当前缓和曲线超高段的 I 计算至 HY 时,可转入计算后缓和曲线超高段的 I,此时则要重新输入 E?、D?、C?、A?、L?,只要给 B 输入 0 就可转换过来,不需重新选择文件名。

(3)计算的超高横坡度 I 的正负符号按下列方法确定:

①抬高边 I 为正值,按实际计算值取用;

②降低边 I 为负值,当 I 的计算值小于路拱坡度时,设置等于路拱坡度的超高。

判断弯道抬高边、降低边的方法:

以偏角正负判断:在"线路纵断面图"下方的"超高"栏内给出了偏角正负,据此判断弯道抬高边、降低边。

右偏角为"+",则弯道右低左高;

左偏角为"−",则弯道左低右高。

由于在曲线弯道外设置的超高路面明显向一侧倾斜,路基外缘抬高,路基内缘则降低,所以在计算缓和曲线内的超高横坡度应特别注意正负号。

(4)缓和曲线超高段的中桩设计高程,应在计算 I 前,用直竖联算程序逐桩算出。

(5)缓和曲线超高段的边桩设计高程,必须在计算出 I 后,输入与边桩同横断面的中桩设计高程,才能算正确。这一点应特别注意。

参 考 文 献

[1] 中华人民共和国行业标准.JTG F10—2006　公路路基施工技术规范.北京:人民交通出版社,2006

[2] 韩山农.公路工程施工测量.北京:人民交通出版社,2004

[3] 韩山农.测量员便携手册.北京:人民交通出版社,2009

[4] 韩山农.公路工程施工测量现场实用程序计算技术.北京:人民交通出版社,2010